Wolfgang Detel

Eine schulenübergreifende Systematik moderner Psychoanalyse

Seelenmodell, Hermeneutik, Therapie

Psychosozial-Verlag

Bibliografische Information der Deutschen Nationalbibliothek
Die Deutsche Nationalbibliothek verzeichnet diese Publikation
in der Deutschen Nationalbibliografie; detaillierte bibliografische Daten
sind im Internet über http://dnb.d-nb.de abrufbar.

Originalausgabe

E-Mail: info@psychosozial-verlag.de
www.psychosozial-verlag.de

Umschlagabbildung: Roger de la Fresnaye, *The Penholder* (1918)
Umschlaggestaltung und Innenlayout nach Entwürfen von Hanspeter Ludwig, Wetzlar
ISBN 978-3-8379-2723-8 (Print)
ISBN 978-3-8379-7375-4 (E-Book-PDF)

Für Veronika

Inhalt

Dritter Teil
Die psychoanalytische Therapie und die Rolle der Hermeneutik

Einleitung

1. Leitfrage

Die Leitfrage dieses Buches lautet: Welche Rolle spielen hermeneutische Verfahren (Verstehen, Interpretation, soziale Kognition) in der Psychoanalyse? Diese Frage ist keineswegs neu – ganz im Gegenteil wurde sie bereits von Sigmund Freud aufgeworfen und dann im Verlauf der gesamten Geschichte der Psychoanalyse immer wieder diskutiert.[1] Tatsächlich gilt die klinische Arbeit nach wie vor als Herzstück der Psychoanalyse und das Verstehen oder Interpretieren wiederum als Herzstück der klinischen Arbeit – eine Annahme, die auch jüngst durch neuere Metastudien gestützt wird, die mithilfe statistischer Methoden die Anwendung und Leistungsfähigkeit verschiedener psychoanalytischer Konzepte und Verfahren untersucht haben (vgl. Leuzinger-Bohleber et al., 2015). Die Relevanz hermeneutischer Verfahren in der Psychoanalyse scheint demnach unbestreitbar zu sein.

Im Rahmen der modernen Hermeneutik spricht man neuerdings oft von »sozialer Kognition« statt von »Verstehen«, und zwar aus zwei Gründen. Zum einen möchte man dem engen klassischen Konzept des Verstehens, das eng an die methodische Interpretation von sprachlichen Texten gebunden ist (vgl. zu diesem Zusammenhang Mantzavinos, 2016), ein weites Konzept von Verstehen entgegensetzen, das nicht auf sprachliche Texte beschränkt ist, sondern zum Beispiel auch das Gedankenlesen (mind reading) umfasst (vgl. Detel, 2014). Und zum anderen möchte man betonen, dass das Verstehen auf der grundlegendsten Ebene in soziale Beziehungen eingebunden ist, weil das Verstehen anderer Personen maßgeblich bestimmt, wie wir unsere sozialen Beziehungen zu diesen Personen organisieren. Wenn in den folgenden Überlegungen weiterhin auch vom Verstehen die Rede ist, so stets im weiten Sinn von sozialer Kognition, nicht im engen Sinne von Textinterpretation.

Die Beantwortung der Leitfrage dieses Buches nach der Relevanz von Verstehen und Interpretation in der Psychoanalyse wird dadurch erschwert, dass es alles andere als klar ist, was im Rahmen der Geschichte der Psychoanalyse genauer unter »Verstehen« oder »Interpretation« verstanden wurde. Bereits ein flüchtiger Blick in einschlägige Publikationen zeigt, dass sich bis heute diesbezüglich keine einheitliche Position abzeichnet und eine begriffliche Klärung auch nur höchst selten angestrebt wird. Oft wird auf Freuds These zurückgegriffen, dass die Analyse den »Sinn der manifesten Phänomene« zu erfassen hat und das Erfassen von Sinn nun einmal den Kern des Verstehens darstellt.[2] Doch Freud hat das Erfassen des Sinns manifester Phänomene nicht eindeutig von kausalen Erklärungen unterschieden (vgl. hierzu Stephan, 1989). Bis auf den heutigen Tag ist in psychoanalytischen Arbeiten die Auffassung verbreitet, dass die psychoanalytische Interpretation darin bestehe, zur Erklärung symptomatischen Verhaltens auf die vergangene Lebensgeschichte der PatientInnen zurückzugreifen. Doch welche methodologische Form hat diese Erklärung genauer? Wie die moderne Wissenschaftstheorie zeigt, gibt es verschiedene Arten von Erklärungen, auf die wir zurückgreifen müssen, um diese Fragen zu klären.

Ein typisches Beispiel für das Problem, das hier lauert, ist ein Artikel des einflussreichen Analytikers Otto Kernberg zur Rolle der Interpretation in der Psychoanalyse (Kernberg, 2016). Kernberg eröffnet seinen Artikel mit einer allgemeinen Definition, die er mit allen einschlägigen Psychologie-Lexika abgeglichen hat und entsprechend repräsentativ zu sein scheint: Interpretation bestehe in der verbalen Kommunikation einer verbalen Hypothese der AnalytikerInnen an die jeweiligen PatientInnen, die eine Korrelation zwischen einem unbewussten Konflikt und einem beobachtbaren manifesten Verhalten in der Analyse herstellt.[3] Interpretation in diesem Sinne ist, wie Kernberg betont, bis heute in der Psychoanalyse und der psychoanalytischen Therapie das wichtigste Instrument, um den PatientInnen unbewusste seelische Konflikte bewusst zu machen. Diese Definition der Interpretation mag in mancher Hinsicht zwar durchaus nützlich sein, doch lässt sie keine spezifische explanatorische Struktur erkennen. Interpretation in diesem Sinne könnte genauso gut eine kausale wie eine andere Erklärungsform darstellen. Die von Kernberg an anderer Stelle gebrauchte Formulierung »Interpretation reveals not previously unconscious contents, but the unconscious motivation that determines the fragmentation of conscious experience« (Kernberg et al., 2008, S. 52) beschreibt dagegen die Interpretation eindeutig als kausale Erklärung (vgl. dazu Woodward, 2008).

Die meisten psychoanalytischen Arbeiten greifen auf einflussreiche Hermeneutiken des 20. Jahrhunderts zurück und verwenden deren Konzepte von Verstehen und Interpretation. Doch viele dieser Theorien – namentlich die Semiotik (Charles S. Peirce, Paul Ricœur) und die Philosophische Hermeneutik (Martin Heidegger, Hans-Georg Gadamer) – weisen schwere theoretische Defizite auf, die auch ihre Konzepte von Verstehen und Interpretation betreffen. Die Philosophische Hermeneutik weitet zum Beispiel Verstehen und Interpretation zu einem Modus des »In-der-Welt-Seins«, also zu einem allgemeinen Weltverhältnis aus. Aus dieser Sicht ist selbst eine einfache Wahrnehmung eine Form von Verstehen oder gar von Interpretation. Damit verliert aber die hermeneutische Begrifflichkeit jegliche Trennschärfe und verlässt das Programm der Hermeneutik als Theorie der sozialen Kognition (vgl. hierzu auch Detel, 2011, Kap. 4, 5.1).

Die Frage nach der Rolle der Hermeneutik und der sozialen Kognition in der Psychoanalyse ist aber nicht nur deshalb ambivalent, weil die Begriffe »Hermeneutik«, »Verstehen« und »Interpretation« ambivalent sind, sondern auch deshalb, weil das Konzept »Psychoanalyse« mehrdeutig ist. Seit Freud haben sich zahlreiche unterschiedliche Varianten und Schulen der Psychoanalyse herausgebildet, in denen – wie in den Abschnitten 1.2, 2.2, 3.2 und 4.1 genauer gezeigt wird – die Begriffe »Verstehen« und »Interpretieren« oft vage bleiben oder unterschiedlich bestimmt werden. Fasst man beispielsweise Interpretation einfach als Erklärung symptomatischen Verhaltens durch Rückgriff auf die Lebensgeschichte auf und versteht man unter Psychoanalyse das analytische Gespräch im Hier und Jetzt – was derzeit von SympathisantInnen bereits als neues Paradigma gefeiert wird (vgl. Kauff, 2016) –,[4] so spielen Interpretation und Hermeneutik in der Psychoanalyse überhaupt keine Rolle mehr – und die vorliegende Studie wäre überflüssig. Und wenn man – wie es in der psychoanalytischen Literatur oft vorkommt – kausale Erklärungen nicht unter Rückgriff auf moderne wissenschaftstheoretische Kriterien von rationalen Interpretationen unterscheidet, so droht ein methodologischer Reduktionismus auf naturwissenschaftliche Erklärungen, der das Verstehen und das Interpretieren als eigenständige Methoden zum Verschwinden bringt.

Die Bilanz dieser chaotischen Forschungslage ist ernüchternd: *Die Frage nach der Rolle der Hermeneutik in der Psychoanalyse wird zwar seit rund 100 Jahren vielfach diskutiert, ist selbst jedoch bislang überhaupt nicht hinreichend deutlich definiert worden und konnte daher auch nicht zufriedenstellend beantwortet werden.* Die vorliegende Untersuchung will dieses Chaos keineswegs durch eine weitere Variante vergrößern, sondern verfolgt die Ambition, die Leitfrage in einem neuen theoretischen Rahmen zunächst präzise zu formulieren und dann, auf der neu gewonnenen Grundlage, auch detailliert zu beantworten. Die Hoffnung ist, dass dieser neue Rahmen den verschiedenen psychoanalytischen Schulen eine gemeinsame Grundlage vermittelt, die auch positionelle Diversität zulässt.

2. Strategie und Ziele

Der Ausdruck »Psychoanalyse« wird in diesem Buch als genereller Begriff für eine bestimmte Art von Theorie verstanden, die typischerweise vier Komponenten enthält:

1. Ein Modell von Geist und Seele, das sich auch auf das Unbewusste bezieht
2. Methoden zum Erfassen und Erklären geistiger und seelischer Phänomene
3. Eine Theorie seelischer Störungen
4. Formen der Therapie seelischer Störungen

Gewöhnlich wird zwischen Geist und Seele nicht unterschieden. Daher können wir Komponente 1 auch das *Seelenmodell* nennen. Auf welche Weise man geistige und seelische Phänomene erklären kann, hängt weitgehend davon ab, welches Seelenmodell man vertritt. Seelenmodell und Erklärungsmethoden (Komponente 2) mögen zusammen die *Metapsychologie* einer Psychoanalyse heißen. Wie man den Ursprung und die Merkmale seelischer Störungen beschreibt, hängt zwar nicht allein, aber doch maßgeblich von der Metapsychologie ab. Und welche Formen der Therapie man für seelische Störungen (Komponente 4) bevorzugt, hängt wiederum von der Theorie seelischer Störungen (Komponente 3) und den Erklärungsmethoden ab. Die vier Komponenten einer Psychoanalyse weisen demnach eine recht enge Abhängigkeit voneinander auf. Die Frage nach der Rolle der Hermeneutik in der Psychoanalyse bezieht sich in diesem Schema offensichtlich auf die zweite Komponente.

Die theoretische Strategie der vorliegenden Untersuchung besteht im Wesentlichen in zwei Schritten. Zunächst wird der Variantenreichtum psychoanalytischer Schulen auf vier zentrale Paradigmen kondensiert: das triebtheoretische Paradigma (Freud), das (gegenwärtig leitende) intersubjektive Paradigma, das evolutionstheoretische Paradigma (nur wenigen AutorInnen bekannt) und das rationalistische Paradigma (gegenwärtig so gut wie vergessen). Diese Simplifizierung ist bedauerlich, aber unvermeidlich, weil die vorliegende Untersuchung ansonsten unzumutbar ausufern würde. Der erste Teil des Buches wird sich unter Rückgriff auf den skizzierten allgemeinen Psychoanalyse-Begriff darauf konzentrieren, die genannten vier Paradigmen auf ihre Vorstellungen zum Seelenmodell, zum Ursprung seelischer Störungen, zur Therapieform und vor allem zu Begriff und Rolle der Hermeneutik zu befragen (Kapitel 1–4). Trotz gelegentlicher Kritik ist dieser historische Überblick von dem Respekt vor der Geschichte der Psychoanalyse getragen, nicht zuletzt darum, weil sich herausstellt, dass wir auch heute noch viel von den genannten Paradigmen lernen können.

Im zweiten Schritt wird eine neue systematische Version einer Psychoanalyse rekonstruiert, auch hier mit einem Fokus auf die Rolle der Hermeneutik (Teil 2 und 3 des Buches). Die Grundgedanken, die dieser Rekonstruktion zugrunde liegen, können kaum pointierter formuliert werden als in zwei Bemerkungen von Wolfgang Mertens und Peter Fonagy zur gegenwärtigen Lage der Psychoanalyse. Mertens charakterisiert diese Lage wie folgt:

> »Die meisten klinischen Phänomene [spielen sich] mit einem Komplexitätsgrad ab, der ziemlich weit entfernt von laborexperimentellen Untersuchungen ist. Eine theoretische Konzeptualisierung muss deshalb empirischen Untersuchungen vorangehen, da erst aufgrund einer hinreichenden Gegenstandsbestimmung entsprechende Methoden gewählt werden können, die ihr adäquat sind. Unter Methoden sind nicht nur die empirisch positivistischen zu verstehen, sondern auch die genuin psychoanalytischen, die sich als empirisch tiefenhermeneutisch (in Abgrenzung zu einer überwiegend Verhaltensmerkmale auszählenden Empirie positivistischer Herkunft) charakterisieren lassen. [...] [Es] darf nicht übersehen werden, dass ohne eine präzise und konsistente metapsychologische, man könnte auch sagen grundlagenwissenschaftliche, Fundierung die Psychoanalyse den wechselnden Moden verschiedener klinischer -ismen und sogenannter Schulen ausgeliefert bleibt, die immer wieder neue Regeln der klinischen Umgangsweise und Interpretation entwerfen, ohne diese aus Theorien einigermaßen stringent ableiten zu können« (Mertens, 2010, S. 16f.).

Mertens mahnt also eine »theoretische Konzeptualisierung« und eine »präzise, konsistente, metapsychologische bzw. grundlagenwissenschaftliche Fundierung der Psychoanalyse« an, die sich zugleich einem szientistischen Positivismus verweigert. Genau darin besteht die Ambition der folgenden Untersuchung. Einzig die recht scharfe Trennung von begrifflicher und empirischer Arbeit, die Mertens (im Einklang mit der analytischen Philosophie wie auch mit der kantischen Tradition) zu unterstellen scheint, wird in diesem Buch nicht mitgetragen. Postanalytische Philosophen wie Willard Quine, Donald Davidson, Hilary Putnam und Robert Brandom haben die genannte Separation mit guten Argumenten ins Wanken gebracht. Demnach haben auch begriffliche Unterscheidungen und Rekonstruktionen stets eine empirische Seite.

Ganz in diesem Sinne wird im Folgenden beispielsweise im Rahmen der modernen kognitiven Gefühlstheorie eine begriffliche Unterscheidung zwischen »Körpergefühlen« und »Emotionen« eingeführt, um auf dieser Basis Freuds Triebbegriff neu und präziser fassen zu können. Mit der begrifflichen Unterscheidung zwischen Körpergefühlen und Emotionen ist jedoch auch die empirische Hypothese verbunden, dass es im menschlichen Gefühlsleben so etwas wie Körpergefühle einerseits und Emotionen andererseits tatsächlich gibt. Durch Hinweis auf empirische Phänomene, die sich der genannten begrifflichen Unterscheidung nicht fügen, könnte diese Hypothese freilich kritisiert werden: Dann muss diese Unterscheidung verbessert oder im schlimmsten Fall verworfen werden. Sie ist daher keineswegs von jeglichem Kontakt zur Empirie abgekoppelt. Kurz: Begriffliche Unterscheidungen und Klarstellungen werden im Folgenden als klassifikatorische empirische Hypothesen aufgefasst, die empirisch falsifizierbar sind. Diese empirische Form der begrifflichen Arbeit wird sich hauptsächlich auf psychoanalytische Grundbegriffe beziehen, die in den historischen Paradigmen meist ohne Erläuterung mitgeführt werden, wie etwa »Geist«, »Seele«, »Selbst«, »Bewusstsein«, »Motivationssystem« oder »Triebwunsch«.

Peter Fonagy bemerkt zur gegenwärtigen Situation der Psychoanalyse Folgendes:

> »Progress in disciplines concerned with the mind has been remarkable. […] Modern science is almost exclusively interdisciplinary. […] Whilst clinical psychoanalysis needs little help in getting to know an individual's subjectivity in the most detailed way possible, when we wish to generalize to a comprehensive model of the human mind, the discipline can no longer exist on its own. A general psychoanalytic model of mind, if it is to be credible, should be aligned with the wider knowledge of mind gained from a range of disciplines. […] Inter-disciplinary research cannot test psychoanalytic theory, it cannot demonstrate that particular psychoanalytic ideas are true or false. What it can do is to elaborate the mental mechanisms that are at work in generating the phenomena that psychoanalytic writings describe« (Fonagy, 2003, S. 73–80, bes. S. 74f.).[5]

Fonagy plädiert also für eine Öffnung der Psychoanalyse gegenüber anderen modernen Theorien, die sich in der einen oder anderen Weise mit dem Geist beschäftigen, und zwar vor allem auf der metapsychologischen Ebene. Genauer betrachtet lässt sich seine Bemerkung als Spezialisierung der von Mertens artikulierten Vorstellungen lesen. Auch Fonagy wünscht sich ein grundlegendes »Modell des menschlichen Geistes«, das der klinischen Arbeit in der Psychoanalyse zugrunde gelegt werden kann, doch er verspricht sich die Etablierung eines solchen Modells insbesondere von einer Zusammenführung der psychoanalytischen Metapsychologie mit anderen modernen Theorien, die sich mit dem Geist beschäftigen. Dazu werden unter anderem die kognitive Psychologie und die Neurowissenschaft gezählt.

Das Programm einer Synthese von Psychoanalyse und moderner Theorie des Geistes wurde bereits im Kontext der frühen Philosophie des Geistes angedacht (vgl. hierzu Kapitel 4). In jüngster Zeit scheinen sich auch einige VertreterInnen der gegenwärtigen Psychoanalyse für dieses Programm zu erwärmen. In einem Special Issue der Zeitschrift *Psychoanalytic Inquiry* von 2010 beschäftigen sich die AutorInnen zum Beispiel mit dem Gedankenlesen (mind reading) im Rahmen der Psychoanalyse – also mit derjenigen kognitiven Operation, die der modernen Theorie des Geistes zufolge Grundform des Verstehens ist (vgl. hierzu Hobson, 2014). Und dieselbe Zeitschrift hat jüngst der Rolle der Interpretation in der Psychoanalyse ein weiteres Special Issue gewidmet (siehe Fußnote 4). Doch lässt sich an den – zum Teil vom Material her sehr wertvollen – Beiträgen dieser Bände sofort erkennen, dass die AutorInnen die moderne Theorie des Geistes zum größten Teil nicht kennen und daher auch nicht ernsthaft anwenden.

Das vorliegende Buch unternimmt erstmals den Versuch, das Programm der Synthese von Psychoanalyse und moderner Theorie des Geistes rigoros umzusetzen und dabei die ausgearbeitete Terminologie und Struktur der Theorie des Geistes umfassend und im Detail in die bislang bestehenden Theorielücken einzusetzen. Die Leitfrage nach der Rolle der Hermeneutik in der Psychoanalyse soll dabei im Rahmen der modernen interdisziplinären Theorie des Geistes reformuliert und beantwortet werden. Um dies zu erreichen, wird zum einen insbesondere die etablierte Philosophie des Geistes mit ihrer präzisen Terminologie investiert und zum anderen ausgenutzt, dass die Hermeneutik jüngst bereits in Begriffen der modernen Theorie des Geistes rekonstruiert worden ist und somit im Rahmen dieser Theorie einen festen systematischen Sitz innehat (vgl. Detel, 2011, 2014). Dadurch werden die Begriffe »Verstehen«, »Interpretation« und »soziale Kognition« eine klare Kontur erhalten und die Leitfrage dieses Buches eine begrifflich scharfe und eindeutige Form gewinnen. Insgesamt versucht dieses Buch das von Mertens und Fonagy empfohlene Programm im Detail umzusetzen.

Eine der Komponenten dieses Programms ist eine wissenschaftstheoretische Positionierung. Seit geraumer Zeit ist die Psychoanalyse als Psychotherapieverfahren umstritten und steht vor allem unter dem kritischen Druck der (kognitiven) Verhaltenstherapie. Die Verhaltenstherapie beschäftigt sich nicht mit dem Unbewussten – ebenso wenig wie das gegenwärtig leitende intersubjektive Paradigma der Psychoanalyse. Demgegenüber halten die folgenden Überlegungen am Konzept der Psychoanalyse (im skizzierten generellen Sinne) fest. Einer der Gründe dafür ist, dass sich die kognitive Verhaltenstherapie – genauer betrachtet – als Bestandteil und spezielle Form der psychoanalytischen Therapie betrachten lässt (vgl. Abschnitt 10.2). Ein weiterer Grund ist, dass in einer Zeit, in der die Kognitionswissenschaft, die kognitive Psychologie und die Theorie der verkörperlichten Kognition eine große und ständig anwachsende Menge empirischer Daten für eine Steuerung bewusster Prozesse durch unbewusste Mechanismen zutage fördern, eine Psychotherapie, die auf den explanatorischen Blick in das Unbewusste und seine tief verankerten Mechanismen verzichtet, als blauäugig und altmodisch angesehen werden muss.

3. Herausforderungen

Die Realisierung des zentralen Ziels der folgenden Überlegungen ist umfangreicher und komplexer, als es prima facie aussieht. Denn wenn auf der Basis einer geist-theoretischen Einbettung untersucht werden soll, welche Rolle hermeneutische Verfahren in der Psychoanalyse spielen, so muss auch klar sein, welches Modell und insbesondere welches Seelenmodell der Psychoanalyse dabei zugrunde gelegt werden soll – unter anderem deshalb, weil, wie oben angedeutet, die methodologischen Verfahren der Psychoanalyse eng mit ihren anderen Komponenten und insbesondere mit ihrem Seelenmodell zusammenhängen. Auch auf dieser Ebene wird dieses Buch dem Wirrwarr der Varianten dadurch zu entkommen versuchen, dass ein modernes Seelenmodell skizziert wird, das sich an demjenigen Modell des Geistes orientiert, das von der gegenwärtigen Theorie des Geistes entwickelt worden ist.

Das Problem ist dabei allerdings, dass sich die Psychoanalyse unter anderem mit dem Unbewussten befasst, während sich die moderne Theorie des Geistes kaum – und wenn ja, dann nur in unzureichender Weise – mit dem Unbewussten beschäftigt hat. Die geist-theoretische Rekonstruktion der Psychoanalyse macht daher eine Erweiterung der modernen Theorie des Geistes erforderlich, die auch unbewusste mentale Zustände und Prozesse in den Blick zu nehmen vermag. Terminologisch können wir dieses Projekt durch eine *Mobilisierung des klassischen Begriffs der Seele oder Psyche* erläutern. Die Seele *(ψυχή)* – so kann geltend gemacht werden – umfasst sowohl den Geist als auch den Bereich unbewusster mentaler Zustände und Operationen.[6] Es wird also darum gehen müssen, *die gegenwärtige Standard-Theorie des Geistes zu einer umfassenderen modernen Theorie der Seele auszubauen* (vgl. hierzu auch Vogel, 2018) und auf dieser Grundlage *das Terrain einer modernen Hermeneutik der Psychoanalyse abzustecken*. Dieser Ausbau kann unter anderem auf jüngste überaus interessante und materialreiche Arbeiten aus dem psychoanalytischen Lager zurückgreifen. Offensichtlich wird das gegenwärtige Konzept des Geistes eine moderne Fassung des Freud'schen »Ich« und die seelentheoretische Theorie des Unbewussten eine moderne Fassung des Freud'schen »Es« darstellen. Im zweiten Teil dieses Buches wird eine geist-theoretische Metapsychologie für die Psychoanalyse umrissen, die versucht, diese Strategie umzusetzen (Kapitel 5–7).

Im dritten Teil wird aus Perspektive dieser Rekonstruktion ein Blick auf verschiedene Formen psychoanalytischer Therapie geworfen (Kapitel 10). Eröffnet wird er durch minutiöse Analysen einer Reihe von publizierten Vignetten, in denen die Fruchtbarkeit der zuvor skizzierten Metapsychologie im Rahmen von therapeutischen Bemühungen getestet wird (Kapitel 8–9). Dabei wird sich ein Blick zurück auf Freuds analytische Technik als überraschend hilfreich herausstellen.

Ein zentraler Aspekt dieses neuen Bildes ist ein *funktionalistischer Blick auf die Seele*. Damit wird eine explanatorische Ebene zwischen kausaler Erklärung und Sinnverstehen mobilisiert, die in der Geschichte der Psychoanalyse zuweilen implizit mitgeführt wurde, aber bisher nicht klar artikuliert worden ist und sich insbesondere für die Analyse des Unbewussten und der seelischen Störungen als hilfreich erweist. Neben Einsichten der modernen Theorie des Geistes und der Kognitionswissenschaft wird auch auf Überlegungen des sogenannten »neuen Mechanismus« (new mechanism) zurückgegriffen (vgl. Kapitel 5.2).

Nahezu alle Untersuchungen zu geistigen und seelischen Phänomenen in der Psychoanalyse, Psychologie und Philosophie – und so auch die vorliegende Studie – gehen überdies stillschweigend von drei gewichtigen Voraussetzungen aus:

1. Mentale Zustände haben kausale Kraft und können etwas in der Welt bewirken. Kurz: Es gibt mentale Verursachung (siehe hierzu auch Robb & Heil, 2013).
2. Viele mentale Zustände, namentlich auch viele unbewusste mentale Zustände, sind nicht sprachlich geprägt, haben aber dennoch semantische Gehalte und repräsentieren etwas in der Welt. Kurz: Es gibt nicht-sprachliche mentale Zustände und Prozesse.
3. Die Funktionalität mentaler Zustände und Prozesse stellt eine eigenständige ontologische und explanatorische Ebene dar, die in einem Zusammenhang mit der Semantik von Gedanken, Äußerungen und Texten steht.

Diese Voraussetzungen stellen für eine Erweiterung der Theorie des Geistes zu einer Theorie der Seele drei der grundlegendsten und schwierigsten Probleme dar. Diese Probleme können jedoch im vorliegenden Essay nicht diskutiert werden, sondern müssen als gelöst unterstellt werden. Matthias Vogel (2018) nimmt sich in seiner grundlegenden und tiefschürfenden Studie dieser Probleme an. Im Übrigen arbeitet Vogel ebenso wie der vorliegende Essay am Aufbau eines im weitesten Sinne funktionalistischen Paradigmas der Psychoanalyse. Insofern ist seine Arbeit auch die wichtigste theoretische Grundlage für das vorliegende Buch.[7]

Erster Teil

Paradigmen der Psychoanalyse und die Rolle der Hermeneutik

1. Das triebtheoretische Paradigma der Psychoanalyse

Das triebtheoretische Paradigma ist die von Sigmund Freud ausgearbeitete Version der Psychoanalyse. Von welchem Seelenmodell geht dieses Paradigma aus und welche Rolle spielt die soziale Kognition in der damit verbundenen Therapie? Das sind die wichtigsten Fragen, die in diesem Kapitel beantwortet werden.

1.1 Das triebtheoretische Seelenmodell

Das triebtheoretische Paradigma der Psychoanalyse konzeptualisiert die Seele als triebgesteuerten Assoziationsapparat: Die Seele besteht dieser Auffassung zufolge aus Gedanken aller Art, die durch psychische Assoziationen miteinander verbunden sind und in ihrer Dynamik durch Triebe gesteuert werden.

Freuds Ich-Psychologie betrachtet einzig die archaischen, biologisch und körperlich verankerten Triebwünsche als motivationale Kräfte der menschlichen Seele und beschreibt die Triebstruktur primär als Quelle egoistischer, narzisstischer, destruktiver und sozial unangepasster Einstellungen und Handlungen, die durch kulturelle Sozialisation mühsam unterdrückt oder sublimiert werden müssen (vgl. Mertens, 2010, S. 24). In der enormen Spannung zwischen Triebstruktur und kultureller Zähmung sieht das triebtheoretische Modell die wichtigste Ursache seelischer Störungen. Diese Auffassung wird manchmal auch als »Eine-Person-Psychologie« oder – in Anlehnung an Thomas Hobbes' Theorie des Naturzustands – als »Hobbesianismus« bezeichnet.

Damit betont das triebtheoretische Modell die evolutionäre Kontinuität zwischen Tier und Mensch. Die Anthropologie habe anzuerkennen, dass Menschen in Gestalt von Triebwünschen eine animalische Natur beherbergen. Der psychische Apparat des individuellen Geistes sei die grundlegende Einheit für Theorien der mentalen Funktionen und die Therapie seelischer Störungen. Endogene Triebwünsche und ihre Abfuhr bestimmen demzufolge Entwicklung und Struktur der Seele.

Aus dieser Sicht ist die zentrale Entwicklungsaufgabe des Menschen die Regelung der Spannung, die sich aus dem unvermeidlichen Konflikt zwischen Triebwünschen und sozialen Restriktionen ergibt, die in der frühkindlichen Entwicklung durch die Eltern vertreten werden. Die primäre Aufgabe der Eltern sei es, die Triebwünsche der Kinder zu zähmen. Das Kind müsse in der Sozialisation lernen (und lerne meist auch), einen angemessenen Kompromiss zwischen seiner egoistischen inneren Natur und den Anforderungen der sozialen Welt zu finden. Dazu müsse es seine Triebwünsche (vor allem sexuelle, aggressive und narzisstische Triebwünsche) partiell unterdrücken. Entsprechend enthält die Seele diesem Bild zufolge inhärente Konflikte: Ihre Teile stehen untereinander in unauflöslicher Spannung.

Doch die unterdrückten Triebe versuchen zurückzukehren, so die Annahme, und zwar in Gestalt von Scheinmanövern und Rationalisierungen, die sich stets wandeln – die illusorische Fassade einer subjektiven Realität, die mit Verteidigungsstrategien, symptomatischem Verhalten und psychischen Verschiebungen korreliert, um die psychischen Wahrheiten zu verschleiern. Denn die Aufdeckung dieser Wahrheit in der Analyse führe zu schmerzlichen Einsichten. Zu dieser Fassade gehören traditionell auch Empathie, Liebe und Altruismus, die in Konflikt zu unserer animalischen Natur stehen. Die Verdrängung hat hierbei die Funktion, die seelischen Spannungen zwischen egoistischen Triebwünschen und sozialen Anforderungen zu kontrollieren und abzubauen. Dazu gehört auch die Maskierung der verdrängten Triebwünsche.

Gemäß dem triebtheoretischen Modell sind die meisten bewussten Handlungen und seelischen Episoden durch Vorgänge im Unbewussten determiniert.[8] Symptomatische Wiederholungsmuster seien Indizien dafür, dass Verdrängungen nicht funktionieren und die betroffenen Personen auf verschleierte Weise die alten Triebwünsche zumindest partiell zu befriedigen suchen. Bekanntlich betont Freud, dass Triebe

1. eine somatische, biologisch identifizierbare Quelle haben (Reizzustand),
2. von einem Drang begleitet sind, der eine Triebhandlung auslöst (psychische Begierde),
3. sich auf ein (variables) Objekt richten, an dem sich die Triebhandlung vollzieht (Triebobjekt),
4. ein Ziel aufweisen, nämlich die Befriedigung des Reizzustandes an der Quelle (Abfuhr).

Triebe sind daher nach Freud durch die zeitliche Abfolge: *Quelle – Drang – Objekt (Umwelt) – Ziel/Abfuhr* gekennzeichnet. Der Organismus sei bestrebt, den störenden Trieb aufzulösen und in den Gleichgewichtszustand zurückzukehren (»Homöostase«). Dabei werden zwei einander gegenüberstehende Basistriebe postuliert (etwa »Libido und Aggressivität« oder »Selbsterhaltungsstreben und Todesdrang«) (vgl. Freud, 1891b, 1900a; Stephan, 1989; Barrat, 2015).

Zum Aufbau der Seele und ihrer Teile hat das triebtheoretische Modell nach üblicher Interpretation zwei Modelle postuliert: das topische Modell (Bewusstsein, Vorbewusstes, Unbewusstes) und das spätere funktionale Modell (Es, Ich, Über-Ich).

Im funktionalen Modell beherbergt das Es die dauerhaft unbewussten Triebe und das verdrängte Unbewusste (vgl. Freud, 1923b).[9] Es ist zuständig für die psychische Repräsentation der Triebe nach dem Maß des Lustprinzips und für die maximale Realisierung der Triebbefriedigung. Das Ich ist zuständig für die Verarbeitung externer Stimuli zu verschiedensten Informationen, für die Herstellung eines Kompromisses zwischen Triebwünschen und sozialen Anforderungen nach dem Kriterium des Realitätsprinzips und für die Kalkulation der Möglichkeiten einer Triebbefriedigung angesichts gegebener Umwelten. Das Über-Ich schließlich ist ein Kontrollbereich zwischen Ich und Es und hat die Aufgabe zu prüfen und zu zensieren, welche Triebwünsche aus dem Es in das Ich übernommen werden können, nach den Kriterien des Moralprinzips und der idealen Bestrebungen. Meist wird angenommen, dass das funktionale Modell das frühere topische Modell abgelöst hat. Doch scheint das topische Modell auch später noch im Spiel zu sein und sich tatsächlich ohne Inkonsistenz auf das funktionale Modell abbilden zu lassen (vgl. diesbezüglich Badcock, 1994; sowie Kapitel 7.2).

Freud hat nach vorherrschender Meinung drei Arten des Unbewussten unterschieden, in denen drei Bedeutungen des Begriffes »unbewusst« deutlich werden: Das »deskriptiv Unbewusste« ist das Unbewusste, dessen Vorkommen wir lediglich postulieren und beschreiben; das »dynamisch Unbewusste« ist das deskriptiv Unbewusste, dem wir auch Effekte und Wirksamkeit in Bezug auf das Bewusste zuschreiben; und das »systemisch Unbewusste« ist das zusammenhängende System aller unbewussten Zustände (vgl. Erwin, 2009).

Diese Unterscheidung bezieht sich allerdings nur auf verschiedene Eigenschaften oder Relationen des Unbewussten, das seinerseits nicht näher qualifiziert wird. Doch differenziert Freud zusätzlich zwischen dem Vorbewussten, das aus mentalen Zuständen besteht, die nur vorübergehend vergessen werden und daher leicht und ohne zusätzliche Hilfe wieder in das Bewusstsein gelangen können, sowie dem Unbewussten, das aus mentalen Zuständen besteht, die aus bestimmten Gründen verdrängt werden, deren Mentalisierung auf den Widerstand des Patienten oder der Patientin stößt und die daher nur mit therapeutischer Hilfe in das Bewusstsein gelangen können.[10] Zugleich geht Freud davon aus, dass das Unbewusste nicht sprachlich artikulierbar ist.[11]

Es sollte nicht unerwähnt bleiben, dass für Freud zwar Emotionen wie Liebe und Hass zum Bereich des Unbewussten gehören können, dass dies aber für Triebe nicht ohne Weiteres klar ist. Betrachtet man nämlich Triebe in Bezug auf die vier oben genannten Triebkomponenten, so entsteht hinsichtlich Komponente 1 das Problem, dass auf der einen Seite alle mentalen Zustände eine somatische Quelle (Triebe) haben sollen, die zwar nicht bewusst, aber auch nicht mental ist, und auf der anderen Seite die Komponenten 2, 3 und 4 bewusste Zustände zu sein scheinen. So verfehlt Freud das Unbewusste auf zweifache Weise: Die grundlegende und wichtige Idee des mentalen Unbewussten wird nicht eingefangen. Dieses Problem ist umso gravierender, als nach Freud die seelische Dynamik primär in der Triebsteuerung des seelischen Geschehens besteht.

Problematisch ist auch Freuds Bindung des Bewusstseins an sprachliche Artikulierbarkeit.[12] Wäre dies das notwendige und hinreichende Kriterium für Bewusstsein, so müssten alle nicht-sprachlichen mentalen Zustände (zum Beispiel fast alle Gefühle) zum Unbewussten gehören, auch wenn sie nicht verdrängt worden und deutlich bewusst sind. Das ist sicherlich eine fatale Konsequenz, die auf Freuds Konzept des Unbewussten zurückschlägt. Insgesamt entwickelt Freud daher kein einheitliches Konzept des Mentalen, das gleicherweise auf den Geist und das Unbewusste zutrifft.

1.2 Hermeneutik im triebtheoretischen Paradigma

Die triebtheoretische psychoanalytische Therapie hat sich stets mit den sozialen Beziehungen der PatientInnen zu anderen Menschen beschäftigt, namentlich zu deren Eltern, Geschwistern, EhepartnerInnen und AnalytikerInnen. Diese therapeutische Praxis steht jedoch im Widerspruch zum triebtheoretischen Paradigma der Psychoanalyse, das – wie soeben skizziert – von einem solipsistischen Bild der menschlichen Seele ausgeht, die mit den psychoanalytischen Objekten (also mit anderen Menschen) nur sekundär in Verbindung tritt. Die psychoanalytischen Objekte (der Analytiker bzw. die Analytikerin eingeschlossen) sind diesem Modell zufolge lediglich akzidentelle Faktoren, die das Triebleben der Seele einschränken oder transformieren.

Sigmund Freud hat – darin sind sich die Freud-ExpertInnen weitgehend einig – die Methode der Psychoanalyse auf unterschiedliche Weise, in unterschiedlichen Hinsichten beschrieben. Als Neurologe, der er ursprünglich war, hat Freud sich einerseits zum Teil einer eher naturwissenschaftlichen Sprache bedient, um seelische Phänomene und Störungen zu beschreiben und zu erklären. Andererseits führt Freud aus, dass symptomatische Verhaltensweisen einen Sinn haben, den es in der Analyse zu entschlüsseln gilt. Das Erfassen des Sinns (zum Beispiel von Texten) galt jedoch bereits in der klassischen Hermeneutik als Operation des Verstehens und nicht des Erklärens (im engeren, naturwissenschaftlichen Sinn). Welches Verfahren hatte jedoch Freud genauer im Auge?

Nach Freud richtet sich psychoanalytische Methode im Wesentlichen auf drei Gegenstandsbereiche:

- Bereich A: Manifeste Phänomene (manifester Trauminhalt, neurotische Symptome mit symptomatischem Verhalten, Fehlleistungen)
- Bereich B: Hintergrund-Material (Hinter- und Zwischengedanken zu einzelnen Traumelementen, früher erlebte traumatische Szenen zu symptomatischem Verhalten, unterdrücke Impulse zu Fehlleistungen)
- Bereich C: Unbewusste, verdrängte Inhalte und Gedanken (latente Traumgedanken oder Traumwünsche, vor allem aber verdrängte Triebe)

Die manifesten Phänomene (vgl. A) sind direkt empirisch beobachtbar, sprachlich fassbar und bewusst. Die Anreicherung dieses Materials im zweiten Schritt (vgl. B) erfolgt durch psychoanalytische Hypnose oder durch freie Assoziationen des Klienten bzw. der Klientin (vgl. Stephan, 1989). Die anschließende Ermittlung der zunächst unbewussten und nicht-sprachlichen Gedanken (vgl. C) in Hinblick auf das angereicherte Material (vgl. B) ist die entscheidende Deutungsleistung des Therapeuten bzw. der Therapeutin.

Freud betrachtet die Elemente des C-Bereichs als Determinanten der Elemente des A-Bereichs. Das heißt er nimmt an, dass von den gegebenen Elementen des C-Bereiches gegebene Assoziationsbahnen unter bestimmten szenischen oder situativen Voraussetzungen regelmäßig zu den Komponenten des A-Bereichs führen. Dieser seelische Prozess wird von Freud als eine Art von Übersetzung betrachtet: Der C-Bereich wird in den A-Bereich übersetzt, sodass die Elemente des A-Bereichs *Zeichen* für die Elemente des C-Bereichs werden (Übersetzungsthese). Nach Freud bedeutet dies, dass die manifesten Phänomene die unbewussten Gedanken »ausdrücken«. Und das wiederum heißt, dass die unbewussten Gedanken den Sinn der manifesten Phänomene »darstellen«.[13]

Die psychoanalytische Arbeit und Methode nach Freud besteht im Kern also darin, sich von den manifesten Phänomenen mittels freier Assoziation und therapeutischer Deutung zu den korrelierten und determinierenden unbewussten Gedanken vorzuarbeiten. Dieser Gang lässt sich, wie es scheint, zwanglos als Ermittlung derjenigen Aspekte begreifen, die von den manifesten Phänomenen als Zeichen ausgedrückt werden, also als eine Ermittlung des Sinns und der Bedeutung der manifesten Phänomene. Im Falle hysterischer Anfälle und

Symptome sind es somatische Phänomene (Körperbewegungen), im Falle von Träumen sind es sinnlich-visuelle Bilder, im Falle von Zwangshandlungen sind es ritualisierte private Handlungen und im Falle von Fehlleistungen sind es Zufallshandlungen, von denen seelische Zustände (Vorstellungen, Gedanken, Empfindungen) ausgedrückt werden.

Hier ist ein von Freud angeführtes Beispiel (zitiert und belegt bei Stephan, 1989): Eine extrem schwere Kränkung einer Frau durch ihren Ehemann führte in dieser Kränkungssituation zu einer Gesichtsallergie. In der Therapie beschrieb die Patientin, dass die Kränkung in ihr zur Assoziation des Gedankens führte, diese habe sie wie ein Schlag ins Gesicht getroffen – ein Gedanke, der in der damaligen Situation zu einer allergischen Reaktion ihrer Gesichtshaut führte. Damit erhielt auch die allergische Reaktion den Sinn eines Schlags ins Gesicht. Später trat diese allergische Reaktion auch in anderen Kränkungssituationen auf, ohne dass die Patientin sich aber zunächst an die damalige Kränkung durch ihren Ehemann erinnern und somit die Bedeutung der allergischen Situation erkennen konnte. Dies gelang erst in der Therapie durch Rückübersetzung: Der Sinn der allergischen Reaktion besteht demzufolge in zwei seelischen (mentalen) Zuständen der Patientin: die Empfindung eines Schlags ins Gesicht und die erlittene Kränkung durch den Ehemann.

Allerdings ist damit noch nicht das manifeste Phänomen erklärt, dass später jede Kränkung zu der allergischen Reaktion führte. Für diese Erklärung braucht man aus heutiger Sicht den Rückgriff auf den grundlegenden *psychischen Mechanismus der Reizgeneralisierung*: Wenn ein Reiz R ursprünglich bei Person P eine emotional unerträgliche Situation hervorgerufen hat, die kausal zu einem Verhalten oder Zustand V von P führt, dann ruft jeder weitere Reiz R*, der von P wahrgenommen wird und auch nur entfernt Ähnlichkeit mit R hat, ebenfalls V von P hervor.

Diese Erklärung verbleibt klarerweise auf einer kausalen Ebene: Die Kränkung führte kausal zur Empfindung des Schlags ins Gesicht, und die Verknüpfung der beiden seelischen Zustände führte kausal zur allergischen Reaktion. Der Sinn des Zeichens (also z. B. der Allergie) ist hier ein Ereignis, das kausal zur Produktion des Zeichens führte. In heutiger Terminologie formuliert: Manifeste Phänomene oder symptomatische Verhaltensweisen werden als *natürliche Zeichen* für unbewusste seelische Elemente betrachtet. Wenn X ein natürliches Zeichen für Y ist, dann ist Y und nur Y eine kausale Ursache für X. Bärenspuren sind zum Beispiel ein natürliches Zeichen für die Anwesenheit von Bären, denn Bären und nur Bären verursachen kausal Bärenspuren. In genau diesem Sinn ist auch ein bestimmtes mimisches oder gestisches Muster, ebenso auch ein sprachliches Symbol ein natürliches Zeichen für einen mentalen Zustand, und man sagt dann (und auch Freud sagt), dass Mimik oder Sprache einen Gedanken

»ausdrücken«. Aber dieses Ausdrücken, diese natürliche Zeichenbeziehung, ist lediglich eine kausale Relation. Den Sinn eines manifesten Phänomens zu erschließen heißt demnach, das manifeste Phänomen als natürliches Zeichen für einen (unbewussten) mentalen Zustand zu entschlüsseln. Aber das bedeutet, den mentalen Zustand zu erkennen, der das manifeste Phänomen verursacht hat. Verstehen und Interpretation sind hier kausale Erklärungen.

Zu dieser Diagnose passt Freuds Beschreibung der Seele als Apparat psychischer Assoziationen mit regulären determinierenden Auswirkungen auf manifeste Phänomene exakt, ebenso sein Changieren zwischen einer Charakterisierung der Psychoanalyse als Operation des Erklärens und einer Charakterisierung der Psychoanalyse als Operation des Verstehens. Unbewusste Gedanken führen ihm zufolge über regulative Assoziationsbahnen auf eine letztlich naturgesetzliche Weise zu den manifesten Phänomenen. Unser nachträgliches Verstehen schreite die Kausalkette Element für Element entlang der Zeichenkette zurück und konstruiere auf diese Weise retrospektiv die Erklärung der zuvor unverständlichen psychischen Vorgänge. Auch die einzelnen Komponenten der Assoziationsbahnen sind laut Freud untereinander auf naturgesetzliche Weise verbunden. Tatsächlich vergleicht er an einer viel zitierten Stelle die Psychologie (und damit auch die Psychoanalyse) mit einer Naturwissenschaft und sogar mit der Physik:

> »Unsere Annahme eines räumlich ausgedehnten, zweckmäßig zusammengesetzten, durch die Bedürfnisse des Lebens entwickelten psychischen Apparates, der nur an einer bestimmten Stelle unter gewissen Bedingungen den Phänomenen des Bewußtseins Entstehung gibt, hat uns in den Stand gesetzt, die Psychologie auf einer ähnlichen Grundlage aufzurichten wie jede andere Naturwissenschaft, z.B. wie die Physik« (Freud, 1940a [1938], S. 126; vgl. Kandel, 2006, S. 135–141).

Dieser Physikalismus impliziert, dass psychoanalytische Erklärungen durch Rückgriff auf (ggf. unterdrückte) Triebzustände dieselbe Struktur haben wie heutzutage Erklärungen seelischer Phänomene durch Rückgriff auf korrelierte neuronale Aktivität im Gehirn.[14]

Es lohnt sich allerdings, dieses Zitat ein wenig genauer anzuschauen. Denn genauer betrachtet analogisiert Freund an dieser Stelle die Psychologie des Unbewussten nur vage mit der Physik. Er spricht nämlich auch von der »zweckmäßigen« Zusammensetzung« und von der an »Bedürfnissen des Lebens« orientierten Entwicklung des psychischen Apparates, das heißt, er verwendet der Sache nach *funktionale* Begriffe zur Kennzeichnung des Unbewussten, die eher auf die Biologie als auf die Physik verweisen. In ähnlicher Weise betont Freund an anderen Stellen, dass die latenten Inhalte die Zwecke beinhalten, denen die von ihnen kausal hervorgerufenen manifesten Phänomene dienen, und dass psychische Störungen funktional beschreibbare Störungen sind – freilich ohne explizit funktionales Vokabular zu verwenden. In einer seiner eigenen Analysen bemerkt Freud zum Beispiel, dass die Wahnidee einer Patientin von der Untreue ihres Ehemannes ein »kühlendes Pflaster« auf ihren geheimen, sozial ungeheuerlichen Wunsch ist, eine erotische Beziehung zu ihrem Schwiegersohn einzugehen, und dass ihre Wahnidee sie vom »Gewissensdruck der Untreue entlastet«. Insofern sei die neurotische Wahnidee »etwas Erwünschtes, eine Art von Tröstung« und als solche »notwendig als Reaktion auf einen [...] unbewussten seelischen Vorgang« (Freud, 1916–1917a [1915–17], 3. Teil, Kap. 16). Die neurotische Wahnidee dient also in der Tat einem Zweck, der letztlich vom latenten Inhalt, also dem geheimen erotischen Wunsch ausgeht. Die neurotische Störung lässt in Begriffen ihrer Funktion erläutern.

Allgemein betont Freud mit ausdrücklichem Verweis auf die Biologie:

> »Die Phänomene, die wir bearbeiten, gehören nicht nur der Psychologie an, sie haben auch eine organisch-biologische Seite und dementsprechend haben wir in unserem Bemühen um den Aufbau der Psychoanalyse auch bedeutsame biologische Funde gemacht und neue biologische Annahmen nicht vermeiden können« (Freud, 1940a [1938], S. 125).

Explizit bezieht sich Freud auf Charles Darwin, wenn er sagt: »All diese [pathologischen] Gemütsbewegungen und Innervationen gehören dem ›Ausdruck der Gemütsbewegungen‹ an, der, wie uns Darwin gelehrt hat, aus ursprünglich sinnvollen und zweckmäßigen Leistungen besteht« (Freud & Breuer, 1895d [1893–1895], S. 251; vgl. Burkholz, 1995). Diese Bemerkungen könnten darauf hinweisen, dass Freud implizit auch an einen Funktionalismus gedacht haben könnte, der das Unbewusste organisiert (vgl. hierzu auch Garvey, 2003; Badcock, 1994; Buller, 1999; Nesse & Lloyd, 1992; Kandel, 1999, 2006; Peterson & Terwee, 1994; Tjiattas, 2000; Vogel, 2018; sowie Abschnitt 2.2). Doch schlägt dieser Funktionalismus in seiner Metapsychologie nirgends explizit durch. Freud beschreibt den Sinn seelischer Störungen nicht ausdrücklich in Begriffen von Funktionen – schon allein deshalb, weil er den Begriff einer faktischen Funktion nicht kannte und funktionale von kausalen Erklärungen nicht zu unterscheiden wusste (vgl. dazu Abschnitt 5.3.1).

Das allgemeine Resultat dieser Analyse ist, dass Freud – in Übereinstimmung nicht nur mit der zeitgenössischen Psychologie, sondern auch mit sehr vielen psychoanalytischen Arbeiten bis zum heutigen Tag – weder funktionale von kausalen Strukturen noch Ursachen von Sinn unterscheidet, obgleich die zuletzt genannte Unterscheidung bereits Ende des 19. Jahrhunderts in einem berühmten Artikel mit dem Titel »Über Sinn und Bedeutung« von dem Logiker und Sprachphilosophen Gottlob Frege getroffen worden war (Frege, 1892; vgl. Detel, 2011; sowie Abschnitt 6.1).

Die Reduktion aller Erklärungsformen auf das Modell der kausalen, naturwissenschaftlichen Erklärung ist der Kern des *Szientismus.* Freud und sehr viele psychoanalytische Arbeiten nach ihm bleiben explizit oder implizit dem Szientismus verhaftet. Dazu passt offensichtlich auch Freuds Bild vom Therapeuten und seiner Rolle im psychoanalytischen Gespräch: eine kühle, distanzierte Person, eine anonyme Angriffsfläche für Übertragungen, die als Hintergrundmaterial zur Entschlüsselung der unbewussten Ursachen symptomatischen Verhaltens beitragen können, ein Experte, der am Ende der Therapie dem Patienten oder der Patientin eine kausale Erklärung seiner bzw. ihrer seelischen Störung liefert und davon ausgeht, dass diese Erkenntnis allein schon den wesentlichen Schub zur Heilung involviert.

Stellen wir zum Abschluss noch einmal kurz klar, auf welchem Fehler der Szientismus Freuds und späterer Analytiker beruht. Dass ein Zeichen, zum Beispiel der Satz »Hamburg ist eine schöne Stadt« ein gewisses X *ausdrückt*, kann zwei ganz verschiedene Dinge bedeuten:

1. Es kann bedeuten, dass dieser Satz, gesprochen von Person P, ein *natürliches Zeichen* für den Gedanken von P ist, dass Hamburg eine schöne Stadt ist – dass also dieser Gedanke den genannten Satz (genauer sein Aussprechen) kausal hervorbringt.
2. Es kann aber auch bedeuten, dass der Satz einen Inhalt ausdrückt – nämlich eben den Inhalt, dass Hamburg eine schöne Stadt ist. Derselbe Inhalt wird zum Beispiel gleichermaßen durch den Satz »Hamburg is a beautiful city« ausgedrückt, ebenso wie durch den (nicht ausgesprochenen) Gedanken »Hamburg ist eine schöne Stadt«, der P wie auch vielen anderen Personen zugeschrieben werden könnte. So verstanden ist der Satz über Hamburg ein *semantisches Zeichen* für seinen Inhalt.

Trifft man die Unterscheidung zwischen natürlichen und semantischen Zeichen nicht und versteht man nicht, dass ein Zeichen sowohl natürlich als auch semantisch sein kann, so wird man kein angemessenes Seelenmodell vorschlagen können.

2. Das intersubjektive Paradigma der Psychoanalyse

Das triebtheoretische Paradigma der Psychoanalyse ist seit einigen Jahrzehnten unter massiven Druck geraten.[15] Hintergrund dieser Kritik ist eine neue Auffassung vom menschlichen Geist, die meist »Intersubjektivismus« genannt wird. Die intersubjektive Psychoanalyse hat mittlerweile die meisten gegenwärtigen Schulen der Psychoanalyse stark beeinflusst (vgl. hierzu Altmeyer & Thomä, 2006; Ermann, 2014): »Schulenübergreifend beginnt sich die Erkenntnis durchzusetzen, dass das Seelenleben des Menschen bis in seine unbewussten Tiefen hinein mit der sozialen Umwelt verbunden und auf andere Menschen bezogen ist: Die Psychoanalyse selbst ist intersubjektiv verfasst« (Altmeyer & Thomä, 2006, S. 7).

Diese Position stellt nach Auffassung vieler Beobachter den neuesten und einschneidendsten Paradigmawechsel der Psychoanalyse dar (vgl. Altmeyer & Thomä, 2006, S. 5f.; Ermann, 2014). Ihre rasante Verbreitung über fast alle gegenwärtigen psychoanalytischen Schulen hinweg ist ein quantitatives Indiz für ihren paradigmatischen Status. Sie wurde zu einer allgemeinen Theorie zwischenmenschlicher Beziehungen ausgebaut und richtet ihre Therapieformen an dieser Theorie aus.[16]

2.1 Das intersubjektive Seelenmodell

Der Kern des intersubjektiven Seelenmodells ist die These, dass der menschliche Geist wesentlich nicht monadisch, sondern dyadisch und relational organisiert ist, das heißt immer schon in Beziehungen zu einer sozialen Umwelt steht und sich erst in diesem relationalen, intersubjektiven Rahmen herausbildet und manifestiert. Es gebe einen sozialen Kern der conditio humana, der sich in den intersubjektiven Beziehungen der Menschen zeige. Psychische Strukturen –

insbesondere Bewusstsein, Identität und Subjektivität – werden, so nimmt man an, erst im Rahmen einer affektiven Verbundenheit und einer lebensgeschichtlichen Bezogenheit auf andere Menschen geprägt. Vor (und unabhängig von) Beziehungen zu anderen Menschen gebe es keine Entwicklung einer individuellen Seele.[17] Auch das Design des Geistes sei Resultat eines interpersonalen Beziehungsgeflechts, in das wir hineingeboren werden und in dem wir ein komplexeres Feld menschlicher Beziehungen aushandeln müssen:

> »Die Annahme einer individuellen Psyche, die sich unabhängig von einem intersubjektiven Feld entwickelt, halten die Intersubjektivisten für eine Illusion. [...] Hier geht alles von der Bezogenheit aus. Sie ist die [...] Bedingung dafür, dass das Selbst [...] sich in den Beteiligten des intersubjektiven Feldes konstituiert. In der Konsequenz rückt die Bezogenheit auch in das Zentrum der intersubjektiven Betrachtung des psychotherapeutischen Prozesses [...], [so]dass die intersubjektive Wende mit Recht den Stellenwert eines Paradigmawechsels in der Psychoanalyse beanspruchen würde« (Ermann, 2014, S. 15; vgl. Stolorow & Atwood, 1992, S. 1).

Im Rahmen der intersubjektiven Theorie des Geistes hat der Triebbegriff keine explanatorische Funktion mehr und wird fallen gelassen. Dieses Manöver ist Bestandteil eines grundlegenderen theoretischen Umbaus der Theorie motivationaler Systeme, die schon immer den Kern der psychoanalytischen Metapsychologie ausgemacht hat. Im Intersubjektivismus sind die motivationalen Systeme nicht mehr egoistische Triebwünsche wie bei Freud. Vielmehr bestimmen soziale Motivationen das geistige und seelische Leben – namentlich das Bedürfnis nach sozialer Bindung, empathischem Austausch sowie wechselseitiger sozialer Kognition und Anerkennung. Das Kind bringt dem Intersubjektivismus zufolge ursprünglich ein authentisches, spontanes Selbst mit, eine einzigartige Konfiguration von berechtigten individuellen Bedürfnissen, von Formen der Identitätsbildung und vitalen Selbsterfahrungen. Die unverstellte Struktur der intersubjektiven Beziehungen ist durch ursprüngliche Gegenseitigkeit und gemeinsame interpersonale Bedürfnisse ohne inhärent widersprüchliche Ziele der beteiligten Individuen sowie durch gelingende Kommunikation gekennzeichnet, an denen sich grundlegende Wahrheiten zur menschlichen Entwicklung ablesen lassen.

Die entscheidende seelische Spannung kommt diesem Modell zufolge erst dadurch zustande, dass das soziale Umfeld unzureichend auf das kindliche Selbst eingestellt ist und in die Beziehungen zum Kind zu wenig Empathie, Verständnis und Anerkennung investiert – nicht zuletzt aufgrund der Eigeninteressen von Eltern und anderen sozialen PartnerInnen, die ihrerseits oft ein Resultat repressiver sozialer Strukturen sind. Aufgrund dieser Spannung, Enttäuschung und Kränkung sieht sich das Kind gezwungen, einen Teil seines authentischen Selbst vor dem sozialen Kontext zu verbergen und zu schützen, zum Teil mit Verteidigungsstrategien, symptomatischem Verhalten und psychischen Verschiebungen. Das sei die zentrale Funktion der Verdrängung.

Die Seele ist diesem Bild entsprechend also ursprünglich ein kohärentes System, das erst angesichts einer unzureichenden sozialen Realität in Probleme und Inkohärenzen hineingerät. Ihr weiteres Schicksal sei maßgeblich vom Kampf um die Wiedergewinnung ihrer Kohärenz bestimmt. Die zentrale Entwicklungsaufgabe müsse somit im Schutz ungestörter psychischer Bindungen und Interaktionen der Kinder und Jugendlichen vor aggressiven, destruktiven Eingriffen der Eltern und ihrer sonstigen sozialen Umwelt bestehen (eine Annahme, von der auch Wilhelm Reich und die an ihn anschließende Körpertherapie ausgeht, vgl. Reich, 2018 [1950]).

Generell entstehen seelische Störungen und asoziales Verhalten aus dieser Sicht letztlich aus unzulänglichen gesellschaftlichen Strukturen. Hobbes wird in diesem Kontext für einen ideologischen Fehlschluss verantwortlich gemacht, der die Folgen des entstehenden Kapitalismus für den menschlichen Geist und das menschliche Handeln fälschlich zur essenziellen Natur des Menschen erklärt hat.

Einige PsychoanalytikerInnen artikulieren allerdings auch Vorbehalte gegen die intersubjektive Metapsychologie. Wolfgang Mertens bemerkt zum Beispiel: »Nicht nur in der Psychoanalyse [...], sondern auch in der kognitiven [...] Psychologie und in den Kognitionswissenschaften besteht nunmehr ein breiter Konsens darüber, dass die Mehrzahl seelischer Prozesse in jedem von uns, nicht nur bei psychisch kranken Menschen, unbewusst abläuft« (Mertens, 2010, S. 39). Und John Whitebook verleiht in einer Auseinandersetzung mit Axel Honneth seiner Sorge Ausdruck, dass die intersubjektive Psychoanalyse wertvolle Einsichten der triebtheoretischen Psychoanalyse vorschnell aufgibt: Subjekte wenden sich, wie er festhält, anderen Subjekten nicht nur aufgrund angeborener Geselligkeit und intersubjektiver Einstellungen zu, sondern hauptsächlich aufgrund der Logik ihres narzisstischen Programms. Die menschliche Seele enthalte einen vorsozialen Kern in Gestalt eines Allmachtstrebens, das sozial unangepasste Aggressivität und Destruktivität involviert – die seelische »Arbeit des Negativen«, wie Whitebook (2009a) pointiert formuliert. Nach seiner Auffassung ist es nicht nur geist-theoretisch falsch, sondern auch politisch naiv und gefährlich, diesen destruktiven Kern der menschlichen Seele zu marginalisieren (vgl. Whitebook, 2009, 2009a; Honneth, 2009).

Analytiker wie Mertens und Whitebook haben zweifellos Recht mit ihrem Eindruck, dass die intersubjektive Psychoanalyse mit ihrem Seelenmodell über das Ziel hinausschießt. Phylogenetisch betrachtet gibt es Tiere, die nicht in sozialen Organisationen leben, wohl aber geistige Zustände haben, deren Funktionen einzig auf eine adaptive Interaktion mit der physischen Umwelt ausgerichtet sind. Diese Funktionen bleiben auch für soziale Tiere, einschließlich des Menschen, unentbehrlich. Menschliche Säuglinge verfügen von Anfang an über grundlegende Wahrnehmungsmechanismen, Bewusstseinsformen und Basisemotionen, die in den grundlegenden Wahrnehmungs-Bewegungskreislauf eingebunden sind[18] und einen transsozialen Status haben, zum Beispiel das visuelle Detektieren der Bewegungen lebender Wesen, Ekel vor ungenießbarer Nahrung und Schmerzen als Detektoren von Gewebeschäden. Geist und Seele gehen demnach nicht vollständig aus sozialen Interaktionen und Strukturen hervor.

Tatsächlich wird die intersubjektive Metapsychologie meist inkonsistent formuliert. Intersubjektive Kommunikation und das Wirken von Anerkennungsmechanismen setzen selbstverständlich elementare geistige Fähigkeiten voraus. Und das allgemeine Credo der intersubjektiven Psychoanalyse, dass Geist und Seele erst aus der intersubjektiven sozialen Interaktion von Subjekten erwachsen, referiert auf bereits etablierte Subjekte (oft »Selbst« genannt), die gewiss nicht als reine physische oder biologische Objekte verstanden werden, sondern als Wesen, die bereits einen elementaren seelischen Apparat mitbringen. Außerdem können soziale Interaktionen, wie zum Beispiel soziales Handeln, nicht ohne Rekurs auf mentale Zustände erläutert werden: Handlungen sind Bewegungen, die mit einer Absicht korreliert sind, und soziale Handlungen involvieren die Erkenntnis der Handlungsabsichten anderer Menschen (vgl. hierzu Detel, 2011; sowie Abschnitt 3.3).

2.2 Hermeneutik im intersubjektiven Paradigma

Viele VertreterInnen der intersubjektiven Psychoanalyse befassen sich mit den Konsequenzen des Intersubjektivismus für das therapeutische Gespräch und die Beziehung zwischen TherapeutIn und PatientIn. Aus intersubjektivistischer Sicht muss Psychotherapie als Prozess wechselseitiger Beeinflussung gesehen werden, in dem sich die mentalen Welten von TherapeutIn und PatientIn begegnen. Als zentrales Ziel für den therapeutischen Prozess gilt dabei nicht mehr die Einsicht in Abwehr- und Übertragungsmechanismen oder die Erklärung symptomatischen Verhaltens aus unbewussten Motiven, sondern eine Korrektur der Beziehungserfahrungen. TherapeutInnen sollen sich daher nicht mehr kühl, nüchtern und distanziert, sondern empathisch und verständnisvoll verhalten und auf diese Weise ihren PatientInnen ein sicherer und wertschätzender emotionaler Anker sein. Ziel der psychotherapeutischen Arbeit ist die Förderung der Selbstregulation und der Kohärenz der Psyche der PatientInnen, deren

Bedürfnisse nach Bindung, Anerkennung, Spiegelung, persönlicher Reaktion und Kontinuität (auch gegenüber den TherapeutInnen) nicht als Abwehr verstanden, sondern als gesund anerkannt werden. Kurz: TherapeutInnen sollen eine Selbstobjektfunktion exekutieren.[19]

Die therapeutische Arbeit, so nimmt die intersubjektive Psychoanalyse an, operiert weniger auf kognitiver Ebene und mehr in Gestalt eines nonverbalen Gefühlsaustausches sowie eines Handlungsdialoges, in dem sich wichtige Beziehungsereignisse inszenieren lassen – und zwar umso mehr, je schwerer die seelischen Störungen der Patientin bzw. des Patienten sind. Denn die Psychopathologie resultiert aus intersubjektivistischer Sicht, wie bereits angedeutet, vor allem aus mangelhafter Ausübung der Selbstobjektfunktion seitens der primären Bezugspersonen gegenüber kleinen Kindern. Ein Versagen der Selbstobjektfunktion im frühen, aber auch im späteren Leben führt zu einer Destabilisierung des Selbstgefühls.

Psychotherapie involviert im intersubjektiven Rahmen eine Reflexion auf das intersubjektive Interaktionsfeld, in dem sich TherapeutIn und PatientIn organisieren. Die Therapie ist demzufolge genau dann erfolgreich, wenn beide mittels Empathie und Introspektion gemeinsam verstehen, wie ihr emotionales Erleben organisiert ist. Sofern in der therapeutischen Arbeit schwere seelische Störungen behandelt werden, ist es die Aufgabe der Therapie, dem archaischen Selbst der PatientInnen mithilfe der Inszenierung und Auswertung von geeigneten Handlungsszenarien bestimmte Symbolisierungen und Verbegrifflichungen anzubieten. Dabei sollte die traditionelle Hierarchie zwischen einer unwissenden Patientin bzw. einem unwissenden Patienten und einer wissenden Therapeutin bzw. einem wissenden Therapeuten in einen gemeinsamen, kooperativen Untersuchungsprozess transformiert werden.

Soziale Intersubjektivität und Interaktionen involvieren also unvermeidlich mentale Aktivitäten, die hauptsächlich in elementaren nicht-sprachlichen, aber auch in komplexeren sprachlichen sozialen Kognitionen bestehen. Wenn es in der intersubjektiven Psychoanalyse darum gehen soll, primär die intersubjektiven Beziehungserfahrungen, die PatientInnen mit wichtigen Bezugspersonen in ihrem Leben und mit der Therapeutin bzw. dem Therapeuten eingegangen sind, zu untersuchen und gegebenenfalls zu verbessern, so muss der sozialen Kognition, also dem Verstehen und Interpretieren, im intersubjektiven Paradigma der Psychoanalyse die zentrale methodologische Rolle zukommen. Und genau das wird von den VertreterInnen des relationalen Modells auch behauptet.

Die intersubjektive Psychotherapie scheint also auf genau diejenigen Formen des Verstehens – und nur auf diese Formen – zurückzugreifen, die in der Hermeneutik als Grundformen sozialer Kognition unterschieden werden. Darüber hinaus lokalisiert die intersubjektive Psychoanalyse auch die entscheidende Ursache der Psychopathologie im Bereich der sozialen Kognition: Mangelnde Empathie und interpretative Aufmerksamkeit der Bezugspersonen für Säuglinge und kleine Kinder sind ihr zufolge die grundlegendsten Ursachen seelischer Störungen. So entsteht der Eindruck, dass die intersubjektive Psychoanalyse eine radikal hermeneutische Variante der Psychoanalyse darstellt: Psychotherapie und Psychopathologie beruhen in dem von ihr aufgespannten Bezugsrahmen auf sozialer Kognition – durch und durch, in allen ihren Facetten.

Dieser Eindruck wird zusätzlich dadurch verstärkt, dass die früheste Debatte um den wissenschaftlichen Status der Psychoanalyse vor dem Hintergrund des Szientismus geführt wurde.[20] In der zweiten Hälfte des 20. Jahrhunderts haben sich einflussreiche Autoren, namentlich Paul Ricœur, Alfred Lorenzer und Jürgen Habermas, gegen den psychoanalytischen Szientismus verwahrt. Sie haben Freud eines »szientistischen Selbstmissverständnisses« (so Habermas) bezichtigt und die Psychoanalyse im Sinne einer verstehenden und interpretierenden Geisteswissenschaft konzipiert. Diese Versuche gehen in die richtige Richtung, kranken jedoch an schwerwiegenden theoretischen Defiziten.

Ricœur zum Beispiel betrachtet die Psychoanalyse als spezielle Form der Sprachforschung (vgl. Ricœur, 1974), denn er begreift Hermeneutik noch im klassischen Sinn als Theorie der Interpretation sprachlicher Texte. Er muss daher auch die nicht-sprachlichen manifesten Phänomene und die Elemente des Unbewussten als sprachanalog betrachten. Dafür greift er auf den semiotischen Zeichenbegriff zurück. Dieses verzweifelte Manöver ist jedoch zum Scheitern verurteilt. Die semiotische Rede von Signifikanten und ihren Signifikaten verschleiert systematisch die Differenz zwischen natürlichen und semantischen Zeichen (vgl. Abschnitt 1.2). Ricœurs hermeneutische Lesart der Psychoanalyse beruht daher auf einem gravierenden zeichentheoretischen Fehler.

Ähnlich greift Lorenzer für seine hermeneutische Lesart der Psychoanalyse (vgl. Lorenzer, 1974) auf Susanne Langers These zurück, dass es unbewusste nicht-sprachliche präsentative Symbole gibt *(Klischees)*, die an sinnliche, leibnahe Interaktionsformen gebunden sind und dieselben Funktionen ausüben können wie sprachliche Repräsentationen (vgl. hierzu Lorenzer, 1970). Was die psychoanalytische Hermeneutik in Lorenzers Augen auszeichnet, ist das, wie er sagt, »szenische Verstehen«. Denn hier handelt es sich um den hermeneutischen Zugang zum Unbewussten, der im Kern aus der Transformation von Klischees in sprachliche Repräsentationen besteht.

Eine zentrale Komponente des szenischen Verstehens besteht Lorenzer zufolge darin, einen Reiz zu finden, der unweigerlich das Klischee auslöst. Insgesamt führt die psychoanalytische Arbeit bei ihm also vom manifesten Verhalten und seinem sprachlichen Verstehen zur Freilegung der nicht-sprachlichen Szene (des Klischees) und von dort aus zur Aufdeckung des Reizes, der zum Klischee führt. Doch das Verhältnis von auslösendem Reiz, Szene (Klischee) und manifestem Verhalten wird als kausale Relation gefasst. Dafür spricht unter anderem, dass Lorenzer auf Freuds kritische Studie *Zur Auffassung der Aphasien* (1891b) zurückgreift, in der Freuds kausales Konzept des Zugriffs auf den Sinn deutlich zum Ausdruck kommt (vgl. hierzu Stephan, 1989).

Habermas hat eine hermeneutische Lesart der Psychoanalyse vorgelegt, der zufolge psychische Störungen im Kern interne Kommunikationsstörungen innerhalb ein- und derselben Person sind (vgl. Habermas, 1968).[21] Es handele sich um ein Problem des Selbstverstehens, in dessen Rahmen PatientInnen gleichsam mit sich selbst sprechen – allerdings in zwei verschiedenen Sprachen: der eingespielten öffentlichen Sprache und einer verstümmelten Privatsprache. Das Unbewusste lasse sich nur in der verstümmelten Privatsprache beschreiben, ist also der öffentlichen Kommunikation nachhaltig entzogen. Und die Verdrängung bestehe in einer Ablösung der kommunizierbaren Repräsentationen, insbesondere der Triebe und Emotionen, vom Medium der öffentlichen Sprache. Dieses Konzept scheitert primär an der inkohärenten Idee einer verstümmelten Privatsprache und an der falschen Konfundierung von Verstehen und Verständigung.[22]

Als allgemeines Resultat dieser Übersicht zur klassischen hermeneutischen Lesart der Psychoanalyse muss festgehalten werden, dass es sich bei den vorgestellten Ansätzen überhaupt nicht eindeutig um eine hermeneutische Lesart handelt. Denn die Hintergrundtheorien, die von den drei genannten Autoren verwendet werden (Semiotik, psychologistische Bedeutungstheorie [siehe hierzu Abschnitt 5.5.3], Konsenstheorie) vermögen die soziale Kognition nicht zufriedenstellend zu kennzeichnen.

Trotzdem wird die Verwendung und Relevanz hermeneutischer Verfahren im Rahmen des intersubjektiven Paradigmas der Psychoanalyse bis in die Gegenwart hinein in zahlreichen Studien angemahnt, betont und verteidigt.[23] Dies mag zwar prinzipiell eine richtige Tendenz sein, doch manifestieren diese Studien – wie bezüglich der Arbeiten Ricœurs, Lorenzers und Habermas' in Hinsicht auf die jeweils herangezogenen Hintergrundtheorien aufgezeigt wurde – Unsicherheiten in der Kennzeichnung des hermeneutischen Verfahrens. Zum Teil wird Hermeneutik viel zu vage gekennzeichnet (etwa in den älteren Arbeiten Hermann Langs primär durch den »hermeneutischen Zirkel«), zum Teil werden anachronistische Konzepte und Hintergrundtheorien verwendet.[24]

Dieser Befund lässt sich auch durch neueste Arbeiten bestätigen. Die Zeitschrift *Psychoanalytic Inquiry* zum Beispiel hat auf Anregung von Joseph Lichtenberg in ihrem Jahrgang 2016 ein Special Issue mit dem Titel »Interpretation – Then and Now: If, When, and How« publiziert. Die BeiträgerInnen desselben sind durchweg dem intersubjektiven Paradigma zuzurechnen und diskutieren hauptsächlich die Frage, ob die TherapeutInnen das symptomatische Verhalten ihrer PatientInnen durch Rückgriff auf Daten aus der Vergangenheit erklären und zu heilen versuchen (das wäre eine Interpretation) oder im Hier und Jetzt arbeiten (und damit keine Interpretationen verwenden). Wie dieser interpretatorische Rückgriff auf die Vergangenheit methodologisch genauer zu kennzeichnen ist, bleibt jedoch meist offen, wird aber auch nicht adressiert. In einigen Beiträgen wird jedoch eine Kennzeichnung zumindest angedeutet (die Kursivierungen wurden zur Kennzeichnung der fragwürdigen Stellen nachträglich ergänzt):

> »The ego attempts to attribute *meaning* to the occurrence, to incorporate it into a comprehensible *causal system* of action so as to thereby regain its ability to act and inner activity« (Bohleber & Leuzinger-Bohleber, 2016, S. 66).

> »The traumatized person attempts to tame and attenuate the pure trauma, in that he/she seeks to integrate it into *a comprehensible causal processing* system« (ebd., S. 63).

> »Constructing interpretations that link past events (as reported, recalled or enacted by the patient) with the present to establish the etiology of psychopathology raises many issues. Attempting to demonstrate the validity of such formulations involves tenuous and sometimes faulty assumptions regarding memory, reality, historical truth and the *causal connections* of the past to the present« (Kauff, 2016, S. 28).

> »In the case of traumatized persons, by contrast, the traumatic intrusion of the external world *causing* the inner catastrophe creates an entirely different situation. The core traumatic experience is the destruction of the sense of basic trust. […] The reconstruction of this trauma, which had now become possible, *caused* an affective restructuring and a stronger mental integration« (Bohleber & Leuzinger-Bohleber, 2016, S. 62–65).

In diesen Passagen werden Interpretationen offenbar als kausale Erklärungen aufgefasst. Ähnlich heißt es in einem der neuesten repräsentativen Artikel zur Wissenschaftlichkeit der Psychoanalyse: »Psychoanalysis proceeds by supposing that the interpretation of free associations can discover the psychological states that are the unconscious causes of the clinical data via connections in intentional content« (Lacewing, 2013, S. 1114). Im *Oxford Handbook of Philosophy and Psychiatry* (Fulford et al., 2013), aus dem dieser Artikel stammt, findet sich im gesamten 200-seitigen Kapitel 54 zum Thema »Explanation and Understanding« (S. 931–1127) kein einziger Artikel, der »Understanding« nicht als eine Variante kausaler Erklärungen betrachtet. Es geht einzig und allein um Möglichkeiten kausaler Erklärungen seelischer Phänomene und Störungen.

Joseph Lichtenberg (2016) gehört zu jenen Autoren des Special Issue, die zwar betonen, dass das langsame, reflektierte interpretierende Verstehen letztlich das wesentliche Mittel der Kommunikation im analytischen Austausch bleibt, die aber keine Klarheit über die Form dieser Interpretation herstellen. Mit seinem Hinweis, dass Menschen nach Sinn suchen und Interpretation Sinn entschlüsselt, stellt er keine explizite Distanz zu Freuds Formulierungen her. Lichtenberg redet ständig über psychoanalytische Interpretationen, bietet aber an keiner Stelle auch nur den Ansatz einer Analyse dieses Verfahrens.

Das neue polnisch-deutsche Forschungsprojekt zum Zusammenhang von Hermeneutik und Psychoanalyse – um ein weiteres Beispiel anzuführen – hat in seinen bisher erschienenen Tagungsbänden in den Jahren 2014 und 2016 eine Reihe ertragreicher Artikel publiziert (Lang et al., 2014, 2016), doch keiner dieser Artikel diskutiert die Begriffe »Verstehen«, »Interpretation« und »Hermeneutik« in einer direkten systematischen Weise. Stattdessen wird meist auf einflussreiche Autoren zurückgegriffen, mit der ungeprüften Unterstellung, dass diese Autoren überzeugende Hermeneutik-Konzepte entwickelt haben (so etwa Dilthey, Freud, Binswanger, Jaspers, Ricœur, Lorenzer, Sartre, Lacan, Habermas, Heidegger, Gadamer, Jakobson, Derrida). Analysiert man diese Ansätze jedoch genauer, so stellen sie sich sämtlich als problematisch heraus (vgl. hierzu näher Detel, 2011).

Das groß angelegte Projekt von Horst Kächele, Joseph Schachter und Helmut Thomä (2009) – um ein letztes Beispiel aufzuführen – versucht die Theorie und Praxis der Psychoanalyse mithilfe empirischer Forschung über den psychoanalytischen Prozess und seine Resultate zu beschreiben. Dieser Ansatz klingt wissenschaftlich, modern und vor allem empirisch-basiert, doch handelt es sich um Untersuchungen konkreter durchgeführter Psychoanalysen, die methodologisch auf veraltete hermeneutische Arbeiten von Apel, Gadamer, Habermas und Radnitzky zurückgreifen.

Alles in allem sind die bisherigen Bemühungen um eine hermeneutische Lesart der Psychoanalyse im Rahmen des intersubjektiven Paradigmas in theoretischer Hinsicht mehr als enttäuschend. Was auf den ersten Blick wie eine radikale Hermeneutisierung der Psychoanalyse aussieht, erweist sich bei näherem Zusehen als ein methodologisch unsicheres und unreflektiertes Unternehmen, das von einem einseitigen Seelenmodell ausgeht und die Rolle der sozialen Kognition in der Psychoanalyse im Unklaren lässt.

Blickt man auf die beiden wirkungsmächtigsten Paradigmen der Psychoanalyse (das triebtheoretische und das intersubjektive Paradigma) zurück, so gewinnt man leicht den Eindruck, dass sie in fundamentalen Aspekten unvereinbar miteinander sind. Wie Kriegman und Slavin (1990) bereits vor geraumer Zeit konstatiert haben, ist die basale Einheit der Analyse im triebtheoretischen

Paradigma der individuelle Geist und sein psychischer Apparat, im intersubjektiven Paradigma hingegen stiftet diese Einheit das interpersonale Feld, in das jeder Mensch hineingeboren wird und aus dem das Design der individuellen Seele allererst hervorgeht. Im triebtheoretischen Paradigma wird die psychische Struktur vom Wandel der Triebentladungen – und damit von biologischen endogenen Kräften – reguliert, im intersubjektiven Paradigma hingegen wird sie auf direkte und irreduzible Weise vom Wandel interpersonaler Erfahrungen bestimmt.

3. Das evolutionstheoretische Paradigma der Psychoanalyse

Die beiden einflussreichsten Paradigmen der Psychoanalyse, das triebtheoretische und das intersubjektive Paradigma, stehen sich, wie aus den beiden vorangehenden Kapiteln hervorgeht, in vielen Hinsichten diametral und unversöhnlich gegenüber. Man kann sich auf den ersten Blick kaum vorstellen, dass und wie diese beiden Paradigmen auf konsistente Weise zusammengeführt werden könnten. Und doch behauptet die evolutionstheoretische Psychoanalyse genau diese Zusammenführung leisten zu können. Berufen kann sich dieser Ansatz durchaus auch auf einige Hinweise Freuds (vgl. diesbezüglich Block, 2005; Young, 2006; sowie Abschnitt 1.2). Die moderne Synthese von Psychoanalyse und Evolutionstheorie geht allerdings weit über diese Hinweise hinaus und stellt sich als ein Unternehmen heraus, das der Psychoanalyse nicht nur mehr Klarheit und begriffliche Schärfe verleiht, sondern auch wegweisend für die Weiterentwicklung der Psychoanalyse ist – nicht zuletzt darum, weil dieses evolutionstheoretische Paradigma die besten Einsichten des triebtheoretischen und intersubjektiven Paradigmas zu bewahren und zu integrieren vermag.

3.1 Das allgemeine Seelenmodell des evolutionstheoretischen Paradigmas

Alle Pioniere, die am Projekt eines evolutionstheoretischen Paradigmas der Psychoanalyse gearbeitet haben (Hartmann, 1958; Kriegman & Slavin, 1990; Slavin, 1990; Kriegman & Knight, 1988; Kriegman, 1990), gehen von drei Voraussetzungen aus, die auch für die weiteren Arbeiten in diesem Feld (vgl. u. a. Bornstein, 2014) verbindlich geblieben sind. Da ist zunächst das klassische Bild der Evolution: Alle Lebensformen sind Strukturen, die auf das Überleben, die Fitness und die Reproduktion von Kopien ihrer genetischen Codes zielen. Die

Erfolgreicheren überleben, die weniger Erfolgreichen sterben aus. Alle speziellen physischen und mentalen Strukturen der Lebewesen können in Begriffen der Vorteile erklärt werden, die sie für die Reproduktion des zugrunde liegenden genetischen Materials beisteuern. Insbesondere geht es in der Evolution um *inklusive Fitness*: Nicht allein das Überleben des einzelnen Individuums (die *personale Fitness*), sondern primär das Überleben der Gene eines Organismus im Genpool der Nachfahren ist das entscheidende Kriterium für evolutionären Erfolg. Evolutionäre Entwicklungen selektieren die Organismen, die ihre inklusive Fitness maximieren.

Die zweite Voraussetzung ist die Unterscheidung zwischen *distalen* und *proximalen Mechanismen*: Distale Mechanismen sind Mechanismen der Genselektion, die sich nach dem Kriterium der inklusiven Fitness richten. Proximale Mechanismen sind mentale Mechanismen, insbesondere auch Motivationssysteme, die zumeist Handlungen auslösen und ihrerseits durch Gene aktiviert oder deaktiviert werden. So ist zum Beispiel verwandtschaftsbasierte Selektion auf distaler Ebene ein Genmechanismus, der selbstsüchtige Ziele mit altruistischen Mitteln verfolgt, stellt aber in proximaler (psychologischer) Perspektive ein partiell altruistisches Motivationssystem dar, das etwa Eltern dazu bringt, unter erheblicher Minderung eigener personaler Fitness ihre Kinder zu versorgen und aufzuziehen.

Und drittens wird sowohl von *biologischer* als auch von *kultureller Evolution* gesprochen. Natürliche Selektion erfordert phänotypische Variabilität, Vererbung und Wettbewerb. Es spielt keine Rolle, ob die Variabilität durch genetische Mutationen oder erlernte kulturelle Muster hergestellt wird, solange eine stabile und lang andauernde Tradierung über viele Generationen hinweg garantiert ist. Unter diesen Bedingungen werden sowohl genetische als auch kulturelle Differenzen einen Wettbewerb auslösen. Gen-basierte und kultur-basierte Selektion operiert unter denselben evolutionären Prinzipien, nur ist das Tempo der kulturellen Evolution um ein Vielfaches schneller. Ein wichtiges Bindeglied zwischen biologischer und kultureller Evolution ist erst seit Kurzem bekannt: die sogenannte epigenetische Prägung genetischer Strukturen durch soziale und kulturelle Faktoren. Wir Menschen sind nicht genetisch, sondern epigenetisch stark. Wir haben nur ca. 25.000 verschiedene Gene (während Regenwürmer beispielsweise ca. 80.000 verschiedene Gene haben), aber die weitaus meisten freien Molekülgruppen in unserem Körper, mit denen kulturelle Einflüsse auf vererbbare Genstrukturen übertragen werden (vgl. hierzu genauer Kegel, 2015; Spork, 2009).

Aus diesen Voraussetzungen folgen bereits einige Konsequenzen für das Seelenmodell der evolutionstheoretischen Psychoanalyse. Der ersten Voraussetzung zufolge besteht die Grundstruktur des psychoanalytischen Szenarios aus einer mindestens dualen Einheit, nämlich aus einem jungen Individuum *und* einem oder mehreren älteren nährenden, aufziehenden Individuen, deren Genotypen zwar distinkt sind, sich aber zugleich in erheblichem Ausmaß überlappen. Diese Überschneidung zwischen der inklusiven Fitness mehrerer sozial verbundener Individuen involviert eine relationale soziale Welt und eine relational organisierte Seele mit sozialer Gegenseitigkeit und geteilten Interessen.

Aus der zweiten Voraussetzung folgt, dass eine Konfundierung der distalen Mechanismen mit den proximalen Mechanismen der Seele ein schwerwiegender Fehler ist, der unter anderem bereits Freud unterlaufen ist. Freud identifiziert nämlich genetische Selbstsüchtigkeit (distal) mit motivationaler Selbstsüchtigkeit (proximal) und muss daher Altruismus als Maskierung des Egoismus ansehen. Tatsächlich ist jedoch ein genetischer (distaler) Egoismus mit einem psychologisch-motivationalen (proximalen) Altruismus ohne Weiteres vereinbar. Das bedeutet allerdings nicht, dass es in der menschlichen Seele keine egoistischen Motivationen gibt. Denn inklusive Fitness setzt evolutionstheoretisch betrachtet auch personale Fitness voraus, die ihrerseits ohne egoistische Motivationen unerreichbar wäre.

Mit der dritten Voraussetzung schließlich wird dem verbreiteten Vorurteil entgegengetreten, dass die Kultur, weil sie nicht auf biologische Strukturen reduziert werden kann *(recte)*, auch nicht evolutionären Mechanismen folgt *(non sequitur)*. Die Einbeziehung der kulturellen Evolution ist für das Seelenmodell und die Synthese zwischen Evolutionstheorie und Psychoanalyse von erheblicher Bedeutung, weil sie es erlaubt, kulturelle Einflüsse auf die menschliche Seele in eine evolutionstheoretische und letztlich funktionale Betrachtung einzubeziehen. Das evolutionstheoretische Paradigma der Psychoanalyse involviert keinen biologischen Reduktionismus.

Eine der zentralen Thesen des Seelenmodells der evolutionstheoretischen Psychoanalyse ist demnach, dass das evolutionär erwartbare Szenario der Lebensformen aller Säugetiere *sowohl durch mächtige, konfliktreiche egoistische Interessen als auch durch einen starken Wunsch nach sozialer Harmonie geprägt ist*. Konflikte gehören demnach ebenso intrinsisch zur Seele wie geteilte soziale Interessen. Über lange evolutionäre Zeiten hinweg repräsentierte die Matrix von personaler *und* inklusiver Fitness den entscheidenden Selektionsdruck, der auch die Tiefenstruktur der menschlichen Seele prägte.

Die evolutionstheoretische Psychoanalyse beruft sich dabei unter anderem auf die Einsichten der Soziobiologie, die das altruistische Verhalten unter Verwandten aufgrund überlappender Genstrukturen und inklusiver Fitness auf der Basis selbstsüchtiger Gene erklären kann. Insbesondere scheint sich zeigen zu lassen, dass sich Eltern unter ihren Nachkommen altruistisches Verhalten wünschen, wann immer die Vorteile des Altruismus für die inklusive Fitness größer sind als seine Kosten, und dass Kinder nur dann altruistisch handeln, wenn die Vorteile ihres Altruismus doppelt so hoch sind wie seine Kosten (vgl. Wilson, 2002). Egoistisches Handeln ist immer dann evolutionär angemessen, wenn die Kosten des Altruismus für die inklusive Fitness größer sind als seine Vorteile.

In diesem Szenario ist das psychologische Design der Eltern so ausgerichtet, dass sie zugunsten ihrer eigenen inklusiven Fitness handeln. Und das Kind muss seine egoistischen Interessen mit den Interessen der Eltern vermitteln, von denen es vollständig abhängig ist. Erst in evolutionstheoretischer Perspektive lässt sich – so wird geltend gemacht – das zentrale adaptive Dilemma des Menschenkindes klar formulieren. Das Kind muss einerseits das Investment der Eltern in seine Aufzucht maximieren und so viel wie möglich von ihnen lernen. Doch andererseits teilt die soziale Umgebung nur einen Teil der Selbstinteressen des Kindes. Daher kann das Kind nur dann einen internalisierten, gut strukturierten Kompass durch die relationale Welt entwickeln, elterliche Weltinterpretationen übernehmen und ein eigenes Selbst generieren, wenn es die Kommunikationsstörungen, die aus den elterlichen Selbstinteressen unvermeidlich folgen, kompensieren kann. Dass diese Kompensation meist gelingt, ist ein Ergebnis des funktionalen Designs der menschlichen Seele.

In diesem grundlegenden seelischen Szenario nimmt die Verdrängung eine Schlüsselstellung ein. Aus evolutionstheoretischer Sicht ist die Verdrängung zum einen ein seelischer *Zustand*, in dem das Bewusstsein von bestimmten Zielen, Affekten und Bildern sowohl vom Selbst als auch von den Anderen ferngehalten wird. Im Bewusstsein operieren nur Wünsche und Ziele, die mit den Wünschen und Zielen der Verwandtschaft einigermaßen kongruent sind. Zum anderen ist die Verdrängung in dynamischer Hinsicht ein seelischer *Prozess*, der sicherstellt, dass viele der kindlichen asozialen Wünsche und Ziele, die mit den Wünschen und Zielen der Verwandtschaft nicht kongruent sind, nicht verlorengehen, sondern beiseite (außerhalb des Bewusstseins) gelegt und abgespalten werden können.

Dabei kommt der Verdrängung, genauer besehen, eine doppelte Funktion zu. Zum einen fordert das genetisch fixierte Eigeninteresse der Individuen, also die personale Fitness, einen Schutz gegenüber einer Überflutung durch Ansprüche der inklusiven Fitness und des verwandtschaftlichen Altruismus. Diesen Schutz übernehmen asoziale egoistische Wünsche als basales seelisches Motivationssystem, dessen Schutz wiederum durch Verdrängung mittels Abspaltung und Verschleierung garantiert wird. Zum anderen ermöglicht die Verdrängung in Gestalt der Abspaltung von asozialen Wünschen eine spätere Reaktivierung dieser Wünsche im Zuge einer Reorganisation der Objektrelationen, also der sozialen Beziehung zu anderen geistigen Wesen. Eines der wichtigsten Beispiele dafür ist der Wechsel von der Einbettung in Verwandtschaftsbeziehungen hin zu einer Einbettung in soziale Beziehungen mit nicht verwandten Menschen, die vor allem durch Wechselseitigkeit und Austausch verbunden sind. Dieser Wechsel findet gewöhnlich in der Pubertät statt und ist von der sogenannten adoleszenten Regression begleitet, in der die verdrängten asozialen Wünsche zum Teil freigesetzt werden und zur Grundlage eines neuen Aushandelns von Kompromissen mit der sozialen (nicht verwandten) Umwelt werden – Kompromisse, die für den Status des Erwachsenen typisch sind und auch eine Reorganisation der proximalen Mechanismen involvieren, die psychologisch die inklusive Fitness realisieren sollen.

Die zentrale Botschaft dieser Überlegungen ist, dass *asoziale Wünsche auch eine adaptiv notwendige Rolle in der sozialen Organisation spielen*, gerade weil sie motivationale Kräfte sind, die nur vom individuellen Eigeninteresse und Eigenkörper diktiert werden. Damit wird offensichtlich die Rolle, die Freud den Triebwünschen zugesprochen hat, in einem neuen theoretischen Rahmen gewürdigt. Doch wenn Freud die asozialen Wünsche unserer animalischen Natur zurechnet, die unangepasst sei und in Opposition zur kulturellen Ebene trete, ist dies aus evolutionstheoretischer Sicht ein falsches Bild. Inklusive Fitness impliziert nämlich sowohl adaptive egoistische Wünsche als auch soziale Motivationen in Gestalt adaptiver Mechanismen, die in der kulturellen Evolution selektiert wurden. Es gibt daher auch ein doppeltes Konfliktmodell: Es gilt primäre Konflikte innerhalb der relationalen Sphäre und sekundäre Konflikte zwischen asozialen Wünschen und sozialen Forderungen zu unterscheiden.

Eine evolutionstheoretisch informierte Metapsychologie betrachtet die menschliche Seele also als intrinsisch individualistisch *und* intrinsisch sozial – als ausgestattet mit *inhärent* egoistischen, aggressiven und selbstfördernden Zielen *und zugleich* mit einer *inhärent* altruistischen Disposition denjenigen Menschen gegenüber, deren Interessen sie teilt. Nicht nur unsere eigennützige Seite, sondern auch unsere soziale Seite enthält als evolutionäres Erbe eine motivationale, adaptive Kraft. Es gibt auf der grundlegendsten Ebene der menschlichen Seele keine Division in das genetisch-angeborene Triebhafte und das nicht angeborene erlernbare Soziale. Das triebtheoretische und das intersubjektive Modell erweisen sich vor diesem evolutionstheoretischen Hintergrund als einseitige Ansätze, die sich beide in das evolutionstheoretische Paradigma der Psychoanalyse sowie – allgemeiner – in ein angemessenes, umfassenderes Seelenmodell integrieren lassen (vgl. Langs, 1995; Bereczkei, 1992; Kriegman, 2000; Kriegman & Slavin, 1992; Garvey, 2003; Badcock, 1994, 1995; Buller, 1999; Nesse & Lloyd, 1992; Kandel, 1999, 2006; Peterson & Terwee, 1994; Tjiattas, 2000).

3.2 Das Unbewusste aus evolutionstheoretischer Sicht

Das Seelenmodell der evolutionstheoretischen Psychoanalyse hat sich im Gegensatz zum psychoanalytischen Intersubjektivismus wieder der Theorie des Unbewussten zugewandt (siehe hierzu Badcock, 1995, Kap. 4). Dabei werden vier Arten des Unbewussten unterschieden:

1. Seelische Zustände, die aktuell nicht bewusst sind, aber jederzeit ohne Probleme aufgerufen werden könnten, gleichsam Dateien, die man jederzeit öffnen kann (das Vorbewusste)
2. Seelische Zustände, die prinzipiell bewusst sind, aber wegen ihrer unerwünschten Merkmale unbewusst werden (das verdrängte Unbewusste)
3. Das archaische phylogenetische Erbe (die evolutionär bestimmte genetisch Kodierung, die fest verdrahteten seelischen Impulse)
4. Seelische Operationen, die nie bewusst werden (gleichsam das verborgene Betriebssystem der Seele)

Hier wird sich vor allem die vierte Komponente als wichtig und hilfreich erweisen. Die Komponenten 2, 3 und 4 stellen eine Ausdifferenzierung des »Es« bei Freud dar.

Badcock zufolge besteht das »ES« – die evolutionstheoretische Rekonstruktion des Freud'schen Es – aus genetisch kodierten Motivationssystemen, die auf biologische Selektion zurückgehen. Diese Motivationssysteme können »Triebe« genannt werden und kommen bei Menschen als *Gefühle von Lust und Unlust* zum Ausdruck.

Das ES ist (wie Freuds Es) chaotisch, weil einzelne Gene im ES meist nicht koordiniert sind. Im ES können (wie in Freuds Es) mehrere solcher Verhaltensprogramme gleichzeitig operativ sein und dabei auch in Konflikt geraten. Das ES ist (wie Freuds Es) zeitlos, das heißt, es reicht in unveränderter Form weit zurück in die biologisch-evolutionäre Vergangenheit, ändert sich daher nur sehr langsam und erfährt somit – relativ zur Dauer eines einzelnen menschlichen Lebens gesehen – keine zeitliche Entwicklung. Grundlegendes Entwicklungs- und Selektionsprinzip der Triebe ist auf der genetischen Ebene die inklusive Fitness, auf der proximalen Ebene die Lustmaximierung.

Das ICH – als evolutionstheoretische Rekonstruktion des Freud'schen »Ich« – ist nach Auffassung von Badcock das Selbst im modernen Sinne: Instanz der Entscheidungsfindung, verantwortlich für absichtliche Gedanken und Handlungen, ferner die Instanz, an die das ES seine Triebwünsche und Anforderungen richtet. Aber das ICH ist zugleich auch eine Instanz, die auf Reize reagiert (sowohl auf äußere Reize, d.h. auf Wahrnehmungsinformationen, als auch auf innere Reize, d.h. auf Triebwünsche aus dem ES, aber auch auf Gefühle und andere seelische Zustände aus dem ICH selbst). Insofern ist das ICH auch die Schnittstelle zwischen Subjekt und Außenwelt, vor allem aufgrund von Wahrnehmungen und wahrnehmungsgestützten Informationen über die Außenwelt. Ein Alleinstellungsmerkmal des ICH ist das Bewusstsein (im Sinne erhöhter Aufmerksamkeit). Doch ist das ICH aufgrund der genannten Funktionen nicht identisch mit dem Bewussten, es überschneidet sich vielmehr auch mit Vorbewusstem und Unbewusstem. Vor allem ist das ICH kein Chaos, sondern eine kohärente »Einheit«. Denn das ICH ist eine Kontrollinstanz, die die Funktion hat, die Verhaltensprogramme des ES auszuführen. Dafür müssen diese Programme koordiniert und konsistent gemacht werden. Das ICH darf entsprechend keine einander widersprechenden Verhaltensprogramme zulassen: Es muss widerspruchsfrei und logisch operieren (z. B. nach dem Prinzip vom ausgeschlossenen Dritten).

Grundlegendes Prinzip des ICH ist das Realitätsprinzip, das heißt das Prinzip, Tatsachen des Lebens anzuerkennen, gegebenenfalls Handlungsalternativen einzuschränken, der Wahrnehmung und Objektivität den Vorrang gegenüber subjektiven Gefühlen zu geben und Beziehungen zu anderen geistigen Wesen unter Berücksichtigung des Eigeninteresses des jeweils Anderen zu akzeptieren.

Das ÜBER-ICH – nach Badcock eine moderne Variante des Freud'schen »Über-Ichs« – ist eine Unterabteilung des ICH, die auch Überwachungs-ICH genannt werden kann. Das ÜBER-ICH hat die Funktion, das ICH zu beobachten, zu bewerten und zu zensieren. Es kontrolliert, welche Triebwünsche aus dem ES ins ICH hineingelassen werden und welche abgewehrt werden müssen.

Nicht nur das ES, sondern auch das ICH und das ÜBER-ICH haben sich aufgrund ihrer skizzierten *Funktionen* durch natürliche Selektion herausgebildet. Es ist die theoretische Aufgabe des Seelenmodells, diese Funktionen deutlich herauszuarbeiten.

3.3 Hermeneutik im evolutionstheoretischen Paradigma

Eine der wichtigsten und bleibenden Einsichten des evolutionstheoretischen Paradigmas der Psychoanalyse ist, *dass die menschliche Seele ein funktionales Design aufweist*. Denn die Merkmale und Komponenten, die aufgrund evolutionärer Mechanismen selektiert werden, sind *faktische Funktionen* im technischen Sinn. Ein Thermostat beispielsweise hat die faktische Funktion, die Zimmertemperatur zu regeln. Eine Antiviren-Software eines Computers hat die Funktion, Viren zu erkennen und zu eliminieren. Frühblüher wie Narzissen und Hyazinthen haben einen Mechanismus, der die äußere Temperatur registriert und die Funktion hat, ein neues Austreiben der Pflanzen nach einer

Kälteperiode (typischerweise dem Winter) hervorzurufen. Hohle Knochen bei Vögeln haben die Funktion, den Vögeln das Fliegen zu erleichtern. Und rituelle Gelage haben bei einigen Naturvölkern die Funktion, das Gefühl der Zusammengehörigkeit unter den Stammesmitgliedern zu stärken. Faktische Funktionen eines Systemzustandes sind kausale Folgen dieses Zustandes, die für die Erhaltung dieser Art von Systemen relevant sind (vgl. hierzu Detel & Samson, 2002; Vogel, 2018, Kap. 4).

Wenn im Folgenden von »Funktionen« die Rede ist, sind damit stets faktische Funktionen gemeint. Faktische Funktionen müssen sorgfältig von mathematischen Funktionen unterschieden werden (eine mathematische Funktion ist eine Vorschrift, die jedem Element einer gegebenen Menge genau ein Element einer anderen Menge zuordnet). Die meisten Funktionen werden im Rahmen evolutionärer Prozesse generiert. Man nennt Funktionen *echte Funktionen*, wenn sie von evolutionären Mechanismen deshalb selektiert worden sind, weil sie system-erhaltende kausale Effekte aufweisen. Auf dieser Ebene sind bestimmte Zustände *funktional organisiert*.

Funktionale Organisationen treten in Systemen, insbesondere in Lebewesen, auf, die Erhaltungs- oder Normalbedingungen aufweisen, das heißt Bedingungen, unter denen sie existieren können und deren Verletzung ihren Zusammenbruch und Tod heraufbeschwört.

Zur Frage des Ursprungs, der Arten und der Therapie seelischer Störungen haben die neueren evolutionstheoretischen Arbeiten im Bereich der Psychoanalyse bisher wenig zu sagen. Zwar lokalisieren sie den Kern seelischer Spannungen in den unvermeidlichen Konflikten zwischen personaler und inklusiver Fitness und legen daher die Hypothese nahe, dass diese Konflikte auch zu seelischen Störungen führen können, wenn sie nicht abgemildert und ausgehandelt werden können, aber mehr als diese vage Auskunft lässt sich in diesen Arbeiten bislang nicht entdecken.

Erst recht fehlt jede Reflektion auf die Rolle der sozialen Kognition in der psychoanalytischen Metapsychologie und Therapie. Der naheliegende Grund dafür ist, dass die Erklärungen seelischer Phänomene in diesen Arbeiten evolutionstheoretischer Natur sind. Beispielsweise versucht John Launer (2014) die psychoanalytische Theorie der Sexualität in das evolutionstheoretische Bild menschlicher Sexualität einzubetten. Dabei weist er unter anderem darauf hin, dass Sexualität dazu beiträgt, die inklusive Fitness zu maximieren und deshalb auch evolutionär selektiert wurde, dass ein Todestrieb dagegen keinen Beitrag zur Maximierung der inklusiven Fitness leisten würde und die Hypothese eines Todes- und Destruktionstriebes evolutionstheoretisch keinen Sinn macht. Diese Argumente operieren implizit mit funktionalen Erklärungen (siehe dazu genauer Abschnitt 5.3.1), jedoch ohne dass sich Launer darüber im Klaren wäre, dass er mehr tut als lediglich kausale Argumente zu liefern. Dasselbe gilt für die meisten psychoanalytischen Arbeiten, die dem evolutionstheoretischen Paradigma zuzurechnen sind (vgl. hierzu die Beiträge in Bornstein, 2014). Gleichwohl enthält das evolutionstheoretische Paradigma der Psychoanalyse die implizite Einsicht, *dass die Seele eine funktionale Organisation aufweist sowie dass ihre Zustände und Prozesse daher auf einer grundlegenden Ebene funktional erklärt werden können und im Fall seelischer Störungen sogar funktional erklärt werden müssen.* Diese Einsicht wird sich im weiteren Verlauf unserer Überlegungen als grundlegend erweisen.

4. Das rationalistische Paradigma der Psychoanalyse

In der intersubjektiven, aber auch zum Teil in der evolutionstheoretischen Psychoanalyse wird nicht selten die Kohärenz des ungestörten oder »normalen« Ich bzw. des Selbst betont. So bemerkt zum Beispiel Carol Levin, dass die »interpretive attitude helps the patient to bring more coherence to his internal confusion and chaos« (Levin, 2016, S. 14). Und auch Stefano Bolognini führt aus: »A *subject* could be described as a human being with a sufficiently coherent self-contact core« (Bolognini, 2016, S. 104; vgl. ferner Bortolotti, 2013). Doch wird der Begriff der Kohärenz hierbei nicht näher erläutert, geschweige denn – wie es nahegelegen hätte – in Begriffen von Rationalitätsstandards beschrieben. In der zweiten Hälfte des 20. Jahrhunderts haben allerdings einige philosophische AutorInnen, die sich keinem der drei bisher erörterten Paradigmen zuordnen lassen, explizit Rationalität und Irrationalität als grundlegende Parameter zur Beschreibung und Erklärung seelischer Prozesse und Pathologien herangezogen. Dieser Ansatz bildete den Ausgangspunkt für Überlegungen zur Irrationalität seelischer Störungen und für die Entwicklung kognitiv-rationaler Therapieformen, deren verschiedene Ausgestaltungen unter dem Titel eines rationalistischen Paradigmas der Psychoanalyse zusammengefasst werden können.

4.1 Psychoanalytische und volkspsychologische Erklärung

Der Philosoph Thomas Nagel gehört zu jenen Autoren, die der Auffassung sind, dass die Psychoanalyse den Umfang unserer Kognitionen erheblich erweitert hat. Unter Kognition versteht Nagel hier die – auch in unserem Alltag verbreitete – volkspsychologische Erklärung. Wenn wir zum Beispiel sagen, dass Maren fleißig Klavier übt (bzw. die Absicht hat, fleißig Klavier zu üben), weil sie Konzertpianistin werden will und meint, zur Erreichung dieses Ziels sei es notwendig, fleißig Klavier zu üben, dann haben wir volkspsychologisch erklärt, warum Maren fleißig Klavier übt (bzw. die Absicht hat, fleißig Klavier zu üben) – und zwar mit Hinweis auf mentale Zustände Marens (einen Wunsch und eine Meinung).

Eine *volkspsychologische Erklärung* hat also im einfachsten Fall folgende Form:

1. Person P wünscht (bzw. hat die Absicht), X zu realisieren.
2. P meint, dass die Realisierung von X die Handlung Y erforderlich macht.
3. Daher a) beabsichtigt P, Handlung Y auszuführen, und b) führt P Handlung Y aus.

Die volkspsychologische Erklärung ist damit eine einfache Version einer *rationalen Erklärung*, denn wenn Prämisse 1 und 2 gelten, so ist es für P durchaus rational (vernünftig), die Absicht 3a zu entwickeln und die Handlung 3b zu vollziehen.

Nagel weist darauf hin, dass bereits Freud bemerkt hat, seelisch Unbewusstes könne »mit all den Kategorien beschrieben werden, die wir auf die bewussten Seelenakte anwenden« (Freud, 1915d, S. 267). Er vertritt dementsprechend die Auffassung, dass das Auffinden des Sinns symptomatischen Verhaltens und manifester Phänomene (nach Freud die zentrale psychoanalytische Aktivität) darin besteht, symptomatisches Verhalten bzw. manifeste Phänomene volkspsychologisch (und damit rational) zu erklären:

> »[And] the essence of Freud's method was to extend the reach of this explanatory system [i.e. commonsense psychology] to areas of human behavior and feelings where it had previously not seemed that sense could be found. [...] [I]t is simply a matter of making sense of irrational or unintentional or involuntary conduct, when it fits into the same type of pattern so familiar from ordinary psychology, with some of the blanks filled in by thoughts or wishes of which the subject is not aware« (Nagel, 1994, S. 42).

Nagel betont, dass sich die Volkspsychologie einerseits zwar klinisch prüfen lässt, aber andererseits nicht auf kausale naturwissenschaftliche Erklärungen zurückführen lässt. Eine *psychoanalytische volkspsychologische Erklärung* hat damit folgende Form:

Gesetzt, V sei ein Verhalten der Person P und es gebe keine Menge M von bewussten mentalen Zuständen von P, derart dass $M \rightarrow V$ eine rationale Erklärung von V ist, so gilt: Wenn durch psychoanalytische Verfahren eine Menge M* von unbewussten mentalen Zuständen von P gefunden wird, derart dass $M, M^* \rightarrow V$

eine rationale Erklärung von V ist, dann handelt es sich um eine psychoanalytisch erweiterte Interpretation (soziale Kognition) von V.

Nehmen wir – um ein sehr einfaches Beispiel anzuführen – einmal an, Carlotta (= P) sei ständig traurig und zuweilen sogar seelisch gelähmt und depressiv (= Verhalten V). Dabei lebt sie in guten sozialen und ökonomischen Umständen und blickt optimistisch in ihre Zukunft. Weder ihre engsten Freunde noch sie selbst können sich erklären, warum sie ständig traurig und depressiv ist. Wie sehr man auch ihre bewussten Meinungen und Gefühle durchforstet, es zeichnet sich keine rationale Erklärung für ihre Trauer und Depressivität ab (es gibt keine Menge M von mentalen Zuständen von Carlotta, die ihre Trauer und Depressivität rational erklären könnte). Irgendwann aber entdeckt eine enge Freundin durch ein Gespräch, dass Carlotta unbewusst ständig den Anspruch hat, in allen Dingen absolut perfekt zu sein. Und da niemand, auch die überaus intelligente Carlotta nicht, in allen Dingen absolut perfekt sein kann, hat Carlotta ständig das Gefühl, in den meisten Lebensbereichen zu versagen, so sehr sie sich auch anstrengt (= Menge M* bestimmter unbewusster mentaler Zustände von Carlotta). Machen wir uns diese unbewusste Selbsteinschätzung bewusst und formulieren sie sprachlich, das heißt, ziehen wir sie in Carlottas Geist hinein, so können wir nun ihre Trauer und Depressivität rational erklären und verstehen nun diese vorher unverständlichen mentalen Zustände (mit M und M* können wir nun Carlottas Trauer und Depressivität rational erklären).

Nagels Erweiterungstheorie zielt also auf unbewusste mentale Zustände von PatientInnen und sieht den Kern der psychoanalytisch erweiterten Erklärung darin, die scheinbare Irrationalität symptomatischen Verhaltens zum Verschwinden zu bringen und in einen rationalen Zusammenhang zu überführen (vgl. kritisch dazu Vogel, 2018, Abschnitt 2.3). Man könnte deshalb hier von einer *strikten Erweiterungstheorie* sprechen.

Die strikte Erweiterungstheorie ist von einigen PsychoanalytikerInnen aufgenommen und in spezifischen Versionen weiterentwickelt worden. In diesen Versionen spielen die Parameter von Rationalität und Irrationalität weiterhin eine wesentliche Rolle. Ihre beiden wichtigsten Varianten sind die rational-emotive Psychotherapie von Albert Ellis (2008; vgl. hierzu auch Dryden, 2009; Kessler & Hoellen, 1982; Schwartz, 2007, 2012; Schöpf, 2013) und die kognitive Psychotherapie von Aaron T. Beck (1999; vgl. hierzu auch Clark et al., 1999; Beck, 1999; Wilken, 2010 [1998]). Diese Therapien widmen sich vielen klassischen psychischen Störungen (beispielsweise Panikstörungen, Phobien, generalisierten Angstzuständen, sozialen Ängsten, posttraumatischen Belastungsstörungen, Depressionen oder Essstörungen). Ellis und Beck betrachten psychische Störungen als Folgen falscher Denkmuster und Informationsverarbeitungsprozesse.

Die grundlegende Idee hierbei ist, dass unsere Kognitionen maßgeblich bestimmen, wie wir uns fühlen und wie wir körperlich reagieren. Das heißt insbesondere, dass hinter psychischen Störungen vor allem implizite (also temporär unzugängliche) kognitive Einstellungen vermutet werden, wie etwa: »Ich bin nicht liebenswert« oder »Ich muss perfekt sein« oder »Ich brauche die Anerkennung aller Menschen, denen ich begegne« oder »Andere Menschen sollten sich mir gegenüber immer fair verhalten«, die letztlich falsch und irrational sind. In der Therapie wird versucht, diese zunächst impliziten, unbewussten kognitiven Einstellungen bewusst zu machen und die PatientInnen davon zu überzeugen, dass sich hinter derartigen Einstellungen typische Denkfehler verbergen (zum Beispiel: Wir übertreiben eine Gefahr, sehen nur das Negative oder fordern Übermenschliches von uns oder anderen). Im Anschluss an diese Überzeugungsarbeit werden verhaltenstherapeutische Maßnahmen und Übungen unterschiedlicher Art eingesetzt, um die PatientInnen in die Lage zu versetzen, sich auch in ihrem Fühlen und Verhalten durch ihre neuen kognitiven Einsichten leiten zu lassen.

Dieser Ansatz verbleibt im Rahmen volkspsychologischer Erklärungen. Allerdings sucht dieses Verfahren nicht wie Nagel nach zusätzlichen unbewussten Kognitionen, mit denen zusammen sich Kognitionen, die zunächst irrational zu sein scheinen, als rational erweisen, sondern identifiziert unbewusste falsche und irrationale Kognitionen und versucht sie zu verändern, sodass der Geist der PatientInnen nach dieser Veränderung seine rationalen Strukturen erweitern kann.[25] Es bleibt jedoch fraglich, ob sich diese Therapieformen auch in Fällen härterer seelischer Störungen wie hartnäckiger Neurosen und chronischer Psychosen bewähren.

4.2 Seelische Störungen und das Problem der Irrationalität

Die VertreterInnen der strikten Erweiterungstheorie gehen davon aus, dass der menschliche Geist aus mentalen Zuständen besteht, die überwiegend rational organisiert sind. Donald Davidson hat diese These am eindrucksvollsten verteidigt (Davidson, 2004 [1982a], 1990a, 2004a) und Robert Brandom hat sie mit seiner inferentiellen Semantik auf höchst elaborierte Weise untermauert (Brandom, 1994).

Doch seelische Störungen und symptomatisches Verhalten scheinen eine hartnäckige Irrationalität aufzuweisen, die sich nicht hinwegerklären lässt. Dabei sehen die PatientInnen oft ein, dass sie mentale Zustände entwickeln und Handlungen vollziehen, die nach den von ihnen selbst ausdrücklich anerkannten Wünschen, Meinungen und Rationalitätsstandards irrational sind, dass sie ferner diesen internen Widerspruch nicht aufzulösen vermögen, sondern sich genötigt fühlen, die irrationalen mentalen Zustände und Handlungen immer wieder zu (re-)produzieren, und dass sie sich daher nicht mehr selbst (rational) verstehen können. Die Einsicht in ihre eigene hartnäckige Irrationalität bereitet ihnen zusätzliches Leid. Wie kann die klassische Philosophie des Geistes diese Irrationalität theoretisch einholen?

Davidsons These lautet, dass der Geist seelisch gestörter Personen mindestens zwei verschiedene rational vernetzte Bereiche mentaler Zustände enthält, die untereinander inkonsistent sind (vgl. Davidson, 2006 [1982b]). Der Geist seelisch gestörter Personen muss demzufolge fragmentiert sein. Die irreduzibel irrationalen Episoden sind dabei zwar durchaus lokal rational und verlieren daher ihren Status als mentale Episoden oder Handlungen nicht. Zugleich sind sie aber global irrational, lassen sich also nicht in ein einheitliches rationales geistiges Netz integrieren. Irrationale mentale Episoden oder Handlungen werden dadurch herbeigeführt, dass Elemente des einen semantischen Netzes kausal Elemente des anderen Netzes hervorrufen, ohne dass die Ursachen zugleich auch rationale Gründe sind: »Im Fall der Irrationalität bleibt die kausale Beziehung erhalten, während die logische Beziehung fehlt oder verzerrt wird« (ebd., S. 99). In diesem Sinne soll Irrationalität ein Versagen im Haus der Vernunft sein.

Symptomatisches Verhalten kann diesem Vorschlag zufolge zwar von mentalen Zuständen verursacht werden, aber diese mentalen Zustände werden nicht aufgrund ihrer Mentalität wirksam, sondern aufgrund elementarerer physischer Eigenschaften. Das heißt, dass die Analyse symptomatischen Verhaltens kausale, nicht rationale Erklärungen liefert und somit aus dem Gebiet der Hermeneutik herausfällt.[26]

Die scharfe Dissoziation in zwei in sich abgeschlossene rationale »Personen«, die zur Erklärung hartnäckiger Irrationalität herangezogen wird, ist jedoch im Davidson'schen Theorierahmen inkohärent (vgl. Davidson, 1974). Insbesondere könnte ein Wesen mit zwei rationalen Personen keine Einsicht in die rationale Inkonsistenz dieser beiden Personen gewinnen, weil diese Einsicht einen übergeordneten Rationalitätsstandard beinhalten würde, der nach Voraussetzung nicht besteht. Davidson kann genuine Irrationalität auf dem Boden seiner eigenen Voraussetzungen nicht konsistent beschreiben (vgl. dazu ausführlicher Vogel, 2018; sowie Abschnitt 2.1).

An die Bedenken gegenüber Davidsons Erweiterungstheorie knüpft die Analytikerin Marcia Cavell an, um eine Revision vorzuschlagen, die einigen typischen Merkmalen symptomatischen Verhaltens Rechnung tragen soll (vgl. Cavell, 1985, 1996, 1997). Cavell geht weiterhin insofern vom Davidson'schen Rahmen aus, als sie Davidsons Unterscheidung zwischen zwei verschiedenen, miteinander inkonsistenten mentalen Systemen in der menschlichen Psyche akzeptiert (das ist nicht überraschend, denn Marcia Cavell war die Ehefrau Davidsons). Aber zugleich weicht sie in drei grundlegenden Punkten von Davidson ab:

1. Das Vorkommen zweier unterschiedlicher mentaler Systeme kennzeichnet die menschliche Psyche generell.
2. Diese beiden mentalen Systeme lassen sich mit Freud genauer als das bewusste und das unbewusste System kennzeichnen, und zwar derart, dass das Unbewusste aus mentalen Zuständen anderer Art besteht als das bewusste System.
3. Die pathologische Irrationalität ist bereits in der spezifischen semantischen Struktur der unbewussten mentalen Zustände angelegt.

Diese Unterschiede haben Auswirkungen auf die Art und Weise der konkreten psychoanalytischen Interpretation, sind also hermeneutisch relevant. Im Folgenden werde ich mich auf die – miteinander zusammenhängenden – Unterschiede 2 und 3 konzentrieren.

Im Anschluss an Freuds Diagnosen versucht Cavell herauszuarbeiten, dass zum Beispiel Träume oder auch symptomatische Handlungen mit mentalen Episoden korreliert sind, die semantische Gehalte einer ganz besonderen und fremd anmutenden Art aufweisen. Um mit einem sehr einfachen (von Freud erwähnten) Traum zu beginnen: Freud schläft eines Abends extrem durstig ein und träumt darauf hin, dass er sehr viel trinkt. Dieser Traum ist ein Fall von halluzinatorischem Wunschdenken. Er hat den semantischen Gehalt, dass der Träumer sehr viel trinkt, er ist ferner verbunden mit der Angst vor dem Verdursten und er imaginiert den aus dieser Angst resultierenden Wunsch, viel zu trinken, als erfüllt. Ferner bringt der extreme Durst im Verein mit der assoziierten Angst das imaginäre halluzinatorische Wunschdenken kausal hervor und beschwichtigt auf diese Weise das – ansonsten schwer erträgliche – Durst- und Angstgefühl.

Cavell möchte an derartigen Beispielen deutlich machen, dass die verdrängten und mit symptomatischem Verhalten korrelierten unbewussten Absichten häufig ein halluzinatorisches Wunschdenken darstellen, das nicht mehr eindeutig zwischen Wunsch und Meinung differenziert, sondern eine irreale Allmacht des Denkens involviert. Genau dieser Punkt ist es, der einerseits traumatische Erfahrungen erträglich macht, andererseits aber dazu führt, dass das erzeugte halluzinatorische Wunschdenken bereits für sich selbst betrachtet irrational ist und daher auch nicht zu rationalen Erklärungen herangezogen werden kann. Tatsächlich setzt ja das Basisschema rationaler Erklärungen die definitive Unterscheidung von Wünschen (bzw. Absichten) und Meinungen voraus (vgl.

das im letzten Abschnitt umrissene Schema »volkspsychologischer Erklärungen«). Ohne diese Unterscheidung würde die Logik rationaler Erklärungen zusammenbrechen. Und dennoch weisen Wunschdenken und symptomatisches Verhalten die grundlegenden Kennzeichen auf, die sie als mentale Episode bzw. als Handlung qualifizieren. Cavell spricht hier von »Pro-Einstellungen« und »Als-ob-Behauptungen«, die nicht für Bestätigung oder Widerlegung durch Evidenz offen sind und den davidsonianischen Rationalitätskriterien auch aus diesem Grund nicht genügen.

Ein weiteres typisches Beispiel für psychopathologische Einstellungen, das von Cavell ins Spiel gebracht wird, ist jene Gestalt von Omnipotenz des Denkens, die – nicht zuletzt im Anschluss an entsprechende Hinweise Freuds (vgl. hierzu Glucklich, 1997, S. 53ff.) – an bekannte Formen magischen Denkens erinnert, das zum Teil in frühen Stadien sowohl der menschlichen Phylogenese als auch der menschlichen Ontogenese auftritt. Es ist nahezu unmöglich, das magische Denken kurz und generell zu kennzeichnen, aber eines seiner allgemeinen Charakteristika ist die Annahme, dass sehr Vieles mit vielem Anderen sehr eng zusammenhängt und dass diese Zusammenhänge in magischen Praktiken ausgenutzt werden können, um Effekte in der Welt zu erzielen. Typische Spezialfälle dieser Vorstellung sind:

1. *Assoziatives Denken:* Wenn X und Y in Bezug auf Eigenschaft E ähnlich sind, können X und Y sich aufgrund ihrer Eigenschaft E physisch beeinflussen (vgl. Evans-Pritchard, 1977, S. 26f.; Frazer, 2009).
2. *Kontaktdenken:* Zwei Dinge, die einst physischen Kontakt miteinander hatten, erhalten diese Verbindung auch nach ihrer Trennung, sodass das Einwirken auf eines dieser beiden Dinge sich automatisch auf das andere Ding überträgt (vgl. Frazer, 2009).
3. *Konfusion zwischen repräsentationaler Vorstellung (deskriptive Ebene) und emotionaler Reaktion (präskriptive Ebene):* Jedes Ereignis wird zugleich konstatiert und evaluiert (vgl. Lévy-Bruhl, 1926, S. 36).
4. *Kausalität von Symbolen:* Die Produktion von Symbolen (zum Beispiel Namen) für X beeinflusst X (vgl. Brown, 1993, S. 5ff.).

Die Vorstellung einer Omnipotenz des Denkens fällt unter die Formen 3 und 4. Denn eine der wichtigsten Varianten dieser Vorstellung und Praktiken besteht in der Idee, dass rituell vorgebrachte Äußerungen der Form »›P‹ ist Q (oder: soll Q erfüllen)« das Faktum, dass P ein Q ist, herbeiführt, also den Satz »P ist Q« wahr macht (vgl. hierzu Malinowski, 2014; Glucklich, 1997, S. 59ff., 205ff.). Diese Form der Omnipotenz des Denkens kann freilich auch darin resultieren, dass die Nennung bestimmter Namen vermieden oder durch Euphemismen umgangen wird.

Cavell versucht die Irrationalität psychopathologischer Zustände im Rahmen des rationalistischen Paradigmas auf wegweisende Weise zu bestimmen, die weit über Davidsons Überlegungen hinausgeht. Ihre zentrale Idee ist, dass seelische Störungen mentale Zustände mit ungewöhnlichen Inhalten sind, die insbesondere mit magischem Denken und archaischen Formen der Rationalität korrelieren. Wir werden sehen, dass Freud mit seiner analytischen Technik genauer betrachtet zum Teil in dieselbe Richtung geht (siehe Kapitel 8).[27]

Insgesamt lässt sich festhalten, dass die rationalistische Psychoanalyse alle vier eingangs angeführten Komponenten einer psychoanalytischen Theorie abzudecken versucht. Sie entwickelt ein Modell des Geistes als Seelenmodell, empfiehlt die rationale Erklärung als explanatorischen Zugriff auf den Geist, skizziert die unterschiedlichen Formen seelischer Störungen, versucht in ihren neueren Varianten die spezifische Irrationalität psychopathologischer Zustände (unter anderem in Gestalt magischen Denkens) auszubuchstabieren sowie die Möglichkeiten einer rationalistisch orientierten Therapie auszuloten. Allerdings ist das dabei zugrunde gelegte Geistmodell unvollständig, weil es keine Konzeption des Unbewussten und der Motivationssysteme enthält. Der explanatorische Zugriff unterschlägt die funktionale Ebene der Seele und die Therapie wird auf eine zu einfache Weise beschrieben.

4.3 Psychoanalyse und Mentalisierung

Peter Fonagy gehört zusammen mit Jon Allen zu den prominentesten Vorreitern einer der einflussreichsten neueren psychoanalytischen Therapieformen, die unter dem Stichwort *Mentalisierung (mentalizing)* bekannt ist. Allen, Bleiberg und Haslam-Hopwood ennzeichnen die Mentalisierung unter der Titel »Understanding Mentalizing« folgendermaßen:

> »Mentalizing refers to the spontaneous sense we have of ourselves and others as persons whose actions are based on mental states: desires, needs, feelings, reasons, beliefs and the like. Normally, when we interact with others, we automatically go beneath the surface, basing our responses on a sense of what underlies the other person's behavior, namely, an active mind and a wealth of mental experience. Thus we are natural mind readers, and mentalizing entails accurate and effective mind reading. By virtue of being human, this process of mentalizing comes so naturally to us that we easily overlook its significance. To understand psychiatric treatment, however, we must pay careful attention to mentalizing and the conditions under which this basic human capacity becomes impairing« (Allen, Bleiberg & Haslam-Hopwood 2008a, Abschnitt I).

Diese Passage lässt keinen Zweifel daran, dass die Mentalisierung das kognitive Verfahren des Gedankenlesens *(mind reading)* und allgemeiner der sozialen Kognition ist. Fonagy und einige Mitarbeiter beschreiben die Mentalisierung ähnlich, stellen sie aber darüber hinaus explizit als Erweiterungstheorie mit deutlicher Anspielung auf das rationalistische Paradigma der Psychoanalyse dar:

> »Mentalization enables children [and adults] to ›read‹ other people's minds. [...] By doing this, they make people's behaviour *meaningful* and predictable. [...] ›Theory of Mind‹ is an interconnected set of beliefs and desires attributed to explain a person's behaviour. The theory-of-mind-concept has great explanatory value. Philosophers of mind [...] have extended this approach to examine unconscious processes [...] [and] to extend folk psychology to unconscious mental states, [...] this making those aspects of behaviour meaningful that – using our ordinary constructs of intentionality – make little sense (e.g. dreams, neurotic symptoms, humor). [...] Mentalizing affectivity lies, we suggest, at the core of the psychotherapeutic enterprise« (Fonagy et al., 2005, S. 1).

In der mentalistischen Psychotherapie geht es primär um die Förderung und gegebenenfalls um die Wiederherstellung der Mentalisierungsfähigkeit der KlientInnen. Denn diese Fähigkeit ermöglicht eine Distanzierung von impulsivem, zerstörerischem oder selbstzerstörerischem Verhalten. Und sie involviert die epistemische Sicherheit, die Absichten und Überzeugungen anderer Personen weitgehend korrekt einzuschätzen. Vor allem aber ist sie die Grundlage eines reflexiven Selbst, das die Bedingung für eine klare Abgrenzung des mentalen Selbst vom Geist anderer Personen ist (vgl. Taubner et al., 2010).

Die Theorie der Mentalisierung plädiert, wie es scheint, nicht nur für eine Anwendung der Volkspsychologie und damit für hermeneutische Verfahren in der Psychotherapie, sondern sieht auch den Kern seelischer Störungen in der Einschränkung hermeneutischer Fähigkeiten und das Ziel der Therapie in der Wiederherstellung dieser Fähigkeiten. Einschränkungen der Mentalisierungsfähigkeit entstehen dieser Theorie zufolge unter anderem durch mangelnde oder unsichere soziale Bindung im Kindesalter. Dabei geht es interessanterweise nicht nur um eine angemessene allgemeine Feinfühligkeit der Bezugspersonen gegenüber den Kindern, sondern vor allem darum, dass die Bezugspersonen ihrerseits die mentalen Zustände der Kinder nicht angemessen mentalisieren können. Daher geben Eltern, die bereits selbst unter einer defizitären Mentalisierungsfähigkeit leiden, so die Annahme, dieses kognitive Defizit an ihre Kinder weiter (vgl. Mertens, 2012). Diese Diagnose lässt sich durch ein ambitioniertes soziales Feedback-Modell ergänzen und vertiefen, das zugleich die Entstehung des mentalen Selbstbezugs (also des Bewusstseins) erklären hilft (vgl. dazu Vogel, 2018, Abschnitt 5.1.1, 5.1.2, 5.1.4).

Kinder mit eingeschränkter Mentalisierungsfähigkeit fallen durch Fantasiearmut und Unfähigkeit zum Spielen auf. Sie passen sich der Welt der Bezugsperson an und entwickeln ein »fremdes Selbst«, das heißt übernehmen die mentalen Zustände der Mutter in ihr eigenes Selbst. Menschen mit einem fremden Selbst empfinden durchgehend innere Leere und unerträgliche Missstimmung (vgl. Fonagy & Target, 2006). Diese psychische Lage entwickelt sich nicht selten zum Borderline-Syndrom. Die mentalistische Psychotherapie dieses Syndroms kann deutliche Erfolge aufweisen (vgl. hierzu Bateman & Fonagy, 2001, 2004, 2008, 2009). Dies scheint inzwischen für auch für viele andere seelische Störungen zu gelten (vgl. etwa Allen et al., 2008b; Brockmann & Kirsch, 2015; Fonagy & Allison, 2014; Hutsebaut et al., 2012; Rossouw & Fonagy, 2012). Insbesondere wird die Förderung der Mentalisierungsfähigkeit mittlerweile auch in der Familientherapie eingesetzt (vgl. hierzu Asen & Fonagy, 2011; Fearon et al., 2009; Allen & Fonagy, 2009; Keaveny et al., 2012; Midgley & Vrouva, 2012; Ensink & Mayes, 2010; sowie Abschnitt 4.1).

Die mentalistische Psychoanalyse gehört im weitesten Sinne zu einem intersubjektiven, relationalistischen und hermeneutischen Ansatz, verzichtet aber auf die intersubjektive Metapsychologie der älteren intersubjektiven Psychoanalyse. Die radikale hermeneutische Kontur des relationalen und insbesondere auch des mentalisationistischen Modells weist aber auch auf ihre zentralen Defizite hin. Zum einen verzichtet sie ähnlich wie die intersubjektive Psychoanalyse auf die Parameter von Rationalität und Irrationalität als psychoanalytische Analysekategorien. Sie stellt also eine *nicht-rationalistische Erweiterungstheorie* dar. Zum anderen gerät ihr auch das Unbewusste und die Irrationalität, traditionell der entscheidende Bereich der Seele, den die Psychotherapie bearbeiten soll und der ihr als Ursprung seelischer Störungen gilt, aus dem Blick.

Wichtig bleibt jedoch ihre Einsicht in eine neue theoretische Rolle der sozialen Kognition in der Psychoanalyse. Die soziale Kognition ist jetzt nicht mehr nur eine Form der Erklärung seelischer Störungen aus Sicht der AnalytikerInnen, sondern auch eine grundlegende kognitive Fähigkeit der PatientInnen, deren Beeinträchtigung selbst eine grundlegende seelische Störung ist, die es mit speziellen Therapieformen zu behandeln gilt.

Einige psychoanalytische Arbeiten aus jüngster Zeit exemplifizieren die Fruchtbarkeit dieses Ansatzes. Peter Hobson (2014) beispielweise knüpft an das traditionelle psychoanalytische Konzept der mentalen Identifikation an, das in der älteren Psychoanalyse zur Erklärung der Entstehung einer inneren Welt von Objektrelationen herangezogen worden ist. Hobson bemerkt zunächst, dass aus evolutionstheoretischer Sicht die Fähigkeit, sich mit anderen geistigen

Wesen zu identifizieren, enorm vorteilhaft ist, weil sie die soziale Kooperation und Kulturentwicklung fördert. Dann aber widmet sich Hobson der neueren philosophischen und psychologischen Forschung zur modernen Theorie des Geistes, um das Konzept der mentalen Identifikation zu reformulieren – nämlich als mind reading, dessen frühkindliche Entwicklung zeigt (wie Hobson im Anschluss an Arbeiten von Michael Tomasello und anderen nachweist), dass diese Fähigkeit humanspezifisch und daher für die Erklärung des menschlichen Geistes zentral ist (siehe hierzu auch Detel, 2014). Dieser Teil der modernen Theorie des Geistes stützt nach Hobson einen objektrelationalen psychoanalytischen Ansatz: Die soziale Kognition ist eine grundlegende soziale Fähigkeit, stets bezogen auf einen geistigen Anderen.[28]

Ein weiteres bemerkenswertes Beispiel ist der Artikel der beiden Therapeutinnen Karin Ensink und Linda C. Mayes (2010), die mit der Feststellung beginnen, dass die Frage, wie sich die Fähigkeit der Mentalisierung (also des Verstehens als mind reading) von Kindern entwickelt, für die Psychoanalyse von grundlegender Bedeutung ist. Ein erheblicher Teil des Artikels ist daher einer – durchaus gelungenen – Kurzeinführung in die philosophische und psychologische Theorie des Geistes gewidmet, nicht zuletzt um sie in der psychoanalytischen Community ein wenig bekannter zu machen. Die Autorinnen gehen dabei ganz zu Recht, aber im Gegensatz zu fast allen anderen psychoanalytischen Studien, die sich mit der Theorie des Geistes beschäftigen, von einem repräsentationalistischen Ansatz aus, der tatsächlich als gegenwärtige Mainstream-Position in der Theorie des Geistes zu betrachten ist. Zudem werden historische Wurzeln, Pioniere und wichtige Varianten der Theorie des Geistes besichtigt.

Im Anschluss daran beschreiben die Autorinnen dann aber die reichhaltige und faszinierende entwicklungspsychologische Forschung, die nach der Einführung der ursprünglich philosophischen Theorie des Geistes in psychologischen Kreisen begann. So wurde zum Beispiel empirische Evidenz für folgende neue Resultate gesammelt: Die Fähigkeit zur Mentalisierung beginnt bei Säuglingen früher als bisher angenommen; neurobiologische Studien legen eine enge Verbindung zwischen mind reading und dem Prozessieren von Affekten nahe; die Fähigkeit des mind reading und des gemeinsamen pretend play sind eng korreliert; die Entwicklung der ToM *(theory of mind)* nach der vorschulischen Periode (8–12 Jahre) ist bisher wenig erforscht, doch zeigen erste Studien, wie gerade in dieser Periode die Fähigkeit, über eigene mentale Zustände (und nicht nur über den Geist anderer) zu sprechen, beginnt und wächst (»reflexive Funktion«).

Es gibt auch neueste Resultate mit einer Relevanz für die Psychoanalyse im engeren Sinne, so etwa die Korrelation zwischen Mentalisieren und Trauma:

Traumatisierte Kinder im Alter zwischen acht und zwölf Jahren haben Defizite im Mentalisieren, und mütterliches Mentalisieren hat einen positiven Effekt auf die Mentalisierung der Kinder. Insbesondere stärkt gelingende elterliche Mentalisierung ihrer sehr kleinen Kinder deren Bindungssicherheit und Mentalisierungsfähigkeit. Und generell unterstützt die Integration von Kindern in eine intersubjektive Kommunikation über eigene und fremde mentale Zustände (insbesondere über negative Emotionen) die Mentalisierungsfähigkeit dieser Kinder. In diesem Punkt gibt es keine Geschlechtsdifferenzen (Mädchen sind nicht etwa »verständnisvoller«, also nicht »bessere Mentalisierer« als Jungen). Zwillingsstudien zeigen vielmehr, dass die Mentalisierungsfähigkeit nicht genetisch, sondern sozial determiniert ist. Mentalisierung scheint ersten Studien zufolge die Empathie zu stärken und vor Depressionen zu schützen.

Ein Forschungsdefizit der modernen Theorie des Geistes sehen Ensink und Mayes zu Recht darin, dass diese Theorie sich allzu sehr auf kognitive Fähigkeiten konzentriert und das affektive Verstehen vernachlässigt (siehe diesbezüglich aber Detel, 2014). Daher kann die bisherige Theorie des Geistes ihrer Auffassung nach auch nicht zur Erklärung affektiver Störungen beitragen. In diesem Punkt haben sie allerdings, wie sich zeigen wird, Unrecht (siehe Abschnitt 4.5).

Die Autorinnen schließen mit der Feststellung, dass die Förderung der Mentalisierung einer der wichtigsten Prozesse ist, von denen die Effektivität aller psychoanalytischen Behandlungen unterstützt wird, und dass daher eine kohärente Zusammenführung der modernen Theorie des Geistes, der entsprechenden entwicklungspsychologischen Forschung und der psychoanalytischen Forschung und Therapie mehr als wünschenswert ist. Es ist offensichtlich, dass Ensink und Mayes damit nicht nur das Programm, das im vorliegenden Buch verfolgt wird, untermauern, sondern dass sie auch höchst informatives Material bereitstellen, dass zeigt, in wie vielen Bereichen des seelischen und sozialen Lebens die zentralen hermeneutischen Fähigkeiten (die soziale Kognition) relevant und hilfreich ist.

Es gibt natürlich auch viele neuere psychoanalytische Arbeiten, die sich nicht nahtlos einer der bisher beschriebenen Positionen zuordnen lassen, sondern auf mehrere dieser Positionen Bezug nehmen. Dafür sei zum Schluss dieses Kapitels noch ein besonders eindrucksvolles und berührendes Beispiel skizziert, das generell im Rahmen des Intersubjektivismus operiert, aber auch dem Ansatz der Psychoanalyse im Hier und Jetzt zugeordnet werden kann, auf Mentalisierungsprozesse anspielt und implizit die funktionale und rationale Ebene des Geistes ins Spiel bringt. Carol Levin (2016) stellt hauptsächlich detailliert aufgezeichnete Gesprächsepisoden aus einzelnen Sitzungen mit einem ihrer langjährigen

Patienten dar, samt Hinweisen auf ihre eigenen hermeneutischen Reflexionen. Aus diesem überaus konkreten und instruktiven Beitrag kann man unter anderem lernen, dass zumindest in diesem – für Levin exemplarischen – Fall allein schon das geduldige und ständige Training des Mentalisierens ganz unabhängig von den jeweiligen Inhalten einen heilenden Effekt bei dem Patienten hervorgerufen hat.

Es ist nicht überraschend, dass Levin den interpretativen Prozess nicht in Begriffen der Kausalität, sondern in Begriffen des wechselseitigen Verstehens beschreibt. Sie weitet den Interpretationsbegriff offenbar entschieden aus: Interpretation umfasst bei ihr auch das schnelle automatische Verstehen (das »Parsen«) und die non-verbale Kommunikation (vgl. ebd., S. 15f.). Bemerkenswert hierbei ist, dass das Ziel der Interpretation Levin zufolge darin besteht, durch Aufdeckung von Sinn den Geist des Patienten organisierter und kohärenter zu machen (»to strive to bring more coherence to experience by finding meaning in it«). Hier wird implizit die enge Verbindung von Interpretation, Sinn und rationaler Kohärenz des Geistes angesprochen. Wenn Levin andererseits an einem Punkt der Therapie zur konstanten, verbissenen Arbeit ihres Patienten Alan an einem umfangreichen Buch mit dunklem und schrägem Inhalt bemerkt:

> »This helped me to see Alan's grandiosity as a survival strategy for maintaining or restoring his fragile sense of self, and then I could attune with him and rediscover my care and compassion for Alan's anguish and formulate for myself that writing (even writing crazy) had organized Alan for a decade, giving meaning to his stalled young life. […] He was isolated and in the grip of a life or death struggle, and he needed to tell me about his book because he was desperately searching for affirmation that his work mattered to someone« (ebd.),

so beschreibt sie hier implizit eine funktionale Erklärung des symptomatischen Verhaltens ihres Patienten (d. h. seiner Arbeit an dem Buch), die ihr bemerkenswerterweise hilft, Empathie und Mitgefühl für Alan zu entwickeln.

Es dürfte deutlich geworden sein, dass es in der neueren Psychoanalyse aus verschiedenen Richtungen Vorschläge und Versuche gibt, die Psychoanalyse mit der modernen Theorie des Geistes zusammenzuführen. Gerade in den einflussreichsten dieser Varianten wird allerdings, wie bereits bemerkt, auf die Parameter von Rationalität und Irrationalität verzichtet. Vor allem aber wird das detaillierte geist-theoretische Vokabular nicht konsequent in Anschlag gebracht. Von einer ernsthaften Synthese der modernen Theorie des Geistes und Psychoanalyse kann daher in diesen Arbeiten noch nicht die Rede sein.

4.4 Psychoanalyse und Theorie der verkörperlichten Kognition

Eine weitere Form der neuen Verbindung zwischen Psychoanalyse und Theorie des Geistes scheint aus der jüngeren Forschung zur *verkörperlichten Kognition (embodied cognition)* hervorzugehen. Grundlage dieser Forschung ist die neurowissenschaftliche Entdeckung der Spiegelneuronen, von denen die Bewegung des eigenen Körpers und das eigene Handeln ebenso unterstützt wird wie das Beobachten der Bewegungen und Handlungen anderer Personen sowie das Imaginieren der Bewegung des eigenen Körpers und des eigenen Handelns. Die Spiegelneuronen unterstützen auch gleichermaßen das Auftreten von Gefühlen wie das Beobachten der Gefühle anderer Personen und das Imaginieren eigener Gefühle (vgl. Detel, 2014, Abschnitt 1.2, 2.3).

Bewegungen und Handlungen sind sensumotorische Prozesse, die in den Wahrnehmungs-Bewegungskreislauf eingebunden sind. Beobachten und Imaginieren sind dagegen höhere kognitive Prozesse. Diese neurowissenschaftlichen Befunde zu den Spiegelneuronen legen daher die Annahme nahe, dass kognitive Prozesse auf sensumotorische Prozesse zurückgehen. Hier spricht man meist von *neuronaler Simulation.* Insbesondere antizipieren höhere Tiere das Verhalten anderer Tiere mittels der Beobachtung ihres motorischen Verhaltens, planen mittels der Imagination eigener Bewegungen die eigenen Handlungen und sind mithilfe dieser kognitiven Fähigkeiten in der Lage, auf die Gefühle anderer Tiere als Ursachen für ihre Verhaltensweisen und Handlungen zu schließen.

Auf der phänomenalen (d.h. nicht neuronalen) Ebene sind unzählige Beispiele für verkörperte Kognition beschrieben und untersucht worden. Visuelle Wahrnehmungen hängen ihrem semantischen Gehalt nach wesentlich von unserer Körperhaltung, unserem räumlichen Standpunkt und unseren Bewegungsmöglichkeiten ab. Die kinästhetische Erfahrung (d.h. die Empfindung der Eigenkörperbewegung mitsamt der eigenen räumlichen Position), sowie die kinästhetische Simulation (d.h. die mentale Simulation der kinästhetischen Erfahrung anderer Wesen im eigenen Geist) gelten einigen ForscherInnen als ein grundlegendes Moment der Selbsterfahrung. Gedächtnisleistungen scheinen von Prozessen der verkörperten Kognition abzuhängen (die Erinnerung an einen Raum, in dem wir uns aufgehalten haben, ist zum Beispiel umso besser, je deutlicher wir imaginieren können, wie wir uns in dem Raum bewegt haben). Und die soziale Kognition, also die Erkenntnis der mentalen Zustände und Handlungsabsichten anderer Personen, scheint ebenfalls ein Beispiel für verkörperte Kognition zu sein.[29]

An die Verbindung von sozialer und verkörperter Kognition schließen neuere Arbeiten an, die nachweisen wollen, dass die Theorie der embodied cognition auch für die Psychoanalyse fruchtbar gemacht werden kann. Thomas Fuchs, einer der führenden AutorInnen auf diesem Gebiet, geht beispielsweise von der phänomenologischen Einsicht aus, dass wir Menschen vermöge unserer Körperfunktionen in-der-Welt-sind (vgl. Fuchs, 2004, 2007, 2009, 2010). Das In-der-Welt-Sein involviert Dispositionen und Fähigkeiten unterhalb der bewussten und reflexiven Ebene, die weder Repräsentationen noch Regeln sind, sondern auf implizite Weise in Körperbewegungen enthalten sind – etwa Dinge zu ergreifen, zu zerteilen, zu essen und zu trinken, zu produzieren, aber auch implizite Gefühlszustände wie sich zu Hause fühlen, sich fremd fühlen, sich mit etwas vertraut oder unvertraut fühlen, sowie andere Personen und ihre Handlungen anhand beobachtbarer Zeichen präreflexiv verstehen. Dieses In-der-Welt-Sein ermöglicht uns eine Wahrnehmung unserer Umwelt als eines Raums von möglichen Handlungen und von Objekten, die zur Behandlung bereitliegen. Das implizite Wissen und Know-how, das im In-der-Welt-Sein enthalten ist, erweist sich als verkörpertes Wissen, weil es eng an unsere motorischen Fähigkeiten und den Wahrnehmungs-Bewegungskreislauf gebunden ist.

Fuchs übernimmt Shaun Gallaghers hilfreiche Unterscheidung zwischen »Körperschema« und »Körperbild«: Die Menge der Repräsentationen (u. a. der Wahrnehmungen), zu deren semantischem Gehalt unser eigener Körper gehört, heißt *Körperbild (body image)*. Eine spezifische Version des Körperbildes ist die Kinästhesie. Die Menge sensumotorischer (körperlicher) Prozesse und körperlichen Gewohnheiten unterhalb der bewussten und repräsentationalen Ebene, die die körperliche Haltung und die Bewegung bis hin zum Abschluss eines Verhaltens oder einer Handlung führen (etwa Gewohnheiten und Bewegungen bis hin zum Ergreifen einer Tasse), heißt *Körperschema (body schema)* (vgl. hierzu Gallagher, 2005).

Entsprechend lässt sich das phänomenale Embodiment des Geistes vom physiologischen Embodiment des Geistes unterscheiden. Das phänomenale Embodiment des Geistes besteht darin, dass unser Körperbild eine Teilmenge unserer Repräsentationen ist (Wahrnehmung, begriffliche Konzeptualisierung und affektive Evaluation des eigenen Körpers). Dieses Embodiment wird nur gelegentlich mobilisiert, es wird in der Interaktion von Erfahrungen mit der Außenwelt meist nicht bewusst wahrgenommen, involviert aber eine klare Abgrenzung zwischen eigenem Körper und Umwelt. Das physiologische Embodiment des Geistes besteht darin, dass unser Körperschema eine Teilmenge unserer motorischen Prozesse, Fähigkeiten und körperlichen Gewohnheiten ist, von denen die Haltung und Bewegung des eigenen Körpers kontrolliert werden. Eine klare Abgrenzung zwischen eigenem Körper und Umwelt ist nicht gegeben. Das Agieren erfolgt ohne bewusste Kontrolle (wenn ich zum Beispiel ein Buch aus dem Regal nehmen will, kontrolliere ich meine Körperbewegungen nicht bewusst, sondern werde durch das Körperschema gesteuert).

Ausgehend von dieser Unterscheidung diagnostiziert Fuchs (2009) zum Beispiel Schizophrenie und Depression als Störung des physiologischen Embodiment des Geistes. Schizophrenie ist ihm zufolge im Kern ein Verlust des In-der-Welt-Seins, der sich auch als Verlust der impliziten Wahrnehmung des eigenen Selbst und als ein Sich-fremd-Fühlen in der Welt geltend macht. Diese Phänomene sind, wie Fuchs annimmt, in einer Fragmentierung des Körperschemas und einer entsprechenden Störung der automatischen motorischen Prozesse begründet. In der melancholischen Depression dagegen verliere das Körperschema seine Transparenz. Das körperliche Sein wird als schweres, materiales Hindernis für die absichtsvolle Ausführung von Handlungen bewusst und erzeugt innere Druckgefühle (Druck im Kopf, Empfindung eines Reifens um die Brust herum). Der Körper ist nicht mehr das kognitiv verkörperte Tor zum Handeln in und Wahrnehmen der Welt, sondern das Selbst sinkt ab in die Grenzen des Eigenkörpers: »From the above discussion it follows that mental disorders are not to be considered as mere brain dysfunctions. Rather, they are disturbances in the ecological interactions of an individual with its environment, mediated by the brain« (Fuchs, 2009, S. 573).

Diese Diagnose ist allerdings – trotz mancher anderslautenden Formulierung – eher eine Neubeschreibung als eine regelrechte Erklärung psychischer Störungen. Diese Neubeschreibung ist sicherlich erwägenswert, doch lässt sie nicht nur offen, auf welche Ursache die Fragmentierung des Körperschemas zurückgeht, sondern auch auf welcher methodischen Ebene diese Fragmentierung zu beschreiben ist – als neurophysiologischer Vorgang, als psychischer Mechanismus, als funktionaler Mechanismus oder als Zerbrechen der geistigen Rationalität? Daher kann die Neubeschreibung psychischer Störungen im Rahmen der Theorien zur embodied cognition auch nicht mit einer Analyse des Unbewussten, der Verdrängung und der Methode der psychoanalytischen Arbeit aufwarten.

Ein weiterer einflussreicher Autor, der die Beziehungen zwischen Psychoanalyse und Theorien der embodied cognition auf paradigmatische Weise untersucht, ist Vittorio Gallese. Die generelle Argumentationslinie, die von Gallese vorgeschlagen wird, führt über die bereits erwähnte neuronale Simulation zur *verkörperten Simulation*, die von Gallese als grundlegend für die *intentionale Abstimmung (intentional attunement)*, also die präreflexive Identifikation mit anderen bezeichnet wird. Die simulative Übertragung der Perspektive des anderen in unseren eigenen Geist schafft jenen wir-zentrierten Raum, in dem sich menschliche Interaktionen abspielen. Seine generelle Diagnose lautet, dass frühe Störungen der intentionalen Abstimmung für eine Reihe psychischer Störungen verantwortlich sind (vgl. Gallese et al., 2007; Gallese, 2009, besonders S. 531ff.).

Kurz: Die entscheidende Ursache seelischer Störungen ist (auch) in diesem Theoriehorizont die Beschädigung oder Zerstörung frühkindlicher elementarer hermeneutischer Fähigkeiten. Formen des Verstehens werden dementsprechend als die zentrale Aktivität der AnalytikerInnen bewertet:

> »The attempt to understand another's mind is at the heart of the psychoanalytic enterprise […] in which the analyst comes to understand the patient's mind on the basis of a general theory of mind. […] Contemporary psychoanalysis has increasingly moved […] to a stance in which the analyst comes to understand the patient's mind through reflection on a range of personal, affectively tinged experiences, including partial identifications (i.e., putting himself or herself in the shoes of the patient) as well as complementary countertransference reactions that may be elicited by the patient« (Gallese et al., 2007, S. 135ff.).

Gallese (und seine Ko-Autoren) weisen exemplarisch auf Schizophrenie, Borderline-Syndrome und vor allem Autismus als psychopathologische Phänomene hin, die sich als Folgen einer Störung intentionaler Abstimmung in der frühkindlichen Phase erklären lassen. Dafür sprechen zum Beispiel Symptome wie die Erfahrung einer dramatischen Aufweichung der Ich-Grenzen, auditive Halluzinationen, Gedankeneingebungen, Dissoziationen, Erfahrung einer Depersonalisierung und eine weitgehende Unfähigkeit zur mentalen Simulation, die mit den genannten psychischen Störungen verbunden sind. Diese Diagnosen und Hypothesen lassen sich, wenn Korrelationen der beteiligten psychischen Prozesse zu neuronalen Aktivitäten etabliert sind, auch auf neuronaler Basis empirisch testen. Zugleich wird deutlich, dass die Form des Verstehens, von dem hier aufseiten der AnalytikerInnen die Rede ist, vor allem die spiegelneuronal gestützte Simulation ist: »In short, contemporary psychoanalysis has, in effect, increasingly moved from a theory theory to a Simulation Theory account of how the analyst comes to understand the patient's mind« (ebd., S. 138).

Gallese und seine Ko-Autoren realisieren natürlich, dass ihre Darstellung des psychoanalytischen Vorgehens im Bereich von hermeneutischen Prozessen verbleibt, die auch auf psychisch nicht gestörte Personen anwendbar sind. Und sie räumen ein, dass ein »Verstehen« in Gestalt einer verkörperlichten empathischen schnellen Simulation einen Zugriff auf unbewusste mentale Prozesse und symptomatisches Verhalten nicht leisten kann. Zudem verstellt der Fokus auf das Parsen den Blick auf die explanatorische Dimension der psychoanalytischen Prozesse.

Gallese und seine Mitarbeiter betrachten das Unbewusste als Menge phänomenal-unbewusster Routinen im Körperschema, das jedoch bei Störungen dieser Routinen (schmerzlich) phänomenal bewusst werden kann, und fragen dann: »This raises the question of what it means to be empathetic with another's, say, unconscious wishes and desires. What does it mean to take the perspective of another in regard to the patient's unconscious mental states, particularly his of her ego-alien aspects?« (ebd.)

Ihre offizielle Antwort ist unbefriedigend: Es wird nur darauf verwiesen, dass unbewusste Zustände nicht direkt erfahrbar sind, sondern aus empirischen Daten als kausale psychische Faktoren erschlossen werden müssen und dass daher simulationstheoretisch orientierte Beschreibungen psychoanalytischer Theorie und Praxis dazu neigen, sich auf erfahrungsnahe mentale Zustände zu konzentrieren und unbewusste Zustände auszuklammern. Letztlich untersuchen Gallese und seine Mitstreiter also den Operationsbereich des Verstehens und seine spezifischen Formen im Blick auf das verdrängte Unbewusste nicht genauer. Immerhin schlagen sie »spekulativ« ein Erklärungsschema für psychische Störungen vor, das an simulationstheoretischen Grundlagen orientiert ist (vgl. ebd., S. 19f.). Analysiert man dieses Modell genauer, so zeigt sich, dass es (ohne dass Gallese und seine Ko-Autoren dies ansprechen) dem Davidson'schen Modell der Erweiterungstheorie nachempfunden wurde und ebenso wie diese Erweiterungstheorie letztlich zum Scheitern verurteilt ist. Beide Modelle verbleiben in einem hermeneutischen Rahmen, der gleichermaßen für psychisch nicht gestörte und psychisch gestörte Personen gilt, und verbauen sich damit die Option, die psychischen Störungen als genuin irrational zu begreifen (zum Beispiel indem sie in einen funktionalen Rahmen gestellt werden) (vgl. Abschnitt 4.2).

Insgesamt lässt sich feststellen, dass die skizzierten Modelle die Mentalisierung so allgemein beschreiben, dass auch hier unklar bleibt, welche Erklärungsform die Mentalisierung darstellt (vgl. Abschnitt 2.2).

4.5 Psychoanalyse und Neurowissenschaft

Die Versuche, Psychoanalyse und Theorie der verkörperlichten Kognition zusammenzuführen, involvieren meist auch Überlegungen zum Verhältnis zwischen Psychoanalyse und Neurowissenschaft. In einigen Arbeiten wird sogar programmatisch eine Synthese von Psychoanalyse und Neurowissenschaft eingefordert. Einer der prominentesten und einflussreichsten Vertreter dieses Programms ist Eric Kandel (1999, 2006; vgl. ferner Fonagy, 1996, 2003; Westen & Gabbard, 2002), der versucht, die Fruchtbarkeit dieser Synthese anhand wichtiger Beispiele nachzuweisen. Dabei betont er immer wieder, dass Psychoanalyse und Neurowissenschaften voneinander lernen können. Allerdings suggerieren seine Darstellungen und die Positionen vieler anderer NeurowissenschaftlerInnen meist, dass vor allem die Psychoanalyse von den Neurowissenschaften profitieren kann und sollte – weniger umgekehrt.

Auch Vittorio Gallese, der maßgeblich an der Entdeckung der Spiegelneuronen beteiligt war, propagiert die Zusammenarbeit zwischen Psychoanalyse und Neurowissenschaft. Es ist mehr als aufschlussreich, wie Gallese und seine Kollegen diese Kooperation beschreiben, denn ihre Beschreibung schließt einen charakteristischen, doch grundlegenden Irrtum ein:

> »During the last two decades, social cognition has become the challenging empirical target of neuroscientific research. This fact not only represents a major turn in the history of the scientific study of brain functions, but it also enables the possibility of establishing a dialogue with a discipline like psychoanalysis. [...] Neurophysiology, by investigating neurons, instantiates a sub-personal level of description. However, this epistemic strategy provides knowledge that can be used to better understand the personal level of description. [...] The development of interpersonal relationships, their role in shaping the acquisition of a full-blown self-conscious self and of social intelligibility, and their pathological disruptions represent possible targets for an interdisciplinary research agenda. [...] The attempt to understand another's mind is at the heart of the psychoanalytic enterprise [...] in which the analyst comes to understand the patient's mind on the basis of a general theory of mind« (Gallese et al., 2007, S. 14f.).

Gallese, Eagle und Migone behaupten hier, dass die soziale Kognition in der Neurowissenschaft empirisch untersucht werden kann und dass diese Untersuchung Wissen generiert, das der Psychoanalyse helfen kann. Genauer betrachtet erweist sich diese These als falsch.

Aus eigener Kraft und mithilfe professioneller Ausbildung und Ausstattung kann die Neurowissenschaft lediglich mittels bildgebender Verfahren feuernde und nicht-feuernde Neuronenareale beschreiben. Zur Erforschung seelischer Phänomene (etwa der sozialen Kognition) kann die Neurowissenschaft allenfalls dann etwas beitragen, wenn die seelischen Phänomene stabil mit einer bestimmten Art neuronaler Aktivität korreliert werden können. Eine solche Korrelation kann empirisch nur dann begründet etabliert werden, wenn Probanden, deren neuronale Gehirnaktivität untersucht wird, die entsprechenden seelischen Phänomene introspektiv *in einer psychologischen Sprache* beschrieben haben. Diese Sprache muss wissenschaftlich sein, das heißt, sie muss präzise Begriffe enthalten, die empirisch gut begründete Klassifikationen involvieren.

Wenn die Neurowissenschaft zum Beispiel die neuronalen Grundlagen der Empathie untersuchen will, dann muss sie die moderne *psychologische und philosophische* Empathieforschung konsultieren, in der gegenwärtig mindestens fünf verschiedene Arten von Empathie empirisch begründet unterschieden werden (vgl. diesbezüglich Coplan & Goldie, 2011). Es macht einen großen Unterschied, ob man die »emotional contagion« (die einfachste Form der Empathie) oder das »other-perspective-taking« (eine kognitiv hochstehende Form der Empathie) untersuchen will. Sehr viele neurowissenschaftliche Arbeiten lassen die entsprechenden Konsultationen psychologischer und philosophischer Theorien jedoch vermissen, und das macht, milde formuliert, den wissenschaftlichen Wert dieser Arbeiten prekär.

Doch selbst wenn eine zufriedenstellende Korrelation von neuronalen und seelischen Phänomenen gelingt, bleibt es fraglich, inwiefern diese Korrelation zum psychologischen oder psychoanalytischen Wissen über die Seele etwas beitragen kann. Niemand, der heute in diesem Kontext arbeitet, wird leugnen, dass jedes seelische Phänomen, dass in Psychologie, Psychoanalyse oder Philosophie empirisch angemessen klassifiziert worden ist, von einem speziellen Areal feuernder Neuronen kausal hervorgerufen wird. Wenn dieses Areal dann tatsächlich neurowissenschaftlich entdeckt wird, lernt die Neurowissenschaft zwar etwas über das Gehirn, aber Psychoanalyse, Psychologie und Philosophie lernen daraus nichts über seelische Phänomene.[30] Zur Forschung über soziale Kognition (»Verstehen anderer Personen«) trägt zum Beispiel die Entdeckung der Spiegelneuronen inhaltlich nichts bei (vgl. hierzu näher Detel, 2014). In den allermeisten Fällen bestätigen neurowissenschaftliche Forschungen lediglich die bereits vorhandenen, oft sehr feinen empirischen Klassifikationen der Psychologie, Psychoanalyse und Philosophie.[31]

In Hinsicht auf die psychoanalytische Arbeit am Unbewussten stellt sich diese Situation noch dramatischer dar, denn in diesen Fällen sind die Probanden oder PatientInnen gerade nicht einmal in der Lage, ihre seelischen Erlebnisse psychologisch zu beschreiben. Vielmehr muss die psychoanalytische Arbeit erst einmal in vollem Umfang abgeschlossen sein, darüber hinaus müssen ebenso die klinischen Daten erarbeitet und gesichert sein, bevor die Neurowissenschaft aktiv werden kann. Dass die Neurowissenschaft in dieser Situation der Psychoanalyse helfen kann oder gar sie allererst wissenschaftlich macht, ist ein von Teilen der Neurowissenschaften generierter Mythos. Und schließlich: Wenn man das Unbewusste so weit fasst, dass alle körperlichen Aktivitäten, die auf irgendeine Weise zum Entstehen und zur Entwicklung seelischer Prozesse beitragen, zum Unbewussten gehören, dann wäre die Behauptung, dass die neuronale Aktivität per se ein Teil des Unbewussten ist, zwar wahr – aber zugleich so banal, dass sie einer Erwähnung kaum wert ist.

Das Wissen, das die Neurowissenschaften tatsächlich bereitstellen können, ist nicht ein Wissen über die Seele selbst, sondern *ein Manipulationswissen darüber, wie man die Seele durch physiologische Mittel technologisch steuern kann* – zum Besseren oder Schlechteren (meist zum Schlechteren). Dieses Manipulationswissen setzt ein psychologisches, psychoanalytisches und philosophisches Wissen über die Seele immer schon voraus.

***

Damit ist der Überblick über die vier wichtigsten Paradigmen der Psychoanalyse und die Rolle der Hermeneutik in diesen Paradigmen abgeschlossen. Der Rest dieses Buches widmet sich, wie in der Einleitung angekündigt, dem Versuch, die Synthese von Psychoanalyse und moderner Theorie des Geistes in den wichtigsten Teilbereichen ernsthaft umzusetzen. Dabei steht – der speziellen Zielsetzung der vorliegenden Untersuchung folgend – die Rolle der hermeneutischen Verfahren, also der sozialen Kognition in der Psychoanalyse im Mittelpunkt.

Zweiter Teil

Funktionalistische Psychoanalyse: Seelenmodell und soziale Kognition

5. Der Geist oder die Rekonstruktion des Ich

Die Seele besteht – so wird im Folgenden angenommen – aus dem Geist und dem Unbewussten. Damit ist eine sehr einfache Form der Seelenteilungslehre angesprochen. Die evolutionstheoretische Seelenteilungslehre (siehe Abschnitt 3.1 und 3.2) liefert wertvolle Hinweise, kann aber nicht umstandslos übernommen werden, sondern muss auf der Basis des modernen Geistmodells rekonstruiert werden, dessen Skizze daher unsere erste Aufgabe ist. Diese Skizze geht von der Mainstream-Position der gegenwärtigen Theorie des Geistes aus (siehe Beckermann, 2001, S. 9–17; Guttenplan, 1994; Heil, 1998, 2004; Kim, 1996, 1998; Rey, 1997; Tetens, 1994; Metzinger, 2010; Detel, 2011, 2014). Damit soll unter anderem die grundlagentheoretische Frage von Wolfgang Mertens, was das Mentale ist (vgl. Mertens, 2010, S. 123), im Detail beantwortet werden.

5.1 Das allgemeine Modell des Geistes

Ausgangspunkt der modernen Theorie des Geistes ist eine offene Liste von mentalen (= geistigen) Zuständen, an denen sich typische Kennzeichen des Geistes studieren lassen. Zu diesen mentalen Zuständen gehören unter anderem Empfindungen, Stimmungen, Gefühle, Träume, Erinnerungen, Wünsche, Absichten, Interessen, Gedanken, Meinungen, Überzeugungen und Erwartungen. Bemerkenswert an dieser Liste ist, dass sie Wahrnehmungen und Gefühle einschließt, die in älteren Theorien des Geistes oft eher als körperliche Phänomene betrachtet wurden. Der *Geist* eines Organismus wird als die Gesamtheit seiner mentalen Zustände betrachtet. Es gibt überzeugende empirische Evidenz dafür, dass mentale Zustände an das Gehirn eines lebenden Organismus gekoppelt sind – ohne funktionierendes Gehirn kein Geist. Die wichtigsten Kennzeichen, die einen Gehirnzustand zu einem mentalen Zustand machen und daher den Geist auszeichnen, sind (faktische) Funktionalität, Repräsentationalität und Bewusstsein.[32]

5.1.1 Funktionalität und Repräsentationalität

Geistige Zustände – von jetzt an *mentale Zustände* genannt – weisen Funktionen auf. Angst hat zum Beispiel die Funktion, angesichts gefährlicher Situationen eine Reaktion auszulösen, die uns einer drohenden Gefahr entgehen lässt. Meinungen haben die Funktion, Fakten in der Welt zu registrieren, die für die Bewältigung unserer zentralen Lebensaufgaben wichtig sind. Wünsche haben die Funktion, Handlungen auszulösen, die dazu beitragen, positiv bewertete, aber noch nicht realisierte Umstände herbeizuführen. Funktionalität ist allerdings kein Alleinstellungsmerkmal von mentalen Zuständen, denn es gibt – wie bereits angedeutet – diverse andere Dinge und Zustände, denen Funktionen zukommen.

Die Merkmale, die einen funktionalen Gehirnzustand zu einem mentalen Zustand machen, sind Repräsentationalität und Bewusstsein. Wir sehen, dass dort ein Baum steht, erinnern uns an die schönen Ferien, wünschen uns, dass wir Karriere machen, träumen, dass wir eine Weltreise machen, oder meinen, dass es morgen regnet – und zwar unabhängig davon, ob unsere Wahrnehmungen, Erinnerungen oder Meinungen korrekt sind oder unsere Wünsche und Träume sich erfüllen oder nicht. In diesem Sinne haben mentale Zustände stets einen bestimmten Inhalt, auch *semantischer Gehalt* genannt. Dieser semantische Gehalt ist das, was von mentalen Zuständen repräsentiert wird und sie zu *Repräsentationen* macht. Repräsentationen stehen nicht für Zustände in der Welt, sondern weisen in Hinsicht auf die Welt Korrektheitsbedingungen auf. Sie sind korrekt-oder-inkorrekt (erfüllt-oder-nicht-erfüllt, wahr-oder-falsch) (vgl. Metzinger, 2010; Pitt, 2013).

Repräsentation wird oft als ein Stehen für etwas in der Welt verstanden. Doch dies gilt allenfalls für wahre, korrekte Repräsentationen. Wenn Orest hinter sich die Erinnyen zu erblicken meinte, dann repräsentierte seine Halluzination, dass dort hinten die Erinnyen sind. Oder wenn wir der Überzeugung sind, dass Krokodile Säuger sind, dann repräsentiert diese Überzeugung, dass Krokodile Säuger sind, obgleich diese Überzeugung falsch ist. Kurz: Nicht nur ein korrekter, sondern auch ein inkorrekter mentaler Zustand, der sich auf nichts in der Welt bezieht und daher für nichts in der Welt steht, ist eine Repräsentation mit einem semantischen Gehalt. Man nennt diese Eigenschaft auch *veridische Normativität*, weil Repräsentationen natürlich möglichst korrekt sein sollten. Wenn sie korrekt (erfüllt, wahr) sind, dann involvieren sie einen

Bezug (eine *Referenz*) auf etwas in der Welt. Repräsentationalität und Referenz müssen also sorgfältig unterschieden werden.

Repräsentationen in sprachlicher Form haben einen *psychologischen Modus* (neuerdings auch »Format« genannt). Beispielsweise kann Christine sowohl die Absicht als auch die Überzeugung haben, dass sie im kommenden Monat das Philosophie-Examen besteht. Dann haben diese beiden Repräsentationen zwar denselben semantischen Gehalt, nämlich dass Christine im nächsten Monat das Philosophie-Examen besteht, doch handelt es sich um zwei verschiedene *Arten mentaler Zustände*, weil sie unterschiedliche psychologische Modi enthalten (eine Absicht bzw. eine Überzeugung).

Sprachliche Repräsentationen weisen neben der veridischen Normativität häufig auch *rationale*, insbesondere *logische Beziehungen* zueinander auf. Wenn wir denken, dass dieses Tier eine Schnecke ist, sollten wir logischerweise auch denken, dass dieses Tier kein Säuger ist; wenn wir davon überzeugt sind, dass Clauberg ein scharfsinniger Hermeneutiker war, sollten wir logischerweise nicht zugleich davon überzeugt sein, dass Clauberg kein scharfsinniger Hermeneutiker war; wenn wir die Absicht haben, im nächsten Jahr in den USA zu leben, sollten wir logischerweise nicht zugleich die Absicht haben, zur selben Zeit in Italien zu leben. Natürlich ist es faktisch möglich, Widersprüchliches zu meinen oder zu beabsichtigen, doch in einem guten logischen Sinn sollten wir möglichst nichts Widersprüchliches meinen oder beabsichtigen. Menschliche Repräsentationen bilden also *semantische Netze, die weitgehend logisch organisiert sind*. Daher kann man hier von *logischer Normativität* sprechen. Veridische und logische Normativität verweisen auf eine überwiegend rationale Organisation mentaler Zustände von Menschen.

Und schließlich sind sprachliche Repräsentationen syntaktisch geordnet. Die *Syntax* ist eine grammatische Ordnung von Repräsentationen, die überwiegend rekursiv aufgebaut ist. Das heißt im Wesentlichen, dass die verschiedenen syntaktischen Strukturen immer wieder iteriert werden können.[33] Mithilfe einer Syntax können die elementaren Repräsentationen also extrem viele komplexe Formen annehmen und außerordentlich ausdrucksstark werden.

Eine wirkungsmächtige Theorietradition, getragen von einflussreichen Philosophen von Herder und Kant bis Davidson und Brandom – die *Herder-Tradition* – hat eine Sprachabhängigkeitsthese vertreten, der zufolge wir nur sprachfähigen Wesen einen Geist zuschreiben dürfen (vgl. Knell, 2004, S. 1–20). Auch einige moderne BiologInnen und PsychologInnen stehen der Herder-Tradition nahe (vgl. MacPhail, 1998). Eines der bekanntesten Argumente für diese These besagt, dass ein Lebewesen nur dann über Repräsentationen verfügt, wenn diese Repräsentationen mit anderen Repräsentationen rational vernetzt sind, weil sich ihre semantischen Gehalte erst mittels ihrer rationalen Vernetzung formieren. Dies gelte aber nur für sprachlich artikulierbare Repräsentationen. Nur sprachfähige Menschen sind daher der Herder-Tradition zufolge *vernünftige Tiere* und haben einen repräsentationalen Geist (vgl. Davidson, 2004 [1982a]). Die Herder-Tradition ist offensichtlich unvereinbar mit der Annahme einer unbewussten Seele, die nicht rational organisiert ist. Der Herder-Tradition zufolge gibt es keine Seele, sondern lediglich einen Geist.

Die Herder-Tradition liegt jedoch falsch. Die neu entwickelte und mittlerweile weithin anerkannte *Teleosemantik* zeigt nämlich, dass es auch mentale Zustände gibt, deren semantische Gehalte nicht sprachlich oder rational strukturiert sind, sondern ihren Ursprung und ihre Gestalt einer evolutionären Geschichte der Interaktion geistiger Wesen mit ihren jeweiligen Umwelten und den dabei generierten echten Funktionen verdanken. Die Teleosemantik ist eine komplizierte Theorie, die im Rahmen des vorliegenden Buches nicht dargestellt werden kann.[34] Wir werden im Folgenden allerdings davon ausgehen, dass es nicht-sprachliche und unbewusste repräsentationale Zustände und Prozesse in der Seele von Menschen und Tieren gibt, die nicht rational organisiert sind (dazu ausführlicher Vogel, 2018, Abschnitt 2.2).

5.1.2 Bewusstsein

Das dritte Kennzeichen des Geistes und seiner mentalen Zustände neben faktischer Funktionalität und Repräsentationalität ist das *Bewusstsein.* Viele unserer Wahrnehmungen oder Empfindungen (wie Juckreiz oder Schmerz), Körpergefühle (wie Hunger oder sexuelles Bedürfnis), Emotionen (wie Furcht oder Freude) und Meinungen sind uns bewusst. Wir können zum Beispiel erleben, wie es sich anfühlt, eifersüchtig, neugierig oder ängstlich zu sein. Wer noch nie Todesangst hatte, kann sich vielleicht in langen Büchern darüber informieren, was Todesangst ist, weiß damit aber noch lange nicht, wie es sich anfühlt, Todesangst zu haben. Farbwahrnehmungen sind oft bewusst: Wir wissen, wie es ist, eine rote Tomate zu sehen, aber Farbblinde haben dieses Bewusstsein nicht. Und wir können zum Beispiel einige unserer Gedanken negativ bewerten, also wünschen, dass wir diese Gedanken nicht hätten (vgl. Metzinger, 2001; Van Gulick, 2014).

Allgemein formuliert ist Bewusstsein *mentaler Selbstbezug* und macht zu einem erheblichen Teil unsere Subjektivität und Innerlichkeit aus: Nur ich kann *meine* Schmerzen haben, nur Arnold kann *seine* Eifersucht haben. Bewusstsein enthält oft eine evaluative Komponente. Man könnte sagen, dass uns in einigen bewussten Zuständen, vor allem in Gefühlszuständen, unsere Evaluationen zugänglich werden und dass wir diese Evaluationen erleben können: Gefühle werden zum Beispiel als angenehm oder unangenehm erlebt. Wir können diese

Normativität *affektiv* nennen. Affektive Normativität ist etwas anderes als veridische oder logische Normativität. Erst die affektive Normativität geistiger Zustände führt dazu, dass es uns in unserem Leben wirklich um etwas gehen kann.

Allerdings gibt es verschiedene Formen von Bewusstsein. Wenn wir sagen, dass Maria das Bewusstsein verlor, meinen wir, dass sie ohnmächtig wurde und sinnliche Reize nicht mehr für eine vorteilhafte Verhaltenssteuerung ausnutzen konnte. Diese Form des Bewusstseins nennt man *Subjektbewusstsein*. Wenn dagegen Anna sagt, dass ihr erst gestern im Konzert die ganze Schönheit der ersten Sinfonie von Brahms bewusst wurde, meinen wir, dass Anna einen subjektbewussten Zustand hatte, aber zusätzlich fühlte oder erlebte, wie es ist, in diesem Zustand zu sein. Diese Form des Bewusstseins nennt man *Zustandsbewusstsein*. Wenn die Zahnärztin unseren Kiefer betäubt, statt uns den Zahn ohne Betäubung zu ziehen, dann bleibt uns ein bestimmtes Zustandsbewusstsein (ein höchst unangenehmes Schmerzerlebnis) erspart.

Es gibt verschiedene Formen von Zustandsbewusstsein. Das *phänomenale Bewusstsein* besteht in Wahrnehmungen, die eine Erlebnisqualität aufweisen (z. B. Schmerzen fühlen, Musik genießen, Ekel empfinden, Angst haben); das *Monitorbewusstsein* besteht in Gedanken höherer Ordnung, also in Gedanken über eigene mentale Zustände (z. B. Zweifel über die Berechtigung eigener Meinungen haben, über die eigene Aggressivität bestürzt sein); das *Selbstbewusstsein* ist ein Ich-Gefühl, das aus Gedanken über sich selbst als Person besteht (z. B. Gedanken darüber, welche Person man selbst sein will, was die eigene Person ausmacht, oder der Gedanke, dass man selbst es ist, die etwas empfindet oder denkt); das *Zugangsbewusstsein* schließlich besteht aus mentalen Zuständen, die für rationale Argumentationen und rationale Kontrolle von Handlungen durch die Akteure selbst herangezogen werden können (z. B. Verwendung eigener Meinungen als Prämissen für logische Argumente oder für die Begründung von Handlungszielen).

Das Zustandsbewusstsein ist für die Theorie des Geistes und des Verstehens besonders relevant. Und unter den Formen des Zustandsbewusstseins ist das phänomenale Bewusstsein grundlegend, unter anderem deshalb, weil es bei allen Wesen, die Gefühle haben, vorkommt, unabhängig davon, ob sie zum Beispiel eine Sprache sprechen, über logische Rationalität verfügen oder ein Ich-Gefühl haben.

5.1.3 Gefühle

Eine wichtige Klasse von phänomenal-bewussten Zuständen sind *Gefühle*, doch gibt es unterschiedliche Arten von Gefühlen (vgl. dazu De Sousa, 2013).

Schmerzen, Juckreiz, Hunger, Durst und Temperaturempfindungen sind Beispiele für *Körpergefühle*, die sich auf den eigenen Körper und einige seiner Zustände beziehen (= propriozeptive Gefühle). *Emotionen* wie Angst oder Freude dagegen werden typischerweise an externen Objekten festgemacht, *vor* denen wir etwa Angst haben oder *über* die wir uns freuen (eine dritte Art von Gefühlen, nämlich *Stimmungen und Gefühlsverfassungen,* muss hier übergangen werden). Gefühle sind uns nicht nur phänomenal-bewusst, sondern bewerten auch Dinge oder Zustände, auf der grundlegendsten Ebene entweder im positiven oder im negativen Sinne, und sind daher von Wohlbehagen (Lust) oder Unbehagen (Unlust) begleitet. Neugier bewertet zum Beispiel etwas als interessant, Angst bewertet etwas als gefährlich.

Gefühle sind ferner meist repräsentational. Wenn wir Angst vor einem heranstürmenden Nashorn haben, dann repräsentieren wir das Nashorn visuell, aber unsere Angst repräsentiert auch, dass das Nashorn (für uns) gefährlich ist (was korrekt oder inkorrekt sein kann) – das ist die Kernidee der *kognitiven Gefühlstheorie* (vgl. hierzu Solomon, 2004; Nussbaum, 2004). Allgemein formuliert handelt es sich dabei um einen Typus von Repräsentationen eines Ereignisses X, die mit einer Evaluation von X und einer adaptiven Reaktion auf diese Evaluation einhergehen. Derartige Repräsentationen heißen auch *Pushmi-Pullyu-Repräsentationen* (vgl. hierzu Millikan, 1999) und stellen, wie ihre Verbreitung unter den Tieren beweist, die phylogenetische und ontogenetische Grundform von Repräsentationen dar.

Die meisten menschlichen Gefühle weisen darüber hinaus, ähnlich wie Meinungen, logische und rationale Beziehungen zueinander auf (vgl. Slaby et al., 2011). Mehrere Gefühle können zum Beispiel kohärent (logisch konsistent) oder unvereinbar (logisch inkonsistent) sein, ihre sukzessiven Folgen können unter Rationalitätsstandards beurteilt werden. Nehmen wir zum Beispiel an, dass Till ein höchst mittelmäßiger Ökonomiestudent ist, der sich auf seine Abschlussprüfung nur schlecht vorbereitet hat. Dann ist es *folgerichtig* und *rational,* dass Till erhebliche Angst vor der Prüfung hat und heilfroh wäre, wenn er die Prüfung besteht. Tatsächlich besteht Till die Prüfung – und gar nicht einmal schlecht. Dann wäre es *folgerichtig* und *rational,* wenn er sich riesig freut und mit seinen Freunden ausgelassen feiert. Tatsächlich gerät er aber in eine depressive traurige Stimmung, zieht sich zurück und will niemanden sehen. Das ist prima facie unverständlich – es wirkt widersprüchlich und inkohärent, und wir fühlen uns motiviert, nach *Gründen* für Tills emotionale Haltung zu suchen. Vielleicht entdecken wir, dass Till insgeheim lieber freier Maler wäre als in einer Firma als Ökonom sein Geld zu verdienen und daher unbewusst lieber durch die Prüfung gefallen wäre. Und darum ist er jetzt traurig. Damit wäre seine emotionale Lage wieder kohärent und vernünftig, und wir könnten sie gut verstehen.

5.2 Mentale Mechanismen

In der neuesten Wissenschaftstheorie gibt es eine *mechanistische Bewegung*, die davon ausgeht, dass Mechanismen ein grundlegendes Strukturmerkmal der wissenschaftlich erforschbaren Realität darstellen (vgl. Craver & Tabery, 2015). Zwei einschlägige allgemeine Kennzeichnungen von Mechanismen lauten:

> »Mechanisms are entities and activities organized such that they are productive of regular changes from start or set-up to finish or termination conditions (Machamer, Darden, Craver 2000, S. 3) [...]. A mechanism is a structure performing a function in virtue of its component parts, component operations, and their organization. The orchestrated functioning of the mechanism is responsible for one or more phenomena« (Bechtel & Abrahamsen, 2005, S. 423).

In diesen und vielen ähnlichen Definitionen kommen vier Parameter vor: Phänomen, Teile, Verursachung und Organisation. Die zweite der beiden aufgeführten Beschreibungen bettet Mechanismen in funktionale Zusammenhänge ein.

Ein Mechanismus ist stets ein Mechanismus für ein Phänomen. Mechanismen produzieren ein Phänomen, liegen einem Phänomen zugrunde oder erhalten das Phänomen aufrecht. Wenn ein Mechanismus aus einer kausalen Sequenz mit einem Endprodukt besteht (z. B. Virus-Verbreitung → Krankheit → Krankheitssymptome), dann produziert dieser Mechanismus Krankheitssymptome. Der Mechanismus des neuronalen Arbeitsgedächtnisses liegt dagegen dem Erinnern zugrunde. Und homöostatische Mechanismen stabilisieren das Phänomen, wenn sie einen seiner Zustände aufrechterhalten (z. B. der Temperaturmechanismus, der mithilfe eines Thermostaten eine bestimmte Zimmertemperatur aufrecht erhält).

Die Idee eines Mechanismus wird als zentrale Komponente der Welterklärung betrachtet. Mechanismen sind weder Objekte, noch Korrelationen, noch Gründe, noch Symmetrien noch Naturgesetze, sondern typische Verlaufsformen mit kausalen Beziehungen zwischen ihren Teilen. Erklärungen durch Rückgriff auf Mechanismen können ätiologisch oder konstitutiv sein. Ätiologische Erklärungen eines Phänomens beschreiben die kausale Geschichte eines Phänomens mit Blick auf die involvierten Mechanismen (»Virus V erklärt Krankheit K«). Konstitutive Erklärungen beschreiben die Mechanismen, die dem Phänomen zugrunde liegen (»Der Erinnerung liegen neuronale Mechanismen im neuronalen Arbeitsgedächtnis zugrunde«).

Historisch sind mechanistische Positionen stets teleologischen Strategien entgegengestellt worden. Der moderne Mechanismus lässt sich dagegen mit dem Konzept eines funktionalen Mechanismus widerspruchsfrei verbinden. Dabei betrachten einige AutorInnen die Funktionalität eines Mechanismus als eine spezifische BeobachterInnen-Perspektive (so Craver, 2001). Andere AutorInnen gehen von objektiven Funktionen aus – entweder als evolutionär selektierte Effekte von Teilen einer historischen Geschichte des Phänomens (darstellbar im Rahmen einer ätiologischen Erklärung: Neander, 1991a, 1991b; Garson, 2011, 2012, 2013) oder als Effekte, die zum Überleben, zur genetischen Reproduktion bzw. zur Erfüllung von Bedürfnissen und Wünschen eines Organismus beitragen und dieses Effektes wegen auftreten (darstellbar im Rahmen einer funktionalen Erklärung: Maley & Piccinini, 2015).

Diese beiden Varianten kommen auf dasselbe hinaus, weil evolutionär selektierte Funktionen in einer kausalen Geschichte eines Phänomens stets auch zur Erhaltung des entsprechenden Organismus beitragen. Funktionen, deren Formierung evolutionstheoretisch erklärt werden kann, müssen als objektiv betrachtet werden.

Mentale Mechanismen führen von mentalen Zuständen zu den entsprechenden Phänomenen. Der Angstmechanismus (mit dem Phänomen der Flucht) führt zum Beispiel von der mentalen Wahrnehmung eines Tieres über die mentale Evaluation des Tieres als gefährliches Lebewesen zu einer motorischen Fluchtreaktion und produziert in diesem mechanistischen Sinn die Flucht (das zugehörige Phänomen). Der Bindungsmechanismus führt von der kindlichen Wahrnehmung der Mutter über die mentale Evaluation der Mutter als versorgende Bezugsperson sowohl zu Mimikveränderungen und Gesten des Kindes (z. B. Lachen und Fingerzeigen) als auch zur Bindungsbereitschaft der Mutter (als produziertes Phänomen).

5.3 Hermeneutik und soziale Kognition

5.3.1 Vier Arten von Erklärungen

Hermeneutische Verfahren und soziale Kognition können nur auf der Basis einer Unterscheidung verschiedener Arten von Erklärungen genauer bestimmt werden. *Erklärungen* einer Tatsache betten diese Tatsache in eine invariante Generalisierung ein, also in ein nomisches Muster, das von dem Explanandum zusammen mit bestimmten Randbedingungen instanziiert wird. Nennen wir die zu erklärende Tatsache (das Explanandum) E, das nomische Muster G und die Randbedingungen A, dann hat eine Erklärung auf der grundlegendsten Ebene die Form einer logischen Inferenz, nämlich $A, G \rightarrow E$. Eine Erklärung stiftet auf der Ebene der Modelle oder der Theorienbildung eine Vereinheitlichung und Systematisierung, muss aber zugleich auch auf ontologische Gegebenheiten bezogen sein (vgl. Bartelborth, 2007, besonders S. 200f.).

Erklärungen treten in unterschiedlichen Formen auf, doch werden in der modernen Wissenschaftstheorie vier Hauptformen unterschieden:

- *Kausale Erklärungen*, deren nomisches Muster G ein Naturgesetz ist,
- *mechanistische Erklärungen*, deren nomisches Muster G ein Mechanismus ist,
- *funktionale Erklärungen*, deren nomisches Muster G eine Funktion ist,
- *rationale Erklärungen*, deren nomisches Muster G durch eine normische Prämisse beschrieben wird.

Das Ansteigen des Drucks eines Gases S in einem geschlossenen Behälter lässt sich zum Beispiel dadurch erklären, dass die Temperatur von G erhöht wurde und nach dem Boyle-Mariotti'schen Naturgesetz sich der Druck aller Gase, deren Temperatur ansteigt, erhöht. Das ist eine kausale Erklärung.

Die Herstellung eines Proteins wird unter anderem dadurch erklärt, dass a) RNA-Polymerasen an Promoter andocken, b) komplementäre RNA-Stränge mit freien Nukleotiden erstellt werden, c) RNA durch Ribosomen läuft, d) tRNAs, die mit Aminosäuren beladen sind, an die Ribosomen andocken, e) dabei Aminosäuren verknüpft werden, bis f) ein Stoppcodon erreicht wird und keine Aminosäuren mehr hinzugefügt werden: Das Protein ist fertig. Das ist eine mechanistische Erklärung.

Dass Giraffen lange Hälse haben, wird dadurch erklärt, dass die langen Hälse es den Giraffen ermöglichen, Nahrung an hohen Bäumen zu erreichen, was seinerseits förderlich, ja notwendig für ihr Überleben ist. Das ist eine funktionale Erklärung.

Damit verwandt ist folgender Fall: Die Flucht eines Menschen wird dadurch erklärt, dass der Mensch a) einen Bären vor sich sieht, b) den Bären als gefährlich einstuft, c) ein bewusstes Angstgefühl entwickelt, d) daraufhin die Flucht ergreift und dadurch e) sein Leben rettet. Das ist eine Erklärung mittels eines funktionalen Mechanismus.

Abschließend ein Beispiel für eine rationale Erklärung:

1) Maria hat die Absicht, eine große Reise zu machen.
2) Maria meint, dass sie diese Absicht nur realisieren kann, wenn sie zuvor Überstunden macht und zusätzlich Geld verdient.
3) Normische Prämisse:
    a) Wenn eine Person P die Absicht hat, X zu realisieren und meint, dafür sei Handlung H nötig, dann ist es für P rational, i)* die Absicht zu entwickeln, H auszuführen, und ii)* H auszuführen.
    b) Menschen führen normalerweise aus, was für sie rational ist.

Also:

4) Maria entwickelt die Absicht, Überstunden zu machen und zusätzlich Geld zu verdienen, und
5) Maria macht Überstunden und verdient zusätzlich Geld.

Hier werden die Absicht 4) und die Handlung 5) durch zwei mentale Zustände, nämlich durch Absicht 1) und Meinung 2) sowie durch die normische Prämisse 3) erklärt. Mit dieser Erklärung wird behauptet, dass es für Maria *vernünftig* oder *rational* ist, Absicht 4) zu entwickeln und Handlung 5) zu vollziehen, *wenn* sie die Absicht 1) und die Meinung 2) hat. Der Schluss von den Prämissen 1), 2) und 3) einer rationalen Erklärung auf die Konklusionen 4) und 5) ist nicht zwingend, aber wahrscheinlich. Denn es könnte sein, dass Maria die Absicht 1) hat und die Meinung 2) vertritt und dennoch die Handlung 4) nicht vollzieht, vielleicht weil sie gerade Lust hat, einmal irrational zu sein. Aber in den meisten Fällen wird Maria zu 4) und 5) übergehen.

Dieses rationale Erklärungsschema ist eine prominente Form der sozialen Kognition, also des Verstehens oder Interpretierens der geistigen Zustände oder Handlungen anderer Menschen. Die einfachste Form einer rationalen Erklärung ist die volkspsychologische Erklärung (vgl. Abschnitt 4.1).

5.3.2 Soziale Kognition als Gedankenlesen (mind reading)

Soziale Kognition (Verstehen im allgemeinsten Sinn) ist jenes kognitive Vermögen und Verfahren, das die beiden zentralen Merkmale des Geistes (also der mentalen Zustände) erfassen soll: die Repräsentationalität und das Zustandsbewusstsein (vgl. hierzu auch Detel, 2011, Kap. 8). Eine *mentale Repräsentation zu verstehen* heißt auf der grundlegendsten Ebene, den semantischen Gehalt des repräsentationalen Gedankens zu erfassen, und zwar unabhängig davon, ob die Repräsentation wahr oder falsch ist *(Gedankenlesen, mind reading)*. Diese Form der sozialen Kognition erfolgt oft (wenn auch nicht immer) auf rasche und automatische Weise, etwa wenn wir die mentalen Zustände einer Person in ihrem Gesicht direkt erkennen oder wenn wir sprachliche Äußerungen blitzschnell verstehen. Diese Form des Verstehens wird seit Kurzem *Parsen* genannt (vgl. Detel, 2014, Kap. 2 und 3).

In seiner komplexeren Form als *Interpretation* besteht das Verstehen von Repräsentationen in der Etablierung einer rationalen Erklärung. Im einfachsten Fall handelt es sich um eine volkspsychologische Erklärung. Diese Erklärung kann vertieft werden, indem wiederum ihre Prämissen rational erklärt werden und die Prämissen dieser Erklärung ihrerseits wieder rational erklärt werden usw. Mit dieser Vertiefung erschließen wir uns interpretativ nach und nach einen großen Teil des rational geordneten individuellen Geistes einer einzelnen Person und konstruieren eine kleine Theorie (oft »ToM« genannt, aber im Sinne einer »theory of the mind of individual persons«) (vgl. diesbezüglich Detel, 2014, Kap. 4).

Das Verstehen des phänomenalen Bewusstseins eines anderen Menschen hat eine andere Form als die rationale Erklärung (ToM) von Repräsentationen. Wir können zum Beispiel die Todesangst eines anderen Menschen nur dann wirklich verstehen, wenn wir selbst schon einmal Todesangst empfunden haben. Denn dann können wir angesichts der Todesangst eines anderen Menschen in unserem eigenen Geist simulieren, wie es für uns war, Todesangst zu empfinden, und diese Simulation können wir dann auf den anderen Menschen übertragen. Andernfalls haben wir nur eine sehr vage Vorstellung von einer schrecklichen Angst, die wir in anderen bedrohlichen Situationen erlebten. Das *Verstehen des phänomenalen Bewusstseins* eines anderen Menschen ist also eine Form der *Simulation* dieses Bewusstseins im Geist der Interpretin bzw. des Interpreten. Dieses simulierende Verstehen wurde traditionell *Empathie* genannt und ist meist eine Form des Parsens. Parsen und rationale Erklärung sind verschiedene Formen der Bemühung, sich in andere Menschen (genauer: in den Geist anderer Menschen) hineinzuversetzen, also sich in die Perspektive hineinzudenken oder hineinzufühlen, unter der ein anderer Mensch als geistiges Wesen die Welt betrachtet.

Wie wir bei der Betrachtung rationaler Erklärungen bereits gesehen haben, können nicht nur mentale Zustände, sondern auch Handlungen Gegenstände des Verstehens sein. Das liegt vor allem daran, dass Handlungen Körperbewegungen sind, die mit einem mentalen Zustand korreliert sind, nämlich mit einer Absicht. Ödipus beispielweise erschlug nach dem antiken Mythos den Bettler am Kreuzweg, weil dieser ihn auf das Äußerste gereizt hatte. Die Körperbewegung, mit der er die Tötung vollzog, war von der Absicht begleitet, diesen Bettler zu töten. Ödipus vollzog daher die Handlung eines Mordes an einem Bettler, beging jedoch keinen Vatermord. Der Bettler war zwar sein Vater, aber das war Ödipus zum Zeitpunkt der Tat nicht bekannt. Die Tötung des Bettlers war nicht von Ödipus' Absicht begleitet, seinen Vater zu erschlagen.

Eine Handlung wird erst durch eine bestimmte Absicht spezifiziert und kann daher auch nur in Kenntnis des semantischen Gehalts der Absicht identifiziert werden. Handlungen enthalten immer ein geistiges Element (eine Absicht, einen Willen, einen Wunsch) und sind daher nicht ausschließlich naturgesetzlich erklärbar.

5.3.3 Das Tor zum Geist: Expressive Zeichen

Die mentalen Zustände anderer geistiger Wesen sind uns offensichtlich nicht direkt zugänglich, denn normalerweise können wir nicht hinter die Schädeldecke anderer Menschen schauen und ihren repräsentationalen oder bewussten Geist betrachten.

Mentale (also repräsentationale und bewusste) Zustände weisen aber noch ein weiteres Merkmal auf, das *Expressivität* genannt werden kann und für soziale Beziehungen von höchster Bedeutung ist. Mentale Zustände rufen nämlich meist bestimmte körperliche (physische) Zustände kausal hervor, die von außen beobachtet werden können und in denen sich mentale Zustände ausdrücken – zum Beispiel Körperhaltungen, Gesichtszüge, Gesten, Laute, sprachliche Äußerungen oder Schriftzeichen. Diese körperlichen Zustände sind normalerweise natürliche Zeichen mentaler Zustände (siehe hierzu Abschnitt 1.2) und können daher *expressive Zeichen für mentale Zustände* genannt werden. Die meisten expressiven Zeichen – darunter auch die sprachlichen Zeichen – erben von den mentalen Zuständen, deren natürliche Zeichen sie sind, Funktionalität und Repräsentationalität (also auch semantische Gehalte). So involviert zum Beispiel eine Körperhaltung, die ein natürliches Zeichen für Aggressivität ist, Funktionalität, insofern die Körperhaltung die Funktion hat, bei BeobachterInnen eine adaptive Reaktion auszulösen und damit den Interessen des aggressiven Wesens zu dienen. Aber expressive Zeichen haben auch einen semantischen Gehalt (der meist »Bedeutung« oder »Sinn« genannt wird) und einen psychologischen Modus (der im Fall sprachlicher expressiver Zeichen meist »Sprechakt« genannt wird). Wenn Max einen großen Bären vor sich sieht, dann hat sowohl sein angstverzerrtes Gesicht als auch sein Aufschrei »Ich habe schreckliche Angst« den semantischen Gehalt, dass der Bär höchst gefährlich ist – also auch denselben semantischen Gehalt wie seine Angst als mentaler Zustand. Mentale Zustände und ihre sprachlichen oder nicht-sprachlichen Zeichen haben gewöhnlich denselben semantischen Gehalt und repräsentieren daher dasselbe. Soziale Kognition ist also nur dadurch möglich, dass wir die Repräsentationalität, die Rationalität und den psychologischen Modus expressiver Zeichen der mentalen Zustände anderer Personen erfassen. *Soziale Kognition* ist, allgemein formuliert, ein Lesen des Geistes (mind reading) anhand seiner expressiven Zeichen.

Die psychologistische Bedeutungstheorie, die von Freud und der zeitgenössischen Psychologie, aber auch bis heute in vielen psychoanalytischen Arbeiten mitgeführt wird, betrachtet Wörter, Körperbewegungen und Handlungen (und insbesondere auch manifeste Phänomene) als Symptome oder Zeichen für seelische Assoziationen. Daraus folgert sie, dass mentale Assoziationen und generell mentale Zustände als »Bedeutungen« (also als semantische Gehalte) von Wörtern, Körperbewegungen und Handlungen (und insbesondere auch von manifesten Phänomenen) angesehen werden können. Die psychologistische Bedeutungstheorie erklärt also semantische Bedeutungen unter Rückgriff auf mentale Assoziationen.

Diese Theorie ist jedoch inakzeptabel. Offensichtlich enthält sie keine zirkelfreie Erklärung der semantischen Dimension (also des Sinns) der seelischen Phänomene, denn psychische Assoziationen und generell mentale Zustände sind als Repräsentationen ihrerseits bereits semantisch gehaltvoll, das heißt haben einen Sinn. Vor allem aber verwechselt die psychologistische Bedeutungstheorie natürliche Zeichen mit semantisch gehaltvollen (d.h. sinnvollen) Zeichen. Das ist ein verhängnisvoller Fehler. Wenn unbewusste Gedanken die entscheidenden Determinanten der manifesten Phänomene sind, dann sind sie die kausalen Ursachen dieser Phänomene. Und daraus folgt in der Tat, dass diese Phänomene Symptome und Zeichen der manifesten Phänomene sind, doch handelt es sich dabei um natürliche, nicht um repräsentationale Zeichen mit semantischem Gehalt (bzw. Sinn).

Halten wir noch einmal fest, dass die soziale Kognition in Gestalt einer rationalen Erklärung an die überwiegende Rationalität der zu interpretierenden Gedanken oder Zeichen gebunden ist. Wenn zum Beispiel eine Person zu jedem Gedanken auch die Negation dieses Gedankens entwickelt, können wir sie nicht verstehen, weil wir nicht wissen, was sie denkt und von welchen Gedanken sie ihre weiteren Gedanken oder ihre Handlungen abhängig macht. Doch genau dies zu wissen ist die Funktion der sozialen Kognition.

Das Modell des überwiegend rationalen Geistes und das zugehörige Konzept der sozialen Kognition (des allgemeinen Verstehens sowie des Parsens und Interpretierens) ist eine zentrale Komponente eines modernen Seelenmodells.

6. Seelische Motivationssysteme

In den grundlegendsten Paradigmen der Psychoanalyse werden diejenigen Komponenten der Seele, die uns antreiben – die sogenannten Motivationssysteme – als Seelenteile betrachtet, die für die psychoanalytische Metapsychologie, die Theorie der seelischen Störungen und die Therapie die höchste Relevanz besitzen. Im triebtheoretischen Paradigma sind die Triebwünsche und vorzugsweise die Sexualität und der Todes- oder Destruktionstrieb die einzigen Motivationssysteme. Im intersubjektiven Paradigma werden vor allem altruistische Motivationen als grundlegend betrachtet. Und dem evolutionstheoretischen Paradigma zufolge gehören sowohl Triebwünsche als auch altruistische Motivationen (im soziobiologischen Sinn) zu den Motivationssystemen der menschlichen Seele. Im Folgenden wird eine zeitgemäße Theorie der Motivationssysteme umrissen.

6.1 Sexualität und Todestrieb

Sexualtrieb (Libido) und Todestrieb (Destruktivität) sind nach Freud die beiden wichtigsten Triebwünsche und damit auch die beiden grundlegenden Motivationssysteme. Im intersubjektiven Paradigma wird der Todestrieb fallengelassen und die Rolle des Sexualtriebs marginalisiert. Und auch aus evolutionstheoretischer Perspektive macht ein rein destruktives, ja suizidales Motivationssystem in der Tat keinen Sinn. Zwar ist der Tod eine notwendige Bedingung für sexuelle Reproduktion mit ihrem Test ständig neuer genetischer Varianten. Aber diese enge Korrelation von Sexualtrieb und Tod begründet nicht das Postulat eines Todestriebs. Tod ist etwas Gegebenes, das wir normalerweise nicht aktiv anstreben, sondern auf das die reproduktive Sexualität eine gute Antwort ist (vgl. dazu Launer, 2014).[35]

Der Sexualtrieb stellt dagegen bei allen sexuell reproduktiven Spezies den zentralen genetischen Reproduktionsmechanismus dar, ist eng an das evolutionäre Prinzip der Maximierung inklusiver Fitness gebunden und muss daher als grundlegender motivationaler Mechanismus angesehen werden. In diesem Kontext wird allerdings nur der Sexualtrieb nach der Zeit der Geschlechtsreife adressiert, nicht die frühkindliche Psychosexualität (dieser Hinweis fehlt bei Launer, 2014). Der Sexualtrieb ist nicht ein rein animalischer, genetisch kodierter Trieb, sondern wird von der Entwicklung der kindlichen Psychosexualität beeinflusst, die ihrerseits lange Zeit bisexuell und polymorph pervers ist. Der Sexualtrieb ab der Pubertät ist daher kein »Instinkt« (im Konrad Lorenz'schen Sinn).

Man sollte das klassische Konzept des Sexualtriebs, also der Libido, allerdings durch den generellen Begriff der »reproduktiven Arbeit« ersetzen. Denn der Sexualtrieb ist nur eine von mehreren Komponenten der genetischen Reproduktion. Die wichtigsten weiteren Komponenten derselben sind die Emotionen, denn sie sind das einzige Mittel, um zu bewerten, inwieweit und auf welche Weise Interaktionen mit der Umwelt und anderen geistigen Wesen die eigene genetische Reproduktion (also die inklusive Fitness) beeinflussen.

Das Bild einer evolutionstheoretischen Synthese des klassischen und intersubjektiven psychoanalytischen Paradigmas, wie es von Kriegman und Slavin (1990) entworfen worden ist, wird durch empirische Befunde über Sex und sexuelles Verhalten sehr gut bestätigt. Auch die sexuelle Reproduktion involviert Konflikte und Kollaboration. Die Psyche muss auch auf dem Feld der Sexualität oft selbstsüchtige Ziele mit selbstlosen Mitteln verfolgen und zunehmend soziale und kulturelle Normen beachten, um ihre inklusive Fitness zu steigern. Dabei erweisen sich unter anderem Täuschung, Selbsttäuschung, Übertreibungen (»Angeben«) und Wunschdenken als vorteilhaft und adaptiv, vor allem im Rahmen sexueller Wettbewerbe um GeschlechtspartnerInnen und langfristige Beziehungen, aber auch im Aushandeln der Investitionen in die Fortsetzung der Beziehungen (was der Vorstellung von Zurückweisung, Projektion und Wunschdenken im triebtheoretischen Modell der Psychoanalyse entspricht).

6.2 Affekte und Motivationssysteme

In der neueren Psychoanalyse gibt es eine deutliche Tendenz, den Freud'schen Triebbegriff entweder durch die Konzepte des »Affekts« oder des »motivationalen Systems« zu ersetzen oder zumindest in Begriffen dieser Konzepte zu erklären (z.B. bei Launer, 2014). Die letztere Strategie ist erstmals von Otto Kernberg (1982, 1992, 2001, 2009) ausgearbeitet worden. Sie ist ebenfalls im weitesten Sinne in eine evolutionstheoretische Perspektive eingeordnet, berücksichtigt aber auch neurophysiologische Untersuchungen zur frühkindlichen Entwicklung. Kernberg geht von zwei Fragen aus, die mehr als dringlich sind: In welchem Verhältnis stehen Triebe zu Affekten? Und: Welche Komponenten der menschlichen Seele sind als grundlegende motivationale Systeme aufzufassen?

Kernberg betont in seiner grundlegenden Arbeit zu diesem Thema (Kernberg, 1982), dass nicht nur Triebe, sondern auch Affekte als wichtige motivationale Kräfte gelten könnten. Er ist daher der Meinung, dass Freuds Triebtheorie, der zufolge Triebe oder Triebwünsche die einzigen seelischen Motivationssysteme sind, revidiert werden muss. Im Kern behauptet Kernberg, dass die Affekte die frühesten und grundlegendsten motivationalen Kräfte der Seele sind – als Zentren aller positiven und negativen Erfahrungen von Kindern mit ihrer sozialen Umgebung und insofern intim korreliert mit dem Aufbau intersubjektiver sozialer Strukturen.

Die biologische Funktion angeborener Affekte bei Kindern ist Kernberg zufolge die Anzeige eigener Wünsche gegenüber der Mutter. Die Speicherung und Reaktivierung affektiver Erfahrung erfolgt im limbischen Cortex. Erst die mentalen affektiven Operationen erlauben den Aufbau internalisierter Objektbeziehungen, die daher ihrerseits keine primären motivationalen Kräfte sind.

Affekte sind nach Kernbergs Definition angeborene Dispositionen, die subjektive Erfahrung von Reizen in der Dimension Unlust und Lust zu repräsentieren, und sind daher in Gestalt von Meta-Evaluationen positiv oder negativ gefärbt. Wenn Affekt A ein X positiv bewertet, lässt sich A als Liebe zu X (im weitesten Sinne) betrachten. Wenn Affekt A ein X negativ bewertet, lässt sich A als Hass auf X (im weitesten Sinne) betrachten. Liebe und Hass können dabei freilich angereichert werden zu affektiv komplexeren und stabileren seelischen Strukturen. Dann wird Liebe zur Libido, Hass zur Aggressivität. Libido und Aggressivität sind demnach für Kernberg die beiden grundlegenden Triebe. Affekte sind demnach die grundlegenden Komponenten der Triebe, also auch die grundlegendsten motivationalen Kräfte. Triebe und Triebwünsche sind also im skizzierten Sinn durch Rekurs auf Affekte zu bestimmen.

Kernbergs Rekonstruktion der Triebe sieht allerdings eher wie eine stipulative und damit überflüssige Definition von Trieben aus. Zur Eingrenzung von Trieben hilft dieses semantische Manöver kaum weiter (siehe dazu genauer Abschnitt 6.6). Wegweisend ist dagegen Kernbergs Postulat der grundlegenden Rolle der Affekte unter den motivationalen Kräften der Seele. In der neueren Literatur gibt es einen Trend zur Bestimmung dieser Kräfte, die Kernbergs Intuitionen auf eine andere Art zusammenführt als es bei Kernberg selbst der Fall ist und die zugleich enger an evolutionäre Strukturen angekoppelt ist (siehe hierzu Abschnitt 6.4).

6.3 Ultrasozialität

Einige neuere Arbeiten weisen nach, dass auch die relationale, soziale Seite der menschlichen Seele adaptiv und evolutionär verankert ist. Zum Teil wird dieser soziale, altruistische Aspekt in diesen Arbeiten noch auf die soziobiologische Auffassung eingeschränkt, der zufolge sich nur jene Formen der altruistischen Motivation evolutionstheoretisch erklären lassen, die auf einer genetischen Überlappung verwandter Menschen beruhen. In allen bekannten menschlichen Gemeinschaften scheinen jedoch altruistische Motivationen und Handlungen weit über den engen soziobiologischen Rahmen hinauszugehen.

Viele Menschen handeln zum Beispiel auch gegenüber Nicht-Verwandten altruistisch und gegenüber Verwandten oft altruistischer, als es die prozentuale genetische Überlappung soziobiologisch prognostiziert. Denn Menschen scheinen generell von allgemeinen Prinzipien der Fairness und Gerechtigkeit auszugehen, die sich nicht auf soziobiologische numerische Verhältnisse herunterrechnen lassen. Diese *humane Ultrasozialität* bedarf einer zusätzlichen evolutionstheoretischen Erklärung. Diesem Problem widmen sich beispielsweise die Analytiker Mauricio Cortina und Giovanni Liotti in einem höchst informativen Artikel – nicht ohne das allgemeine, bereits von Kriegman und Slavin (1990) entworfene Bild zu bestätigen:

> »Humans are an ultracooperative species, but they are also a deeply ambivalent species. Selfish motives compete with genuinely altruistic motives, domination and control compete with a thirst for equality and fairness, and a sense of solidarity toward people who are like *us* can easily turn ugly against people seen as different, as *them*. The view that emerges from this evolutionary story is not all sweetness and light, but it does affirm that altruism, empathy, and fairness are built into the fabric of our species. [...] The traditional views see genes as selfish replicators that are pursuing their survival through cooperative means. [...] The problem with these views is not that they are wrong; it is that they are partial, and only capture part of the remarkable story of human evolution. The emergence of prosocial motivations and emotions that are genuinely altruistic, and take pleasure and satisfaction in helping others is the other side of the story. This other side needs to be told« (Cortina & Liotti, 2014, S. 891).

Cortina und Liotti nennen ein Verhalten von A gegenüber B *(genuin) altruistisch* oder auch *prosozial*, wenn A B hilft, ohne irgendeine Gegenleistung zu erwarten oder gar zu erhalten und insofern einen echten Verlust seiner personalen Fitness in Kauf nimmt. *Reziproker Altruismus (Mutualismus)* ist dagegen eine konditionierte Kooperation (A hilft B, wenn B auch – mit hoher Wahrscheinlichkeit – A hilft) und insofern nicht genuin altruistisch. Denn auf distaler Ebene gibt es in diesem Fall kein echtes Opfer und proximal keine altruistische Motivation, sondern einen Kalkül des langfristigen Eigeninteresses. Gibt es eine evolutionstheoretische Erklärung prosozialen, genuin altruistischen, ultrasozialen Denkens und Handelns?

Nach Sichtung umfangreicher neuerer Literatur zu dieser Frage skizzieren Cortina und Liotti die wesentlichen Komponenten einer positiven Antwort auf diese Frage. Das Auftreten kooperativer Aufzucht, längerer sexueller Bindungen, verzögerter sexueller Reife und verlängerter Adoleszenz sowie radikal egalitärer sozialer Organisationen sind die entscheidenden evolutionären Strategien, mit denen sich die größere Fitness von Gruppen mit überwiegend altruistisch denkenden und handelnden Mitgliedern erklären lässt.

Rudimentäre Formen kooperativer Aufzucht, also des alloparentalen Versorgens der Babys und der kleinen Kinder, sind bereits unter den Menschenaffen nachweisbar (in einem Fünftel aller Primatenspezies), allerdings beschränkt auf die Hilfe von engen Verwandten (der interessante Fall der Vögel bleibt hier ausgeklammert, weil Vögel nicht zu den direkten Vorfahren der Menschen gehören). Insbesondere beginnen die Väter sich an der Aufzucht der Nachkommen zu beteiligen und die Babys als ihre eigenen Nachkommen zu betrachten. Diese Entwicklung hat sich unter Hominiden und in den frühen menschlichen Jäger-Sammler-Gesellschaften (= JSG) enorm ausgeweitet. Die JSG und ihre kulturelle Evolution nahmen mindestens 95 Prozent der bisherigen Zeit des Auftretens der menschlichen Spezies ein und haben daher auch die unbewusste Seele und die Kultur des modernen Menschen maßgeblich geprägt.

Die Zunahme langer (oft lebenslang) sexueller und sozialer Bindungen in den JSG und damit auch der alloparentalen Aufzucht führte zur Freisetzung junger, vitaler Frauen für die Nahrungssuche. In den JSG beschafften Frauen nicht weniger als ein Drittel aller Kalorien (so Hrdy, 2009). Zugleich entstand eine erweiterte Familienstruktur mit vielen genetisch nicht verwandten Mitgliedern, die ebenfalls lang dauernde soziale Beziehungen eingingen und sich untereinander kooperativ und tolerant behandelten. Diese Entwicklung wurde unterstützt durch eine verlängerte Kindheit und Adoleszenz sowie der postreproduktiven Lebenszeit in den JSG. Dadurch entstand mehr Zeit zum kulturellen Lernen und eine Ausweitung der alloparentalen Aufzucht auf Frauen in der postreproduktiven Phase (»Großmütter-Effekt«).

Im Rahmen dieser sozialen Struktur konnte sich in den JSG ein radikaler sozialer Egalitarismus entwickeln. Die JSG bestanden aus kleinen nomadischen Gruppen von 20–50 Individuen, die die verfügbare Nahrung und andere Ressourcen (z. B. Wasser und Holz) egalitär untereinander aufteilten, unabhängig vom individuellen Erfolg bei der Jagd und anderer Nahrungsbeschaffung. Dafür wurden feste soziale Regeln etabliert, sowohl zur Verteilung der Güter als auch zur Bestrafung von EgoistInnen, TrittbrettfahrerInnen und SoziopathInnen. Dabei spielten internalisierte soziale Emotionen wie Scham, Schuldgefühl, Verachtung und Stolz eine zentrale Rolle, doch im Extremfall wurde auch zu Verbannung und Tötung gegriffen. Diese Regeln erwiesen sich als äußerst effektiv und das über viele Hunderttausende von Jahren hinweg.

Neueste Forschungen sprechen den JSG daher eine prosoziale Haltung zu, die unter anderem geteilte soziale Normen und Werte, eine frühe Internalisierung dieser Normen und Werte, eine Bildung von Wir-versus-Andere-Einstellung (Konformismus), eine Stärkung des Zusammengehörigkeitsgefühls und der Gruppenidentität involvierte (vgl. Boehm, 1999, 2012). Die JSG formierten erstmals aktiv einen kulturellen Kontext, der die altruistischen Mitglieder förderte und die EgoistInnen mit machtvollen Mechanismen ausgrenzte.[36]

Die raffiniertere Kooperation und die egalitären Normen erzeugten einen kulturell-evolutionären Druck auf die Entfaltung komplexer Formen der intersubjektiven Kommunikation, insbesondere verstärkte Fähigkeiten des Gedankenlesens und der Empathie. Die Endstufe dieser Entwicklung war das Auftreten von Sprache und kumulativer kultureller Evolution mit kultureller Diversität.

Der entscheidende neue und grundsätzliche Aspekt dieser Forschungen ist, dass die Erklärungen nicht mehr auf die biologische, sondern auf die kulturelle Evolution zurückgreifen, in der die »Vererbung« primär über das mentale Tradieren und Lernen von Kenntnissen und Technologien organisiert wird (zur kulturellen Evolution siehe Abschnitt 3.1). Außerdem arbeitet die Selektion in der kulturellen Evolution vor allem auf der Ebene sozialer Gruppen und weniger auf der Ebene der Individuen. Natürlich spielt dabei auch die genetische Struktur von Individuen eine Rolle: Ein altruistisches Gen kann sich nicht erfolgreich reproduzieren, wenn seine TrägerInnen nicht mit höherer als 50-prozentiger Wahrscheinlichkeit mit Personen interagieren würden, die diesen TrägerInnen Hilfe gewähren. Denn nur unter dieser Bedingung sind die TrägerInnen altruistischer Gene innerhalb ihrer Gruppe erfolgreich. Der zentrale Mechanismus, von dem alle Modelle der evolutionären Erklärung des Altruismus ausgehen, ist daher wechselseitige Hilfe und Erwartung wechselseitiger Hilfe. Tatsächlich besteht in den JSG eine fast 100-prozentige Wahrscheinlichkeit dafür, dass TrägerInnen altruistischer Gene mit Personen interagieren, die diesen TrägerInnen Hilfe gewähren. Das bedeutet, dass in der unbewussten Seele nicht nur biologische, sondern auch archaische soziale Mechanismen angesiedelt sind, die – nicht zuletzt auch in Verbindung mit archaischen Formen der Rationalität – eine machtvolle Wirkung entfalten können.

Dieses Erfolgsmodell gilt allerdings nur für numerisch eng begrenzte Gruppen und kann nicht auf moderne Staaten angewendet werden.[37] Und doch resultiert aus diesem Modell ein archaisches soziales Erbe, das auch die Seele des modernen Menschen prägt. Erst dieses Bild beweist auf nachhaltige Weise, dass, warum und in welcher Form die vom intersubjektiven Modell der Psychoanalyse betonte soziale Seite unserer Seele adaptiv und motivational ist.

6.4 Psychoanalytische Motivationssysteme

Ausgehend von Arbeiten Joseph Lichtenbergs und anderer AutorInnen (Lichtenberg, 1981, 2005; Lichtenberg et al., 2011) sowie unter Berücksichtigung der Ultrasozialität haben Cortina und Liotti (2014) mehrere basale, hierarchisierte Motivationssysteme postuliert und greifen dafür vor allem auf evolutionstheoretische Parameter zurück. Diese Idee ist wegweisend und soll daher kurz dargestellt werden.[38] Dieses System ist metapsychologisch und beruht nicht auf klinischen psychoanalytischen Daten (wie etwa Freuds Theorie der kindlichen Psychosexualität). Aber das bedeutet nicht, dass die psychologisch-philosophische Theorie der Motivationssysteme von keinerlei empirischen Daten gestützt wird. Vielmehr ist zum Beispiel die psychologische Theorie über das Attachment-System oder das Comfort-System und viele ähnliche archaische intersubjektive Mechanismen durchaus empirisch belegt (vgl. hierzu z. B. Jensen & Toates, 1993).

Die Hierarchisierung der Motivationssysteme orientiert sich an der Unterteilung des menschlichen Gehirns in drei unterschiedlich alte Teile:

1. Motivationssysteme, die das Verhältnis der Individuen zu ihrer nicht-sozialen Umgebung regeln (reptilisches Gehirn)
2. Motivationssysteme, die in verschiedenen Aspekten der Beziehung zu ArtgenossInnen involviert sind (Säuger-Gehirn)
3. Motivationssysteme, die prosozial und kooperativ sowie kulturell selektiert sind (Neosäuger-Gehirn = hominides Gehirn)

Zum reptilischen Gehirn rechnen Cortina und Liotti (2014) asoziale basale Motivationssysteme mit folgenden Funktionen – unter denen jedoch f) und g) bereits frühe soziale Motivationssysteme darstellen:

a) Aufrechterhaltung des physiologischen Gleichgewichts
b) Kampf-Flucht-Schockstarre-Reaktion
c) Aktivierung des Beute-Verhaltens
d) Erkundung der Umgebung
e) Sexuelle Reproduktion
f) Etablierung von Dominanz-Hierarchien
g) Schutz der territorialen Grenzen

Zum Säuger-Gehirn (seit ca. 66 Millionen Jahren) gehören basale soziale Motivationssysteme mit folgenden Funktionen:

h) Ritualisierte Dominanz und Unterwerfung zur Vermeidung tödlicher Kämpfe sowie zugunsten eines geregelten Zugangs zu Nahrung und SexualpartnerInnen
i) Suche nach Fürsorge und Hilfe, aufgrund von elterlichem Brüten bei Säugern
j) Gewährung von Fürsorge und Hilfe, aufgrund von elterlichem Brüten bei Säugern
k) Ritualisierung sexuellen Verhaltens
l) Kooperatives Verhalten gegenüber Mitgliedern einer Gruppe (in verschiedenen Formen, doch begrenzt auf dyadische Interaktionen und niedrigstufige Formen wie Hilfe gegenüber nahen Verwandten und bei der Verteidigung territorialer Grenzen – dabei bleibt aber f) die primäre Form der sozialen Organisation)

Zum Neosäuger-Gehirn (seit ca. zwei Millionen Jahren) schließlich gehören Motivationssysteme mit diesen Funktionen:

m) Triadische Formen der Kooperation
n) Hilfe gegenüber Nicht-Verwandten
o) Verbreitetes altruistisches Denken und Verhalten gegenüber Verwandten und Nicht-Verwandten
p) Ultrasoziales Denken und Verhalten
q) Sprachfähigkeit
r) Kumulative Kultur, kulturelle Evolution
s) Höhere Formen des Gedankenlesens

Hier sind nur n), o) und p) im engeren Sinne (soziale) Motivationssysteme. Die übrigen aufgeführten Punkte benennen kognitive Fähigkeiten, die wichtige Bedingungen der Utrasozialität darstellen. Es ist im Übrigen aufschlussreich, dass die Motivationssysteme im Rahmen dieser Theorie nur durch ihre Funktionen gekennzeichnet werden.

6.5 Archaische Rationalität

Zwei weitere psychoanalytische Arbeiten (Cutler & Brakel, 2014, sowie Modell, 2014) widmen sich einer evolutionstheoretischen Revision der Unterscheidung Freuds zwischen Primär- und Sekundärvorgang, die sich in seinen Schriften ab 1900 findet (vgl. Freud, 1900a). Sekundärvorgänge gelten bei Freud als mentale

Prozesse, die eine kausale und rationale Organisation aufweisen, regelkonform im Ich operieren sowie bewusst, langsam, deliberativ und erklärbar sind (vgl. Modell, 2014). Sie stehen stellvertretend für das, was traditionell »menschliche Vernunft« und heute »Geist« genannt wird. Primärvorgänge sind dagegen Freud zufolge unbewusst, arational, assoziativ, schnell und automatisch. Sie involvieren Verschiebungen, Verdichtungen und Kategorisierungen anhand unwesentlicher Merkmale oder zeitlicher Kontinuität sowie ein Pars-pro-Toto-Denken (vgl. Holt, 2009). Primärvorgänge sind ferner Ausdruck von triebhaften Operationen, die sich direkt auf die aktuelle Umwelt beziehen, aber auch auf die Matrix von Wünschen, Emotionen, Erinnerungen und den Bedeutungen, die die Subjekte mit diesen Elementen assoziieren. Sie operieren im Es, beeinflussen auf opake Weise die Sekundärvorgänge (oft realisiert in Träumen) und resultieren in sogenannten »Bauchentscheidungen«.

Nun gibt es aber seit Kurzem eine Reihe von Indizien, die dafür sprechen, die Primärvorgänge im Sinne Freuds als Formen einer archaischen, kontextbezogenen, begrenzten Rationalität, wie sie die neue Theorie der begrenzten Rationalität (bounded rationality) beschreibt (vgl. hierzu Detel, 2014, Abschnitt 4.7 mit weiteren Literaturangaben) und die Sekundärvorgänge als Formen der kontextfreien Göttlichkeitsmodelle der Rationalität (Rational Choice Theory, formale Logik, Wahrscheinlichkeitstheorie) zu deuten. Begrenzte Rationalität lässt sich neueren Studien zufolge nicht nur bei kleinen Kindern nachweisen, sondern auch bei vielen Tieren, weist also auf eine animalische Grundlage unserer Rationalität hin. Diese moderne Rekonstruktion der Primärvorgänge befreit die Psychoanalyse vom klassischen Modell der Triebsteuerung, weil die mentalen Prozesse, die durch begrenzte Rationalität gesteuert werden, evolutionär durchaus adaptiv sind (vgl. auch Cutler & Brakel, 2014). Dieser Befund widerspricht älteren psychoanalytischen Studien, die jeden Primärvorgang als maladaptiv betrachten, weil er, wie bereits Freud betont hat, eng mit triebhafter Impulsivität, Regression, psychopathologischen Entwicklungen und symptomatischem Verhalten korreliert zu sein scheint.

Tatsächlich ist die archaische begrenzte Rationalität in der Theorie der bounded rationality jedoch als genuine Form der Rationalität aufzufassen, die nicht nur evolutionär adaptiv ist, sondern auch unbewusst, schnell und automatisch operiert und somit den Primärvorgängen zugesprochen werden kann.[39]

6.6 Gefühle und Motivationssysteme

Das interessante Modell der Motivationssysteme, das von Cortina und Liotti vorgelegt wurde, leidet wie viele andere psychoanalytische Modelle in diesem

Bereich vor allem daran, dass nicht so recht klar ist, was wir genauer unter einem Motivationssystem zu verstehen haben. Der Ausdruck »Motivation« scheint eher in einem unspezifischen alltäglichen Sinne verwendet zu werden. Dieses Problem können wir einer Lösung zuführen, wenn wir Kernbergs Einsicht berücksichtigen, dass die Affekte die grundlegendsten Motivationssysteme darstellen (vgl. Abschnitt 6.2), und auf dieser Basis die kognitive Gefühlstheorie investieren (vgl. Abschnitt 5.1.3).

Wie bereits erwähnt ist die elementarste Form einer Motivation eine Pushmi-Pullyu-Repräsentation, wie sie nicht nur unter Menschen, sondern auch unter vielen Tieren vorkommt. Eine *Pushmi-Pullyu-Repräsentation* enthält, genau betrachtet, vier Komponenten:

1. Die (repräsentationale) Wahrnehmung eines Dinges oder Zustandes oder Ereignisses X (z. B. die Wahrnehmung eines Bären)
2. Die Evaluation von X in Gestalt eines unbewussten Affekts oder eines bewussten Gefühls (z. B. das Angstgefühl vor dem Bären, das den Bären als gefährlich evaluiert und repräsentiert)
3. Die Speicherung dieser Evaluation im Gedächtnis
4. Die adaptive motorische Reaktion auf die Evaluation von X (z. B. das Weglaufen, das uns vor der Bärenattacke bewahrt)

Die Pushmi-Pullyu-Repräsentation ist demnach ein Mechanismus im technischen Sinn.

Wenn die evaluative Komponente einer Pushmi-Pullyu-Repräsentation von phänomenalem Bewusstsein begleitet ist, nennen wir sie *Gefühl*. Gefühle in diesem Sinn weisen alle drei Merkmale des Geistigen auf, die wir oben (Abschnitt 5.1) angegeben haben: Sie sind repräsentational, bewusst und funktional (ihre Funktion ist ihre Disposition, adaptive Bewegungsreaktionen auf evaluierte Situationen auszulösen). Wenn wir, wie in der Standardtheorie des Geistes üblich, Körpergefühle, asoziale Emotionen und soziale Emotionen voneinander unterscheiden (vgl. ebd.), dann sieht die Liste der wichtigsten Gefühle unter Angabe ihrer Komponenten und Funktionen etwa so aus:

1. *Körpergefühle:* Person P hat ein Gefühl in Bezug auf X, und X ist der eigene Körper von P. Funktion: evaluative Repräsentation (e-Repräsentation)
   a) Schmerz (P e-repräsentiert einen Teil des Gewebes von X als unangenehm geschädigt. Funktion: Lokalisierung und Beseitigung eines Gewebeschadens)
   b) Hunger (P e-repräsentiert einen unangenehmen Nahrungsmangel von X. Funktion: Initiierung von Nahrungssuche und Nahrungsaufnahme)

c) Durst (P e-repräsentiert einen unangenehmen Flüssigkeitsmangel von X. Funktion: Initiierung der Suche nach und Aufnahme von Flüssigkeit)
d) Sexuelles Bedürfnis (P e-repräsentiert X als unangenehm sexuell bedürftig. Funktion: Initiierung der Suche nach SexualpartnerIn und Produktion von Nachkommen)

2. *Asoziale Basis-Emotionen:* Person P hat eine Emotion in Hinsicht auf X, und X ist ein Gegenstand (kein geistiges Wesen)
   e) Interesse an X (P e-repräsentiert X als attraktiv. Funktion: Annäherung an und Erkundung von X)
   f) Überraschung wegen X (P e-repräsentiert X als unerwartet. Funktion: Unterbrechung der Aktivitätsroutinen und aufmerksame, vorsichtige Erkundung von X)
   g) Ekel vor X (P e-repräsentiert X als abstoßend. Funktion: Distanzierung von X, insbesondere Schutz vor schädlicher Nahrung und vor Ansteckung)
   h) Freude über X (P e-repräsentiert X als Quelle eigener Lust. Funktion: Aufbau eines engen Umgangs mit X)
   i) Traurigkeit über Verlust von X (P e-repräsentiert den Verlust von X als Quelle eigener Unlust. Funktion: Auflösung der Bindung an X)
   j) Furcht/Panik (Sicherheitsbedürfnis) wegen X (P e-repräsentiert X als gefährlich. Funktion: Beförderung der Sicherheit gegenüber X)
3. *Soziale Emotionen (1) – Bindungsemotionen:* Person P hat eine Emotion in Hinsicht auf X, und X ist ein geistiges Wesen (meist ein Artgenosse)
   k) Interesse an Artgenossen (insbesondere auch Wunsch nach Gewährung und Empfang von Fürsorge, untergliedert in Überraschung, Ekel, Freude, Traurigkeit, Furcht/Panik, definiert wie in e) bis j), nur mit X als Artgenossen [geistigen Wesen]. Funktion: Verstehen, soziale Bindung)
   l) Dominanzstreben (P e-repräsentiert X als Quelle der Befriedigung ihrer eigenen Interessen, nicht aber sich selbst als Quelle der Befriedigung der Interessen von X. Funktion: Beherrschung und Ausbeutung von X)
   m) Mitgefühl (P simuliert das Leiden von X im eigenen Geist. Funktion: Trösten von und Bindung an X)
   n) Liebe (P schätzt X als sexuell attraktiv, emotional sensitiv und intellektuell interessant. Funktion: Aufbau einer möglichst langen und engen Beziehung mit X unter gleicher Berücksichtigung der Interessen von P und X. Funktion: Etablierung langfirstiger verlässlicher sozialer Bindungen)

4. *Soziale Emotionen (2) – Sozial-regulierende Emotionen:*
   o) Wut/Ärger (P e-repräsentiert das Verhalten von X als sozial unangemessene Verletzung ihres Eigeninteresses. Funktion: Rache an und Bestrafung von X)
   p) Scham (P e-repräsentiert ihr eigenes Verhalten als sozial unangemessene Verletzung des Eigeninteresses anderer Personen. Funktion: Künftige Vermeidung dieses Verhalten und Versöhnung mit den Geschädigten)
   q) Stolz (P e-repräsentiert ihr eigenes Verhalten als sozial angemessen und besonders gut ausgeführt. Funktion: Künftige Fortsetzung und Stabilisierung dieses Verhaltens)
   r) Clanverhalten (P e-repräsentiert Verwandte als Personen, die von P altruistisch zu unterstützen sind. Funktion: Förderung des Zusammenhalts von Verwandtschaftssystemen)
   s) Konformismus (P e-repräsentiert das Übertreten der sozialen Regeln von X als sozial unangemessene Verletzung der sozialen Regeln ihrer Gruppe. Funktion: Bestrafung von X und Stabilisierung des Zusammenhalts der sozialen Gruppe)
5. *Altruistische Emotionen:*
   t) Fürsorge für Nachkommen und Verwandte (wichtige Spezialisierung von Mitgefühl und Liebe. Funktion: Optimale Aufzucht der Nachkommen, diachrone Erhaltung der Gruppe)
   u) Freude an gemeinsamen Interessen und Aktivitäten mit Artgenossen (wichtige Spezialisierung von Freude. Funktion: Ausbildung gemeinsamer Interessen)
   v) Kommunikationsbedürfnis (reziproke soziale Kognition. Funktion: Erkennen der Absichten der Anderen, Übermittlung von Informationen)
   w) Fairness (Gerechtigkeitsempfinden. Funktion: Beförderung des sozialen Friedens)

Auf genetischer Ebene dienen die Körpergefühle a) bis c) der personalen Fitness und hier insbesondere dem physiologischen Gleichgewicht, d) dagegen der inklusiven Fitness (der Reproduktion der Gene). Darüber hinaus sind Körpergefühle Mechanismen in Gestalt einer festen kausalen Verhaltenssequenz *(VSK)*:

> (1) Neuronaler oder physiologischer Prozess → (2) Körpergefühl, korreliert mit Unbehagen → (3) Suche nach Mitteln der Linderung → (4) Anwendung der aufgefundenen Mittel → (5) Beseitigung des Körpergefühls → (6) Beendigung der Suchreaktion

Emotionen sind zwar nicht von einer derartigen Verhaltenssequenz begleitet, doch die Komponenten, die sie als phänomenal bewusste Pushmi-Pullyu-Repräsentationen enthalten, bilden ebenfalls einen Mechanismus *(VSE)*:

> (1) Auftauchen eines Dinges (Zustandes, Ereignisses) X im Wahrnehmungsfeld von Person P → (2) P nimmt X wahr → (3) P evaluiert X phänomenal bewusst → (4) P speichert (3) im Gedächtnis → (5) P repräsentiert X als Träger eines evaluativen Wertes → (6) P vollzieht eine adaptive motorische Bewegung, die angesichts von X für P vorteilhaft (adaptiv) ist

Die Mechanismen VSK und VSE weisen eine *motivationale Struktur* auf und beginnen mit einem physischen Vorgang – (1) in VSK und VSE –, führen dann zu mentalen Vorgängen – (2) und (3) mit der absichtsvollen Handlung (4) in VSK, (2) bis (5) in VSE –, die ihrerseits wieder zu einem physischen Vorgang (motorische Reaktion) führen – (5) und (6) in VSK, (6) in VSE.

Körpergefühle in diesem Sinn lassen sich am ehesten mit *Trieben* im klassischen Sinn identifizieren, weil sie eigenkörperbasiert sind und weil der mit Körpergefühlen korrelierte Mechanismus VS recht genau auf das freudianische Triebschema passt.[40] Zudem lassen sich generell die Mechanismen VSK und VSE, die sich um die Hauptklassen von Gefühlen (also um Körpergefühle und Emotionen) ranken, *motivationale Systeme* nennen. Damit haben wir die psychoanalytischen Konzepte von Trieben und motivationalen Systemen gefühlstheoretisch und mechanistisch rekonstruiert. Zugleich ist klargeworden, dass motivationale Systeme in diesem gefühlstheoretischen Sinn funktionale Mechanismen sind, deren Funktionen erklären, warum sie überhaupt auftreten.

Im Blick auf die vorgeschlagene Rekonstruktion lassen sich sechs grundlegende Thesen zu mentalen Motivationssystemen formulieren:

T1) Alle Motivationssysteme sind Pushmi-Pullyu-Repräsentationen, das heißt Formen eines evaluativen Weltwissens.

T2) Alle Motivationssysteme sind motivational und evolutionär adaptiv (biologisch oder kulturell) und weisen deshalb faktische Funktionen (biologischer oder kulturell-sozialer Art) auf.

T3) Die Motivationssysteme sind als repräsentationale Evaluationen oft phänomenal bewusst, aber ihre Mechanismen und Funktionen sind unbewusst.

T4) Tiere mit phänomenalem Bewusstsein ohne soziale Organisation verfügen über Körpergefühle und asoziale Basis-Emotionen.

T5) Tiere mit phänomenalem Bewusstsein und sozialer Organisation verfügen über alle genannten Motivationssysteme außer Liebe und Fairness.

T6) Der Kern der humanspezifischen Ultrasozialität sind Liebe und Fairness.

Vergleicht man das System der exemplarischen Gefühle a) bis w) mit dem von Cortina und Liotti (2014) vorgeschlagenen Motivationssystemen, so lassen sich erhebliche Überschneidungen konstatieren. Auch die soeben aufgeführten konkreten Funktionen der Gefühle a) bis w) beruhen auf Mechanismen der biologischen oder kulturellen Evolution. Im Einzelnen werden alle Elemente des Cortina-Liotti-Systems durch das hier präsentierte Gefühlssystem a) bis w) abgedeckt (abgesehen vom Hinweis auf konventionelle Ritualisierungen der motorischen Komponente einiger Gefühle), aber das Umgekehrte gilt nicht. Denn das Cortina-Liotti-System enthält keine Angabe spezieller mentaler Zustände, sondern nur deren funktionale Ziele (wir sollen offenbar jede aufgeführte Komponente X im Sinne von »Wunsch nach X« interpretieren). Daher wird insbesondere auch die repräsentationale Dimension der Gefühle unterschlagen. Es muss als schweres theoretisches Defizit gewertet werden, dass die psychoanalytische Rede von Motivationssystemen, wie exemplarisch bei Cortina und Liotti gezeigt wurde – aber auch bezüglich der meisten anderen psychoanalytischen Arbeiten zu diesem Thema festgehalten werden kann[41] –, den Umstand verschleiert, dass es sich bei Motivationssystemen um Vorgänge handelt, die wesentlich auf seelischen Vorgängen beruhen. Beispielsweise muss die repräsentationale Dimension der Motivationssysteme in die Beschreibung des Erkundungssystems einfließen, denn schließlich beruht die Erkundung wesentlich auf Wahrnehmungen als basalen kognitiven Repräsentationen (genauer auf dem Wahrnehmungs-Handlungskreislauf).

Darüber hinaus ist System a) bis w) feiner differenziert, formuliert exemplarisch die Funktionen einiger Gefühle aus, unterscheidet zwischen Gefühlen gegenüber nicht-geistigen und geistigen Wesen sowie zwischen Körpergefühlen und Emotionen (Stimmungen ließen sich noch hinzufügen). Insgesamt lässt sich das hier vorgeschlagene System a) bis w) damit als Ausarbeitung der zentralen Idee Otto Kernbergs zu den seelischen Motivationen betrachten.

Das Gefühlssystem a) bis w) soll als Bestandteil des modernen Seelenmodells gelten, das im Folgenden zugrunde gelegt wird.[42] Dieses Seelenmodell involviert aufgrund seiner Einbettung in biologische und kulturelle evolutionäre Mechanismen bereits eine funktionale Struktur der Motivationssysteme, das heißt enthält funktionale Mechanismen. Diese funktionale Struktur ist zum Teil biologisch, zum Teil aber auch sozial verfasst. Die archaischen sozialen Mechanismen wurden in den langen Zeiten der Jäger- und Sammlergesellschaften kulturell selektiert und getestet. Dabei haben sie sich als erfolgreich erwiesen und wurden deshalb beibehalten.

Wir können diese Analyse verallgemeinern und behaupten, dass seelische Zustände und Prozesse generell funktional organisiert sind und funktionale Mechanismen darstellen, schon allein deshalb, weil sie durch biologische und kulturelle Evolution geprägt wurden. Diese Diagnose schließt offensichtlich an Einsichten der evolutionstheoretisch ausgerichteten Psychoanalyse an. Doch kommt nun hinzu, dass die unbewusste Seele auch von mächtigen funktionalen Mechanismen bevölkert ist, die nicht biologischer, sondern sozialer Natur sind und im Kontext der Jäger-und-Sammler-Gesellschaften funktional adaptiv und sinnvoll waren. Eben diese Mechanismen können aber in neueren, komplexeren sozialen Umwelten dysfunktional werden und mit neuen funktionalen Strukturen konfrontiert werden. Aus dieser Spannung können dem hier vorgestellten funktionalistischen Ansatz zufolge seelische Störungen entstehen.

6.7 Psychoanalyse und kritische Theorie

Einige Vertreter der intersubjektiven Psychoanalyse (so etwa Habermas und Honneth) gehen von dem Konzept einer *politischen Psychoanalyse* aus und behaupten, dass seelische Störungen und asoziales Verhalten letztlich aus unzulänglichen gesellschaftlichen Strukturen entstehen, die dazu führen, dass Eltern und andere Versorger psychisch so deformiert werden, dass sie den Kindern weder ausreichende Bindung, noch emotionalen Austausch, noch ungestörte Kommunikation, noch soziale Anerkennung bieten können. Daher müsse die psychoanalytische Therapie immer mit einem politischen Kampf um soziale Emanzipation verbunden werden, der traditionell von der Kritischen Theorie analysiert wird und befeuert werden soll.

Aus funktionalistischer Sicht ist diese Position nicht falsch, wohl aber einseitig. Es dürfte unbestreitbar sein, dass seelische Störungen auf repressive Verhältnisse zurückgehen *können*. Doch gibt es auch andere Quellen seelischer Störungen. So kann zum Beispiel ebenso der unvermeidbare Konflikt zwischen personaler und inklusiver Fitness zu einem schweren Interessenkonflikt zwischen Eltern und Kindern führen. Außerdem weist die Theorie der Motivationssysteme archaische soziale Mechanismen aus (namentlich Konformismus und Clanverhalten), die gerade mit fortschrittlichen sozialen Verhältnissen in einen schweren Konflikt geraten können. Das sind zwei Beispiele für mögliche Quellen seelischer Störungen, die sich dem Konzept der politischen Psychoanalyse nur schwer fügen.[43]

7. Das Unbewusste oder die Rekonstruktion des Es

Das gegenwärtig leitende intersubjektive Paradigma der Psychoanalyse hat die Entwicklung von Theorien des Unbewussten nicht gerade gefördert. So schreibt zum Beispiel Wolfgang Mertens:

> »Um das Konzept des Unbewussten scheint es [...] in der gegenwärtigen Psychoanalyse nicht gut bestellt zu sein. Jahrzehntelang galt es als ihr Erkennungszeichen. Das Unbewusste und die Psychoanalyse schienen untrennbar zu sein. Aber seit der Verabschiedung der klassischen Triebtheorie in ihren verschiedenen Fassungen verlor auch die Beschäftigung mit unbewussten psychischen Inhalten und Prozessen in verschiedenen psychoanalytischen Denkrichtungen nach Freud mehr und mehr an Bedeutung. [...] In einer erstaunlichen Hinwendung zu den Phänomenen scheint die gegenwärtige Psychoanalyse größtenteils in eine Bewusstseinspsychologie einzumünden. [...] [D]er Fokus liegt viel stärker auf den manifesten Mitteilungen als auf einem verborgenen Subtext, den es zu erraten und zu erschließen gilt, um unbewusster Inhalte und Vorgänge habhaft zu werden. Vor allem aber wird der unmittelbaren Beziehung, die sich nonverbal, mimisch, gestisch, prosodisch ausdrückt, ein großer Stellenwert eingeräumt. Unbewusste Prozesse, so könnte zumindest der erste Eindruck sein, spielen keine bedeutende Rolle mehr in der modernen Psychoanalyse« (Mertens, 2010, S. 8ff.; vgl. auch Schöpf, 2013, Kap. 8).

Gleichwohl ist das Nachdenken über das Unbewusste auch in der gegenwärtigen Psychoanalyse nicht vollständig abgerissen. Mehr noch: Der Wissenschaftliche Beirat »Psychotherapie« hat die psychoanalytische Therapie und die kognitive Verhaltenstherapie als die beiden wichtigsten Formen der Psychotherapie bezeichnet. Dabei wird die psychoanalytische Therapie von der kognitiven Verhaltenstherapie gerade dadurch abgegrenzt, dass sie untersucht, in welcher Weise unbewusste Wünsche und Ängste das bewusste Erleben und Handeln bestimmen. Insofern »kann die Erforschung des Unbewussten […] auch weiterhin als das Alleinstellungsmerkmal der Psychoanalyse gelten« (Leuzinger-Bohleber & Weiß, 2014, S. 16f.).

Nach einer kurzen Übersicht über moderne psychoanalytische Konzepte des Unbewussten im Anschluss an Mertens (2010) und Leuzinger-Bohleber und Weiß (2014) soll in diesem Kapitel ein neues funktionalistisches Konzept des Unbewussten entwickelt werden.

7.1 Moderne psychoanalytische Konzepte des Unbewussten

Wie bereits angedeutet (vgl. Kapitel 1) besteht das Unbewusste nach Freud, grob formuliert, aus bestimmten biologisch verankerten Triebwünschen. Das Unbewusste wurde als brodelnder Kessel verstanden, in den die frühkindlichen sexuellen und aggressiven Impulse verbannt worden waren. Dieser klassischen Konzeption zufolge entsteht das Unbewusste erst aus einer *Verdrängung* und besteht aus bestimmten *Wünschen* (man spricht daher auch vom verdrängten oder dynamischen Unbewussten).

In den verschiedenen Objektbeziehungstheorien, die dem intersubjektiven Paradigma der Psychoanalyse zuzurechnen sind, wird – wie ebenfalls bereits ausgeführt wurde (vgl. Kapitel 2) – davon ausgegangen, dass sich Seele und Selbst in der frühen Kindheit erst im Rahmen von Objektbeziehungen herausbilden. Die evolutionstheoretischen Verweise auf angeborene biologische und daher transkulturelle Komponenten des Unbewussten werden daher zurückgewiesen. Melanie Klein (1932) geht zum Beispiel davon aus, dass menschliche Säuglinge in der frühesten Phase die Beziehung zur Mutter so organisieren, dass die Mutter in einen »schlechten« verfolgenden und einen »guten« idealisierenden Teil aufgespalten wird. Aufgrund einer Internalisierung dieses Modells besteht dann auch das frühkindliche unbewusste Selbst aus diesen beiden Komponenten (paranoid-schizoide Position). Der Säugling projiziert seine eigenen negativen, als unerträglich erlebten Affekte (Wut, Hass, Ekel) auf das schlechte Objekt und kann sich auf diese Weise von ihnen befreien. Seine guten Impulse richtet er auf das idealisierte Objekt und versucht sie in sich aufzunehmen oder sich mit ihnen zu identifizieren.

Später kann der Säugling nach dem Klein'schen Konzept dann anerkennen, dass das Objekt (die Mutter) sowohl gute als auch schlechte Züge aufweist, und die Eigenständigkeit und Separation der Mutter vom eigenen Selbst wahrnehmen. Diese Erfahrung ambivalenter Gefühle löse Schuldgefühle und Angst aus – ein Schuldgefühl aufgrund eigener Aggressionen gegenüber der Mutter, und die damit verbundene Angst, von der Mutter verlassen zu werden. Die eigenen, in der paranoid-schizoiden Position externalisierten unerträglichen Affekte würden nun im Objekt kontrolliert und manipuliert. Auf diese Weise kann sich der Säugling laut der Klein'schen Schule mit diesen Affekten wieder identifizieren (projektive Identifizierung) und sich insgesamt selbst seelisch besser integrieren (depressive Position). Wilfred Bion (2005) versteht diese unbewussten Prozesse als Überlebensstrategien, die den Säugling vor seinen unerträglichen Erfahrungen schützen.

Der Fokus auf die sehr frühe Entwicklung des Säuglings und die Entfaltung seines Selbst – ein Fokus, der im Theorierahmen des intersubjektiven Paradigmas und der Objektbeziehungstheorien mehr als verständlich ist – zeichnet auch die unabhängige britische Schule der Psychoanalyse aus. Donald Winnicott, einer der einflussreichsten Vertreter dieser Schule, betrachtete beispielsweise die Aggression als grundlegenden Mechanismus für die Unterscheidung zwischen Selbst und Nicht-Selbst. Vor allem aber beschäftigte Winnicott sich mit der Frage, wie aus einem abhängigen, hilflosen und ohnmächtigen Säugling, der seine Abhängigkeit angstvoll und verzweifelt erlebt, ein reifer Mensch werden kann. Seine Hypothese war, dass dafür in der frühkindlichen Phase entscheidend ist, dass die Mutter ihrem Baby die omnipotente Illusion vermittelt, es sei die Ursache der mütterlichen Aktivitäten und könne diese Aktivitäten manipulieren. Dafür muss die Mutter auf höchst sensible Weise die Versorgung ihres Babys in den Vordergrund stellen und eigene Wünsche unterdrücken. Ein weiteres Mittel für diese Formierung des Selbst sind nach Winnicott Übergangsphänomene wie Kuscheltuch oder Teddy, die sowohl das Selbst als auch das Nicht-Selbst repräsentieren und auf diese Weise die Kluft zwischen Selbst und Nicht-Selbst überbrücken können, wenn es gilt, die Trennung von der Mutter ertragen und schließlich akzeptieren zu lernen. Übergangsobjekte gehören Winnicott zufolge einem intermediären Bereich zwischen Selbst und Nicht-Selbst an. Und schließlich müsse der Säugling auch in die Lage versetzt werden, seine ursprüngliche sensumotorische Körpererfahrung (heute spricht man von Kinästhesie) weiter zu entfalten und ein »wahres Selbst« auszubilden. Würden diese grundlegenden Bedingungen für die Entwicklung des Selbst verletzt, komme es zu seelischen Störungen. Der Säugling fühle sich von externen Übergriffen überwältigt, imitiere seine versagenden Objektbeziehungen, werde unterwürfig und identifiziere sich schließlich mit den Forderungen seiner Bezugspersonen, verfehle dabei allerdings mithin sein wahres Selbst und bilde ein »falsches Selbst« aus (vgl. Winnicott, 1957, 1964).

Diese objekttheoretischen Ansätze legen zwar viel Wert auf die Erforschung der frühkindlichen unbewussten Entwicklung, scheinen jedoch zugleich davon auszugehen, dass der Säugling bestimmte Triebe oder Affekte bereits mitbringt. Wie wir gesehen haben (vgl. Abschnitt 6.2), hat Kernberg, der wichtigste Autor der nordamerikanischen Objektbeziehungstheorie, diese Voraussetzung explizit formuliert. Nach Kernberg (1982) ist der Säugling ursprünglich mit zwei Affektdispositionen ausgestattet, die sich zwei Polen, der Lust und der Unlust, zuordnen lassen. Diese Affekte sind (man möchte sagen: trivialerweise) stets eingebunden in interpersonale Beziehungen. Im Unbewussten werden Kernberg zufolge primär frühe Objektbeziehungen gespeichert, die mit der elterlichen Zensur unvereinbar sind und daher verdrängt werden müssen. Psychische Entwicklung, im besten Fall hin zu einem stabilen Selbst, wird durch Internalisierung von Objektbeziehungen und durch Abwehrmechanismen gegen diese frühen Internalisierungen gesteuert. Darüber hinaus postulieren die meisten Objektbeziehungstheorien, dass Säuglinge bereits von Beginn an Schutz und Trost, Zärtlichkeit, primäre Liebe und emotionalen Austausch suchen und erwarten.

Selbstpsychologische AutorInnen wie etwa Heinz Kohut (1973) haben darüber hinaus auf die grundlegende Rolle der narzisstischen Selbsterhaltungs- und Selbstwertregulation in frühen unbewussten Prozessen hingewiesen. Die Bindungsforschung hat sich der zentralen Rolle des unbewussten Bindungsmechanismus gewidmet. Und in der Mentalisierungsforschung wird betont, dass Säuglinge eine Fähigkeit zur Mentalisierung, also dem Erfassen der geistigen Zustände anderer Personen, aber auch der eigenen Zustände, mitbringen, deren ungestörte Entfaltung eine wichtige Bedingung der Entwicklung eines stabilen Selbst ist:

> »Zusammenfassend lässt sich festhalten, dass sich in den Objektbeziehungstheorien die eher individualpsychologische Schwerpunktsetzung der Freud'schen Konzeption vom Unbewussten verändert hat. Objektbeziehungsrepräsentanzen werden durch reale Beziehungen geprägt und wirken auf diese wieder zurück, weil die entstehenden Schemata wiederum die Wahrnehmung prägen und entsprechende Handlungen zur Folge haben, auf die von den Eltern entsprechend reagiert wird. In die realen Beziehungen gehen nicht nur die affektiv getönten Wünsche des Kindes ein, sondern auch die Reaktionen der Eltern, die von ihren eigenen Wünschen, aber auch von kulturspezifischen Erfahrungen geprägt sind« (Mertens, 2010, S. 26).

Die neuere evolutionstheoretische Version des Unbewussten postuliert, wie bereits skizziert (vgl. Abschnitt 3.2), neben dem verdrängten Unbewussten auch unbewusste seelische Zustände, die nur aktuell nicht bewusst sind, aber jederzeit ohne Probleme aufgerufen werden können (das Vorbewusste), ferner phylogenetisch selektierte unbewusste Impulse, die fest verdrahtet und demnach angeboren sind und nicht erst in der frühen Kindheit entstehen, und schließlich gewisse seelische Operationen, die niemals bewusst werden, vergleichbar einem verborgenen Betriebssystem. Das verdrängte Unbewusste und das phylogenetisch selektierte Unbewusste bestehen aus genetisch kodierten Motivationssystemen, die auf biologische Selektion zurückgehen. Diese Motivationssysteme können »Triebe« genannt werden und kommen bei Menschen als Gefühle von Lust und Unlust zum Ausdruck. Das zentrale Selektionsprinzip der Triebe ist auf genetischer Ebene die inklusive Fitness, während die Triebe auf der proximalen Ebene dem Prinzip der Lustmaximierung gehorchen. Auch PsychoanalytikerInnen, die nicht dem evolutionstheoretischen Paradigma zugehören, erkennen neuerdings an, dass es wichtig ist, neben dem verdrängten (dynamischen) Unbewussten noch andere Arten des Unbewussten zu erforschen. So wird zuweilen behauptet, dass in der Auseinandersetzung der Psychoanalyse mit den Neurowissenschaften eine bisher nicht beachtete Form des Unbewussten zum Vorschein kommt.

Die skizzierten psychoanalytischen Arbeiten enthalten offensichtlich viele empirisch gestützte Einsichten über die Entwicklung des Unbewussten und seiner Komponenten, insbesondere im Rahmen des gegenwärtig führenden Paradigmas über die frühkindliche Entwicklung des Selbst. Wobei es oft schwer sein dürfte, empirisch zuverlässig zu ermitteln, was menschliche Säuglinge im ersten Lebensjahr spüren oder erleben. Das phänomenale Bewusstsein bietet seiner empirischen Erforschung notorische, oft als unüberwindlich eingeschätzte Schwierigkeiten.

In begrifflicher Hinsicht offenbaren die neuen psychoanalytischen Theorien des Unbewussten jedoch offenkundig eine problematische Diversität (vgl. diesbezüglich Kettner & Mertens, 2010, S. 119) und Vagheit (vgl. Mertens, 2010, S. 15). So wird durchgehend mit Begriffen des Selbst und des Bewusstseins (dessen Negativität das Unbewusste ist) gearbeitet, die ihrerseits nicht erklärt werden. Oft wird nicht klargestellt, was genau menschliche Säuglinge seelisch oder kognitiv von Geburt an mitbringen und was sie zum Beispiel in Objektbeziehungen erst entwickeln müssen. Und immer noch herrscht die Auffassung vor, dass bestimmte unbewusste Wünsche die wichtigsten Komponenten des Unbewussten darstellen. Ein oft nur latent mitgeführtes Thema ist die problematische Unterscheidung zwischen unkontrollierten Einflüssen des Unbewussten auf unser Handeln und einer Handlungskontrolle im bewussten geistigen Leben – Bewusstsein wird implizit mit einer Form der Freiheit assoziiert, die dem Unbewussten fehlt.

In den nächsten beiden Abschnitten wird versucht, das Unbewusste aus der Sicht und mit den begrifflichen Mitteln der Theorie des Geistes und des funktionalistischen Modells der Psychoanalyse neu und bestimmter zu umreißen. Damit wird eine erste, noch grobe Skizze des Ausbaus der Theorie des Geistes zu einer Theorie der Seele vorgelegt.

7.2 Grundbegriffe: Bewusstsein, Selbst, Kontrolle

In nahezu allen modernen psychoanalytischen Arbeiten zum Unbewussten werden die Begriffe »Bewusstsein«, »Selbst« und »Kontrolle« (»Freiheit«) implizit mitgeführt, aber selten erläutert. In diesem Abschnitt soll eine Explikation dieser Grundbegriffe aus geist-theoretischer Sicht skizziert werden.

Im Rahmen der modernen Theorie des Geistes werden, wie wir gesehen haben (vgl. Abschnitt 5.1.2), verschiedene Formen des Bewusstseins unterschieden: das Subjektbewusstsein und vier Arten des Zustandsbewusstseins, nämlich phänomenales Bewusstsein, Monitorbewusstsein, Ich-Bewusstsein und Zugangsbewusstsein. Entsprechend sollte auch das Unbewusste differenziert beschrieben werden. Demnach gibt es fünf verschiedene Formen des Unbewussten:

1. das *phänomenal Unbewusste* (Ausfall des Erlebens, Spürens usw.): mentale Zustände, die nicht erlebt (gespürt) werden (können)
2. das *Monitor-Unbewusste* (Ausfall von Gedanken höherer Ordnung): mentale Zustände, die nicht von anderen Gedanken repräsentiert werden können
3. das *Ich-Unbewusste* (Ausfall des Ich-Konzepts): mentale Zustände, die nicht mit einer Zuschreibung zum eigenen Ich verbunden werden (können)
4. das *Zugangs-Unbewusste* (Ausfall des Zugriffs auf mentale Zustände): mentale Zustände, auf die nicht für eine Verwendung im Geist zugegriffen wird (oder werden kann)
5. das *Subjekt-Unbewusste* (funktionaler Ausfall der mentalen Zustände und Fähigkeiten): Ohnmacht

Diese Formen des Unbewussten kommen sowohl in pathologischen als auch in nicht-pathologischen Fällen vor. Das für die Psychoanalyse besonders interessante *verdrängte Unbewusste* ist eine Variante des Zugangsunbewussten:

4.* Das Zugangs-Unbewusste ist
   - 4.1 das temporär Zugangs-Unbewusste, oder
   - 4.2 das dauerhafte oder hartnäckige Unbewusste.

Die Komponenten, die im Sinne der ersten vier Bedeutungen unbewusst sind, stellen nach wie vor *mentale Zustände* dar, das heißt Gehirnzustände, die mindestens repräsentational sind und Funktionen aufweisen, die jedoch zum Teil unter bestimmten therapeutischen Bedingungen auch bewusst werden können. Das ist eine partielle Antwort auf die Fragen, ob wir, wenn wir vom Unbewussten reden, von mentalen Zuständen besonderer Art reden, und was in diesem Zusammenhang »mental« besagt (vgl. Mertens, 2010, S. 123).

Bewusstsein ist im Kern ein mentaler Selbstbezug, früher auch »Subjektivität« genannt. Das Erleben eigener Gefühle (phänomenales Bewusstsein), die Gedanken über eigene Gedanken (Monitorbewusstsein), insbesondere über das eigene Ich (Ich-Bewusstsein), und das mentale Zugreifen auf gespeicherte eigene Gedanken (Zugangsbewusstsein) sind offensichtlich vier verschiedene Formen, in denen wir uns mit eigenen mentalen Zuständen auf andere eigene mentale Zustände richten können. Das humanspezifische Monitorbewusstsein ist eine zentrale Bedingung für die soziale Kontrolle unserer Motivationssysteme. Zustandsbewusstsein generell ist stets eine Repräsentation eigener mentaler Zustände, also eine Metarepräsentation, die eigene mentale Zustände repräsentiert. Der grundlegendste Begriff des *Selbst* ist ein Mensch, der alle vier genannten Bewusstseinsformen voll ausgebildet hat. Ein Selbst im rudimentären Sinn ist ein Mensch, der zumindest über einen Teil der Formen des Zustandsbewusstseins verfügt.

Legt man diesen Grundbegriff des Selbst zugrunde, so muss die Frage, ob das Selbst bereits von Geburt an gegeben ist oder sich erst über Objektbeziehungen entwickelt, differenziert beantwortet werden. Denn das phänomenale Bewusstsein ist zumindest in elementarer Form (etwa in Gestalt von Schmerzen oder asozialen Emotionen wie Hunger oder Ekel) unter Menschen und vielen höheren Tieren zweifellos angeboren (das heißt fest verdrahtet). Das Monitorbewusstsein entwickelt sich dagegen sukzessive von der Neunmonatsrevolution an bis zum Bestehen des Falschheitstests im vierten Lebensjahr (vgl. hierzu Tomasello, 2002, Kap. 3). Das Zugangsbewusstsein ist als basales Erinnerungs*vermögen* von Anfang an vorhanden, wird jedoch erst über Erfahrungen (unter anderem mit Objektbeziehungen) mit Inhalt gefüllt.

Kompliziert ist das Ich-Bewusstsein. Voll ausgebildet ist es eine hochstufige Bewusstseinsform, die sich erst mit der Zeit und zweifellos erst aufgrund von Objektbeziehungen ausbilden kann. Doch gibt es neuerdings Arbeiten, die auf ein phänomenales, nicht metarepräsentationales und vorsprachliches *phänomenales Ich-Bewusstein* verweisen. Ein deutlicher Beleg dafür ist, dass bereits Primaten, Elefanten, ja sogar Rabenvögel den Spiegeltest bestehen,[44] also eine definitive Form des Ich-Bewusstseins aufweisen (kleine Menschenkinder bestehen den Test ab einem Alter von 1½ Jahren). Allgemeiner setzt die Einbettung zumindest sensitiver (d. h. zu Gefühlen fähiger) Tiere (Menschen eingeschlossen) in den grundlegenden Wahrnehmungs-Bewegungskreislauf voraus, dass die Tiere über ein vorsprachliches Gewahren der Eigenkörpergrenzen, der Eigenkörperbewegungen (Kinästhesie) und der Raumwahrnehmung verfügen, das sie in eine Ich-zentrierte Perspektivität innerhalb ihrer Umwelt versetzt. Diese elementaren Formen des Ich-Bewusstseins treten sehr früh auf und sind nicht durch Objektbeziehungen vermittelt (vgl. diesbezüglich Damasio, 2002, 2013).

Das Zugangsbewusstsein schließlich ist in seiner hochstufigen Form als Zugriff auf eigene mentale Zustände in Form von *Gründen* für eigene Meinungen, Absichten oder Handlungen ein spätes Entwicklungsprodukt, in Gestalt einer Reaktivierung gespeicherter Erinnerungsinhalte dagegen eine sehr frühe, vielleicht angeborene Fähigkeit. Menschliche Säuglinge sind demnach von Geburt an Exemplare eines rudimentären Selbst.

Es gibt eine große Anzahl von mentalen Selbstbezügen, die noch höherstufig sind als die bisher genannten hochstufigen Formen. Eine der komplexesten Varianten ist die kritische Erarbeitung des Konzepts eines geprüften, guten Lebens (im Kern das sokratische Projekt). Die ganze Komplexität im Ineinandergreifen verschiedener Selbstbezüge und Evaluationen, die von diesem Projekt exemplifiziert wird, lässt sich bereits an den Ethiken ablesen, die Platon und Aristoteles entwickelt haben. Eines der grundlegendsten Elemente dieses Projekts ist die Maximierung der rationalen Kohärenz unter allen mentalen Zuständen einer Person. Und eines der grundlegenden Ziele dieses Projekts ist die Koordination und Hierarchisierung unserer verschiedenen seelischen Evaluationskriterien. Es ist daher für eine Psychoanalyse wichtig, genauer zu spezifizieren, was unter dem Leitbild des Selbst jeweils genau verstanden werden soll.

In fast allen Paradigmen der Psychoanalyse wird behauptet, dass wir unsere mentalen Prozesse zum Teil kontrollieren können, zum Teil aber auch nicht. Fast immer wird angenommen, dass die unbewussten mentalen Prozesse nicht kontrollierbar sind und ferner auf unkontrollierbare Weise, oft empfunden als fremde Gewalt, in den bewussten Geist eingreifen. Diese Annahme ist sicherlich korrekt, doch sollte klargestellt werden, dass Kontrolle in diesem Kontext nicht Freiheit im Kant'schen Sinne bedeutet. Es ist hier nicht von der Fähigkeit die Rede, autonom Kausalketten zu beginnen (vgl. Kant, 2007 [1785], 446f.). Die gegenwärtige Mainstream-Position der philosophischen Freiheitstheorie ist vielmehr eine Kompatibilitätstheorie, die im Kern besagt, dass Freiheit nicht nur mit kausaler Determiniertheit vereinbar ist, sondern dass Freiheit eine bestimmte Form der Determiniertheit *ist*. Ein Gedanke oder eine Handlung ist dieser Theorie zufolge *frei*, wenn der Gedanke oder die Handlung durch mentale Zustände des Denkers oder Handelnden kausal determiniert ist, die zugleich rationale Gründe für den Gedanken bzw. die Handlung sind.

Die überzeugende Begründung dieser Position ist im Kern sehr einfach. Unserem naturwissenschaftlichen Weltbild zufolge ist ein beliebiges Ereignis entweder kausal determiniert oder nicht. Dies gilt auch für Ereignisse, die aufgrund einer mehr als 50-prozentigen Wahrscheinlichkeit (aufgrund statistischer Naturgesetze) auftreten. Und nicht kausal determinierte Ereignisse sind nur im mikrophysikalischen, nicht aber im mesophysikalischen Bereich, zu dem auch unsere Körper und insbesondere unsere Gehirne gehören, nachgewiesen.

Folglich sind alle unsere Gedanken und Handlungen kausal determiniert. Das heißt auch: Unter exakt denselben Bedingungen hätten wir niemals anders handeln können, als wir faktisch gehandelt haben. Und wenn der Schuldbegriff an diese Möglichkeit gebunden wird (wie es meist, etwa in vielen Rechtssystemen, geschieht), dann gibt es keine Schuld (zu den Konsequenzen dieses Ansatzes vgl. Detel, 2006). Doch selbst wenn sich in Zukunft doch zeigen sollte, dass wir autonom Kausalketten beginnen können, dann wäre dieses Ereignis blanker Zufall (so wie im mikrophysikalischen Bereich). An derartige Ereignisse ließen sich Verantwortlichkeit, Urheberschaft und die weiteren gängigen Freiheitskriterien nicht anschließen. Durch eigene mentale Zustände rational determiniert zu sein, ist die Freiheit, die uns möglich ist. Es ist genau die Kontrolle im Sinne dieser determinierten Freiheit, die in unserem Geist meist gegeben ist und die im Unbewussten fehlt.

7.3 Komponenten und Design des Unbewussten

Die traditionelle Psychoanalyse hat, wie allseits bekannt ist, verdrängte animalische Triebwünsche als zentrale Komponenten des Unbewussten angesehen. Der Kern des Unbewussten, der für die psychoanalytische Arbeit die höchste Relevanz besitzt, ist das verdränge Unbewusste, bestehend aus asozialen animalischen Triebwünschen. Aus funktionalistischer Sicht sollte die Beschreibung des Unbewussten mit den elementarsten Komponenten beginnen und sich dann zu den höheren Ebenen unbewusster Prozesse und Zustände vorarbeiten.

Wenn im Kontext der psychoanalytischen Metapsychologie vom Unbewussten die Rede ist, dann in dem Sinne, dass das Unbewusste ein Teil der Seele ist und daher aus *mentalen* Zuständen und Prozessen besteht. Doch es gibt unbewusste Prozesse, die selbst nicht mental sind, doch ihrerseits mentale Prozesse kausal steuern. Dieser Bereich des *nicht-mentalen, aber für das Mentale kausal relevanten Unbewussten* muss als elementarste Grundlage eines angemessenen Konzepts des Unbewussten aufgeführt werden.

Wie bereits mehrfach erwähnt, werden alle seelischen Zustände und Prozesse durch neurophysiologische Aktivitäten im Gehirn gesteuert. Wir haben gesehen, dass die rein neurobiologisch beschriebenen neuronalen Prozesse im Gehirn kaum explanatorisches Potenzial für die Seele involvieren (vgl. Abschnitt 4.5). Dennoch müssen sie zum Bereich des *nicht-mentalen Unbewussten* gerechnet werden, von dem kausale Steuerungen bewusster Prozesse ausgehen. Zudem sind diese neuronalen Aktivitäten korreliert mit *algorithmischen Programmen*, die typischerweise von den Kognitionswissenschaften untersucht werden und von großem seelentheoretischen Interesse sind. In vielen neueren psychoanalytischen Arbeiten wird die Unterscheidung zwischen diesen beiden Ebenen allerdings nicht beachtet. Die Neurowissenschaft wiederum untersucht aus eigener Kraft nur die biologische »Hardware« der seelischen Prozesse. Die Kognitionswissenschaft dagegen untersucht die biologische »Software«. Hier werden Computerprogramme geschrieben, von denen die algorithmische Verarbeitung der externen Sinnesdaten (zum Beispiel im Fall der visuellen Wahrnehmung die einlaufenden Photonen mit bestimmten Wellenfrequenzen) simuliert werden soll. Diese Aktivitäten laufen unbewusst ab, bilden also einen grundlegenden Bereich des Unbewussten, sind jedoch für sich genommen zwar typischerweise funktional, aber nicht mental.

Die algorithmischen Programme in der unbewussten Seele werden fast immer als Formen der Informationsverarbeitung beschrieben. Mit dieser inkorrekten Kennzeichnung wird jedoch das eigentliche Faszinosum dieser Vorgänge verstellt. Die distalen Daten oder Stimuli, die algorithmisch verarbeitet werden, sind nämlich keine Informationen, sondern physikalische Prozesse mit physikalischen Eigenschaften, zum Beispiel Photonen oder Schallwellen mit bestimmten Frequenzen. Erst die von der Kognitionswissenschaft untersuchten Algorithmen, die über die neuronalen Aktivitäten laufen wie das Programm einer Turingmaschine über eine reale materielle Maschine mit Laufband und Schreibmechanismus, *wandeln die distalen Stimuli unter Wechsel der Energieformen in Informationen und mentale Episoden um*. Dabei erzeugen sie auf der grundlegendsten Ebene aus physikalischen Daten die elementarsten mentalen Zustände, nämlich repräsentationale Wahrnehmungen, auf denen all unser weiteres empirisches Wissen über die Welt beruht. Dabei generieren sie auf gut erforschte Weise mittels verschiedener strukturbildender Mechanismen, beispielsweise den Gestaltgesetzen, unter anderem konturierte perzeptive Objekte, deren Einheit und Bewegung sich gegen einen stabilen Hintergrund abzeichnet (vgl. hierzu Detel, 2014, Abschnitt 1.1 mit Literaturangaben). Im Falle von Tieren gehören zu diesen strukturbildenden Mechanismen auch Formen einer direkten schnellen Unterscheidung zwischen Bewegungsformen lebender und nicht-lebender Objekte. Diese Algorithmen sind größtenteils angeboren und daher ein Bestandteil jener seelischen Mechanismen, die zum Beispiel von menschlichen Säuglingen im Wesentlichen von ihrer Geburt an mitgebracht werden. An dieser Stelle wird auf eine bisher wissenschaftlich nicht genauer durchschaute Weise *die Seele aus der Materie generiert*. Wahrnehmungsstörungen, die zum Beispiel mit einigen Psychosen korreliert sind, involvieren auch eine Störung dieser algorithmischen Mechanismen, etwa im Falle autistischer Störungen eine ungenügende Reizfilterung.

Auch die Theorie der verkörperlichten Kognition hat einen Beitrag zu einer zeitgemäßen Theorie des Unbewussten geleistet. Denn diese Theorie hat, wie bereits bemerkt (vgl. Abschnitt 4.4), darauf hingewiesen, dass es motorische – also körperliche – Vorgänge gibt, die in besonderer Weise auf kognitive Prozesse und Fertigkeiten zugeschnitten sind, zum Beispiel Gewohnheiten oder Habituation – also Vorgänge, die von der Theorie der verkörperlichten Kognition als Körperschemata (also als Formen des kognitiven Embodiments) beschrieben werden (vgl. hierzu auch Detel, 2014, Abschnitt 1.2 mit Literaturangaben). Körperschemata werden im nicht-deklarativen Gedächtnis gespeichert, dessen Inhalt oft nicht nur als unbewusst, sondern auch als prinzipiell unzugänglich für eine Bewusstmachung betrachtet wird (vgl. hierzu etwa Mertens, 2010, S. 49ff.). Neurophysiologische und algorithmische Prozesse sowie Köperschemata machen im Wesentlichen das *nicht-mentale Unbewusste* aus, das gleichwohl relevant für die kausale Steuerung sowohl unbewusster als auch bewusster mentaler Mechanismen ist.

Das mentale Unbewusste kann (wie bereits Freud bemerkte) durch fast alle Arten von mentalen Zuständen bevölkert sein, die sich im Geist finden, also zum Beispiel auch durch Meinungen oder Hoffnungen. Als wichtigste und für die Psychoanalyse interessanteste Klasse von unbewussten mentalen Zuständen gelten die Motivationssysteme, die oben im Rahmen der kognitiven Gefühlstheorie rekonstruiert worden sind (vgl. Kapitel 6). Wie wir gesehen haben, involviert diese Rekonstruktion die Hypothese, dass Gefühle als Motivationssysteme am besten als funktionale Mechanismen zu beschreiben sind.

Die Theorie der Motivationssysteme, die in Kapitel 6 skizziert worden ist, weist allerdings nach, dass es, wie bereits Freud (1923b) hervorhob, im Rahmen des mentalen Unbewussten, das aus seelischen Zuständen und Prozessen besteht, einen *nicht-verdrängten Bereich des dauerhaft mentalen Unbewussten* gibt, der seinerseits verschiedene Komponenten enthält. Da sind zunächst grundlegende Mechanismen, die auf andere seelische Mechanismen zugreifen und demnach die Rolle von *Metamechanismen* spielen. In diesem Kontext sind vor allem die Reizgeneralisierung (vgl. Abschnitt 1.2) und die Verdrängung zu erwähnen. Ferner gehören zu diesem Bereich die *von Geburt an vorhandenen Gefühle*, verstanden als Mechanismen, deren Ablauf unbewusst ist, während ihre evaluative Komponente gewöhnlich phänomenal bewusst ist. Wir erleben zum Beispiel die Angst bewusst, aber nicht den Angstmechanismus, der in uns meist blitzschnell abläuft. Dazu gehören einerseits biologische Mechanismen, die sich im Verlauf der biologischen Evolution herausgebildet haben, andererseits soziale Mechanismen, die sich im Verlauf der sozialen Evolution herausgebildet haben. Doch gibt es auch soziale seelische Mechanismen, die sich erst im Verlauf der Lerngeschichte und Sozialisation der einzelnen Individuen formieren, namentlich viele soziale Emotionen wie Ehrgefühl, moralisches Empfinden oder Streben nach einem guten Leben.

Eine wichtige Unterabteilung dieses Bereiches sind die Ersatzmechanismen (vgl. hierzu genauer Kapitel 8), die ihrerseits nicht verdrängt, sondern Bestandteil und Endprodukt des Verdrängungsmechanismus sind. Und schließlich dürfen wir nicht vergessen, dass auch die Prinzipien der archaischen Rationalität sowie ein ursprüngliches sogenanntes phänomenales Ich-Gefühl, das nicht eine spezielle Form des Monitorbewusstseins ist, sondern in kinästhetischen Selbstwahrnehmungen zum Beispiel der eigenen Position und Bewegung im Raum besteht, zum Bereich des nicht-verdrängten, dauerhaften mentalen Unbewussten gehören. Wenn allerdings hier von Dauerhaftigkeit die Rede ist, dann in dem eingeschränkten Sinn, dass diese Komponenten bei all jenen Menschen, die nicht mit der Bemühung um eine angemessene Theorie des Unbewussten vertraut sind, dauerhaft unbewusst sind. Wie eben die Überlegungen, in die wir gerade involviert sind, deutlich zeigen, können alle diese Komponenten zunächst ForscherInnen bewusst werden, die eine angemessene Theorie des Unbewussten konstruieren sowie dann auch anderen Menschen und insbesondere seelisch gestörten Menschen, denen man von diesen Mechanismen erzählt und die diese Mechanismen in ihrem Selbst durch Introspektion aufspüren können (dem »Here-I-go-again-Modus«). Mit anderen Worten: Diese Mechanismen sind *gewöhnlich dauerhaft unbewusst, aber nicht prinzipiell unbewusst.*

Erst an dieser Stelle können wir den Bereich des *verdrängten Unbewussten* einführen, der für die Psychoanalyse verständlicherweise am interessantesten ist. Doch ist es wichtig zu sehen, dass die verschiedenen Komponenten des Unbewussten, die wir bisher aufgeführt haben, nicht einfach additiv aneinandergereiht wurden, sondern aufeinander aufbauen – kausal und explanatorisch. Insbesondere sind es offenbar vor allem die nicht-verdrängten, von Geburt an vorhandenen Gefühlsmechanismen, zum Teil auch die ontogenetisch erlernten sozialen Emotionen, die im Falle unerträglicher Verletzung und Dysfunktionalität unter Rückgriff auf die Metamechanismen in das Unbewusste verdrängt werden – jedoch nicht prinzipiell dauerhaft, denn sie können unter anderem durch angemessene therapeutische Maßnahmen bewusst gemacht werden. Versteht man Verdrängung in einem weiten Sinn, das heißt als Verschiebung bewusster Zustände und Prozesse in das Unbewusste, dann gehören auch all jene mentalen Zustände zum Unbewussten, die wir im Gedächtnisspeicher ablegen, um in Bedarfsfall wieder auf sie zugreifen können, entweder um uns schlicht an Vergangenes zu erinnern oder indem wir sie als Prämissen zur Begründung unserer Behauptungen und Absichten aktivieren. Eine Verdrängung mentaler Zustände aus dem Geist in das mentale Unbewusste involviert die Elimination der vier Arten von Zustandsbewusstsein, die diese mentalen Zustände ursprünglich im Geist manifestiert haben.

Dieses Bild vom Unbewussten hat eine Reihe von Konsequenzen, die deutlich machen, in welchem Ausmaß die vorgeschlagene Konzeption von den bisher eingespielten Auffassungen abweicht.

In terminologischer Hinsicht ist mit der skizzierten Rekonstruktion des Unbewussten der Vorschlag verbunden, die immer noch verbreitete Redeweise von den Operationen des Ich, Über-Ich und Es aufzugeben. Es gibt in der Seele keine Instanzen oder gar Substanzen, die aus eigener Kraft etwas »tun« oder eine bestimmte Aktivität »ausführen«. Vielmehr laufen aufgrund bestimmter Auslöser funktionale Mechanismen ab, deren Funktionen allerdings nicht immer widerspruchfrei sind und untereinander in Konflikt geraten können. Auch sollten wir in der Beschreibung der Bevölkerung des Unbewussten nicht mehr, wie in fast allen psychoanalytischen Arbeiten bis in die jüngste Zeit hinein, von »unbewussten Wünschen« reden. Denn Wünsche lassen sich weder mit Gefühlen noch mit funktionalen Mechanismen identifizieren.

Ferner wird das psychoanalytisch interessante *mentale Unbewusste* (also das Unbewusste, das aus mentalen Zuständen und Prozessen gebildet wird) auf der grundlegendsten Ebene aus Motivationssystemen zusammengesetzt, die ihrerseits funktionale Mechanismen darstellen. Diese Mechanismen sind – im Gegensatz zur Auffassung des triebtheoretischen und intersubjektiven Paradigmas der Psychoanalyse – weder verdrängt noch unvereinbar mit sozialen Forderungen. Sie sind zum größten Teil angeboren und formieren sich nicht erst in Objektbeziehungen. Sie sind teils physiologischer, teils sozialer Natur, wurden also teils durch biologische Evolution und teils durch kulturelle Evolution geprägt, sind teils animalisch, teils auch humanspezifisch, können aber im Rahmen von Objektbeziehungen spezifischer ausgeprägt werden. Und schließlich dienen sie der Stabilisierung des seelischen und indirekt des physischen Gleichgewichts sowie der inklusiven Fitness und zum Teil auch ultrasozialen Zielen.[45]

Eine weitere Konsequenz ist, dass das Bild vom frühen Säugling, das nicht nur bei Freud, sondern auch in Objektbeziehungstheorien gezeichnet wird, nicht mehr haltbar ist. Dieses Bild zeichnet den frühen Säugling nämlich immer noch als Wesen aus, das primär von omnipotenten und aggressiven Impulsen (orientiert an personaler Fitness und Narzissmus) getrieben wird. Insbesondere wird dabei Aggressivität immer noch als reine Destruktivität gedacht. Reine Destruktivität ist jedoch schon aus evolutionstheoretischer Sicht höchst unplausibel, dient sie aus funktionalistischer Sicht doch stets vielmehr einem bestimmten Zweck, zum Beispiel der Bewältigung von Gefahr oder der Rache. Vor allem aber ist aus funktionalistischer Sicht zu erwarten, dass menschliche Säuglinge schon früh (bis zu einem Alter von ca. 18 Monaten) positive Impulse wie Empathie, Helfen und Streben nach Gemeinsamkeit manifestieren – und zwar nicht durch Internalisierung der guten Mutter, sondern weil diese positiven Impulse zu fest verdrahteten Motivationssystemen des Menschen gehören. Viele Experimente, vor allem in der kognitiven Psychologie, haben diese funktionalistische Sicht inzwischen bestätigt (vgl. Tomasello, 2009).

Überdies geben die Operationen dieser funktionalen mentalen Mechanismen, von denen eingespielte Funktionen erfüllt werden, einzeln und für sich genommen keinerlei Anlass zu seelischen Störungen – ganz im Gegenteil: Ihre Funktion ist es gerade, physische und seelische Störungen zu vermeiden. Es handelt sich um mentale Zustände und Prozesse, die schnell und automatisch auftreten oder prozessiert werden und zugleich unbewusst bleiben, ohne dass sie pathologisch sind und verdrängt werden müssen. Es ist vielmehr die funktionale Nichterfüllung dieser Mechanismen, die unter bestimmten weiteren Bedingungen zu seelischen Störungen führen kann. Unter Umständen kann allerdings die Erfüllung einiger dieser Mechanismen mit der Erfüllung anderer Mechanismen unvereinbar sein, und auch das kann eine Ursache seelischer Störungen und Nöte sein.

Und schließlich muss der Verdrängungsmechanismus differenziert gesehen werden. Es wäre zu einfach, von einer Verdrängung unerträglicher Erlebnisse als einer Verschiebung bewusster mentaler Zustände oder Prozesse in das Unbewusste zu sprechen – eine immer noch verbreitete Redeweise. Zwar spielt die phänomenal bewusste Erfahrung unerträglicher Gefühle für deren Verdrängung eine bedeutende Rolle, und so gesehen findet tatsächlich eine Verdrängung eines bewussten Zustands in einen unbewussten Zustand statt. Doch das phänomenale Bewusstsein ist gewöhnlich nur die bewusste evaluative Komponente eines Mechanismus, dessen Ablauf und Struktur bereits unbewusst angelegt und aktiv ist. Wenn ein Säugling die dauerhaft fehlende Bindungsbereitschaft der Mutter als unerträglich im phänomenal-bewussten Sinn erlebt, so operiert im Säugling bereits ein unbewusster dysfunktionaler Bindungsmechanismus, dessen bewusste Komponente in diesem Fall eben die erlebte Frustration ist.

Das Stillstellen der Operation dieses Mechanismus und die Substitution durch einen operierenden Ersatzmechanismus ist eine weitere grundlegende Komponente der Verdrängung. Hier handelt es sich um einen Umbau des Unbewussten: Ein verlaufsunbewusster Mechanismus wird durch einen anderen verlaufsunbewussten Mechanismus ersetzt.

Zugleich ist es ein weiterer wesentlicher Aspekt der Verdrängung bewusster mentaler Zustände aus dem Geist in das Unbewusste, dass die verdrängten mentalen Zustände ihre rationale Organisation im Rahmen des Geistes durch den Übergang in das Unbewusste verlieren und auf eine lediglich funktionale Organisation, angereichert durch Prinzipien archaischer Rationalität, absinken.

Fassen wir diese Überlegungen zum Unbewussten in einem Schema zusammen:

Das Unbewusste (die unbewusste Seele)

1. Nicht-mentale Steuerungselemente mentaler Zustände und Prozesse
   1.1 Neuronale Aktivitäten des Gehirns
   1.2 Algorithmische Programme, die in neuronalen Aktivitäten des Gehirns realisiert werden
   1.3 Körperschemata
2. Das mentale Unbewusste: allgemeine Kennzeichnung und Klassifikation
   2.1 Komponenten: Mentale Zustände, Prozesse und Mechanismen
   2.2 Formen: Mentale Zustände, Prozesse und Mechanismen, denen das phänomenale Bewusstsein oder das Monitorbewusstsein oder das Ich-Bewusstsein oder das Zugangsbewusstsein fehlt
   2.3 Bereiche: das nicht-verdrängte Unbewusste, das verdrängte Unbewusste und das abrufbare Zugangs-Unbewusste
3. Das nicht-verdrängte, dauerhafte mentale Unbewusste
   3.1 Metamechanismen, die über anderen Mechanismen operieren (von Geburt an vorhanden): Reizgeneralisierung, Verdrängung, Produktion von Ersatzmechanismen
   3.2 Mechanismen, deren Ablauf, Struktur und Funktion unbewusst sind, deren evaluative Komponente jedoch phänomenal bewusst ist (von Geburt an vorhanden): Motivationssysteme (Gefühle)
   3.3 Mechanismen und kognitive Einstellungen, die im Verlauf der frühkindlichen Lerngeschichte und Sozialisation formiert werden: z. B. soziale Emotionen, Strukturen von Objektbeziehungen, Weltbilder, Bilder vom eigenen Selbst
   3.4 Archaische Rationalität und phänomenales Ich-Bewusstsein
4. Das dauerhaft verdrängte mentale Unbewusste
   4.1 Gefühlsmechanismen, deren Dysfunktionalität unerträglich ist, deren phänomenales Bewusstsein daher eliminiert wurde und deren Operationsdisposition stillgelegt wurde
   4.2 Verlaufsunbewusste Ersatzmechanismen, substituiert für die unter 4.1 genannten Mechanismen
   4.3 Negative Selbstbilder, die bewusst unerträglich wären
5. Das abrufbare Zugangs-Unbewusste
   5.1 Mentale Zustände, die durch Speicherung im Gedächtnis vorübergehend phänomenal unbewusst und monitorunbewusst sind, aber als einzelne mentale Zustände bei Bedarf aus dem Gedächtnis abrufbar sind
   5.2 Mentale Zustände, die durch Speicherung im Gedächtnis vorübergehend phänomenal unbewusst und monitorunbewusst sind, aber als Prämissen zur Begründung von Meinungen, Absichten oder Gefühlen bei Bedarf aus dem Gedächtnis abrufbar sind[46]

Diese Theorie des Unbewussten geht also davon aus, dass das mentale Unbewusste aus repräsentationalen mentalen Zuständen und Mechanismen besteht, wie sie in der Theorie des Geistes konzeptualisiert werden, das heißt aus Gehirnzuständen, die Funktionalität und einen semantischen Gehalt aufweisen. Doch sind diese Zustände meist monitorunbewusst, ich-unbewusst und vor allem zugangsunbewusst, oft auch phänomenal unbewusst.

Wie bereits deutlich geworden sein dürfte, ist das Design des mentalen Unbewussten im Wesentlichen dadurch bestimmt, dass unbewusste repräsentationale Zustände

a) funktional organisiert sind,
b) eine nicht-sprachliche Form aufweisen,
c) nicht überwiegend rational im Sinne moderner Rationalitätsstandards organisiert sind,
d) nicht mehr auf rational strukturierte semantische Netzwerke, sondern auf die Funktionalität der unbewussten mentalen Zustände zurückgehen,[47] aber zugleich
e) Formen archaischer Rationalität involvieren.

Das Erfassen unbewusster Zustände lässt sich daher nicht mehr eindeutig bestimmen, da sich dieser Prozess danach richtet, auf welche Teile des Unbewussten zugegriffen werden soll. Eine genauere Erörterung der Frage nach der Rolle der Hermeneutik des Unbewussten soll daher auf den dritten Teil dieses Buches verschoben werden, in dem es um die Skizze der Formen therapeutischer Verfahren im Rahmen des funktionalistischen Bildes geht. Im Ganzen wird durch die skizzierte Theorie des Unbewussten die Auffassung bestätigt, dass

> »nicht nur in der Psychoanalyse […], sondern auch in der kognitiven […] Psychologie und in den Kognitionswissenschaften nunmehr ein breiter Konsens darüber [besteht], dass die Mehrzahl seelischer Prozesse in jedem von uns, nicht nur bei psychisch kranken Menschen, unbewusst abläuft« (Mertens, 2010, S. 39).

Der Geist (wie in Kapitel 5 skizziert), insbesondere die Motivationssysteme (wie in Kapitel 6 skizziert) und das Unbewusste (wie im vorliegenden Kapitel 7 skizziert) machen *das Seelenmodell des funktionalistischen Modells der Psychoanalyse* aus.

Dritter Teil
Die psychoanalytische Therapie und die Rolle der Hermeneutik

8. Freuds analytische Technik neu gelesen

Im zweiten Teil dieses Buches ist eine Metapsychologie der Psychoanalyse skizziert worden, die sich der Terminologie und der Einsichten der modernen Theorie des Geistes bedient, aber auch auf das evolutionstheoretische und rationalistische Paradigma der Psychoanalyse zurückgreift. Ein Schwerpunkt der Überlegungen war die Rolle der sozialen Kognition (also hermeneutischer Verfahren) in der Psychoanalyse. Im dritten und letzten Teil dieses Essays wird, wie oben angekündigt, aus der Perspektive der funktionalistischen Rekonstruktion der Metapsychologie ein Blick auf Formen psychoanalytischer Therapie geworfen, zunächst anhand minutiöser Analysen einiger konkreter Fälle, die in Gestalt von detaillierten Vignetten publiziert worden sind. Dabei soll vor allem geprüft werden, welche Rolle, wenn überhaupt, die soziale Kognition in der psychoanalytischen Therapie spielen kann. In dem vorliegenden 8. Kapitel werden wir dazu einen Blick zurück auf Freud werfen, der sich als überraschend hilfreich erweist (vgl. auch Detel, 2017).

8.1 Vignette 1

Der Fall (Freud, 1917a, 3. Teil, Kap. 16):

Eine 53-jährige »wohlerhaltene« Dame berichtet, sie lebe nach einer Liebesheirat ohne irgendeine Trübung in glücklicher Ehe mit einem Fabrikbesitzer. Ein Jahr vor der Konsultation kam es jedoch zu Ereignissen, die ihr Glück zerstörten. Sie schenkte einem Brief, der ihren stets treuen Mann des Liebesverhältnisses mit einem jungen Mädchen bezichtigte, sofort und uneingeschränkt Glauben, obgleich sie aufgrund zahlreicher Indizien sicher war, dass die Autorin dieses Briefes gelogen hatte (zuvor hatte sie der Autorin gegenüber beiläufig bemerkt, dass es für sie das Schrecklichste wäre, wenn ihr guter Mann ein

Verhältnis mit einer anderen Frau hätte). Dennoch geriet sie in helle Aufregung und machte ihrem Mann heftige Vorwürfe, die dieser lachend zurückwies. Zwar hatte sie sich danach etwas beruhigt, doch jede Erwähnung des bezichtigten Fräuleins oder eine flüchtige Begegnung mit ihr provozierte einen neuen schrecklichen Anfall von Misstrauen, Schmerz und Vorwürfen.

Freud weist in seiner Psychoanalyse dieses Falls zunächst darauf hin, dass die Eifersuchtsanfälle der Frau für sie selbst schweres Leid bedeuten und zugleich sowohl »ihr selbst unverständlich« als auch aus der BeobachterInnenperspektive den »logischen und aus der Realität geschöpften Argumenten unzugänglich« und somit »unsinnig und unbegreiflich sind.« Aus Indizien der schon nach zwei Sitzungen von der Patientin abgebrochenen Konsultation ergab sich, dass die Patientin sich von ihrem Ehemann sexuell nicht befriedigt fühlte und mit ihrer Bemerkung gegenüber der Autorin des Briefes die Anschuldigung sogar geradezu provoziert hatte. Tatsächlich war die Patientin in ihren jungen feschen Schwiegersohn verliebt – eine soziale »Unmöglichkeit« und »Ungeheuerlichkeit«, wie Freud bemerkt, die daher nicht bewusst werden konnte, aber aus dem Unbewussten heraus »schweren Druck« ausübte. Wenn ihr Mann jedoch ein Liebesverhältnis zu einem jungen Mädchen unterhielte, so wäre seine Untreue ein »kühlendes Pflaster auf ihre[r] brennende[n] Wunde« und würde sie vom »Gewissensdruck der Untreue entlasten«. Darum hat die Patientin – in Gestalt einer »Verschiebung« – eine neurotische Wahnidee von der Untreue ihres Mannes entwickelt, gegen die alle logischen Argumente unwirksam sein müssen.

In einer Reflexion auf diese Hypothese bezeichnet Freud die skizzierte Analyse als ein »Einfühlen« des Analytikers in das Seelenleben der Patientin. Am Ende der Analyse steht die Einsicht, dass »die Wahnidee nichts Unsinniges und Unverständliches mehr ist«, sondern »sinnreich, gut motiviert [ist und] in den Zusammenhang eines affektvollen Erlebnisses der Kranken gehört«. Außerdem sei sie aber, so Freud, als »etwas Erwünschtes, eine Art von Tröstung [...] notwendig als Reaktion auf einen [...] unbewussten seelischen Vorgang«.

Diese Bemerkungen sind mehr als aufschlussreich. Es scheint klar zu sein, dass Freud mit seinen Hinweisen auf den schweren Druck und die soziale Ungeheuerlichkeit der Verliebtheit einer älteren Frau in einen jungen attraktiven Mann (der obendrein mit ihrer Tochter liiert ist) sowie die Entlastung dieser seelischen Situation durch den neurotischen Eifersuchtswahn auf einen funktionalen Zusammenhang hinweist: auf die *Entlastungsfunktion* der Neurose, die entscheidend dazu beitrage, das seelische Gleichgewicht der Patientin zu bewahren. Diese Hinweise können wir zwanglos in funktional-mechanistischen Begriffen reformulieren. Die Gefühlslage der Patientin würde normalerweise einen sexuellen Teasing-Mechanismus ihrem Schwiegersohn gegenüber in Gang setzen, der jedoch durch das Bewusstsein von den desaströsen sozialen Konsequenzen außer Kraft gesetzt werden muss, um das seelische Gleichgewicht und die soziale Anerkennung der Patientin zu bewahren. Dies geschieht durch den daraufhin einsetzenden, in derartigen Situationen typischen Scham-Mechanismus und die Etablierung eines Ersatzmechanismus, der von Auslösereizen, die mit dem bezichtigten Fräulein konturähnlich sind (z. B. die Erwähnung), über die Reizgeneralisierung zu der Wahnidee führt, ihr Ehemann sei ihr untreu, die ihrerseits zu wiederholten heftigen Anschuldigungen dem Ehemann gegenüber und somit zu einer seelischen Entlastung der Patientin führt.

Ferner ist auffällig, wie nachdrücklich Freud die *logischen und rationalen Aspekte* dieses Falls betont. Geradezu faszinierend ist, dass er zwar klarstellt, dass der neurotische Eifersuchtswahn als Form eines Wunschdenkens inkonsistent mit den bewussten seelischen Zuständen der Patientin und ebenso inkonsistent mit den geltenden Rationalitätsstandards ist, dass diese Neurose aber gleichwohl aufgrund ihrer aufgedeckten Genese in sich selbst »sinnvoll« und gut »motiviert« ist und somit eine gewisse *Kohärenz innerhalb der Neurose* aufweist. Und diese Struktur ermöglicht offenbar für Freud die »Einfühlung« in die Patientin und macht ihm ihre Neurose *verständlich*. Aus funktionalistischer Sicht kann man noch hinzufügen, dass der skizzierte wahnhafte Ersatzmechanismus von der Patientin offenbar als günstiger evaluiert wird als die Vermeidung seiner Nachteile und dass sie deshalb an diesem symptomatischen Verhalten festhält. Denn der Ersatzmechanismus erleichtert es der Patientin, sich ihre sexuellen Wünsche gegenüber ihrem Schwiegersohn zumindest leichter zuzuschreiben und auf diese Weise die Funktion des ursprünglichen Teasing-Mechanismus wenigstens partiell zu erfüllen – das ist es gerade, was ein guter symptomatischer Ersatzmechanismus leisten soll. Und darum hält die Patientin – man ist versucht zu sagen: vernünftigerweise und verständlicherweise – an ihrem symptomatischen Ersatzmechanismus fest. So betrachtet *instanziiert das symptomatische Verhalten dieser Patientin die Struktur der instrumentellen Rationalität.*

Neurosen weisen für Freud also offenbar sowohl eine *Funktion,* eine *Irrationalität* (gemessen an modernen Rationalitätsstandards) als auch eine intrinsische *neurotische Rationalität* auf. Das heißt, dass das symptomatische Verhalten für Freud

a) funktional und evolutionstheoretisch erklärbar ist (und zwar auf der Ebene kulturell selektierter Motivationssysteme),
b) im Rahmen der sozialen Umwelt der Patientin und den geltenden modernen Rationalitätsstandards als irrational angesehen werden muss,
c) gleichwohl jedoch eine innere Kohärenz und Rationalität aufweist, in welche die Wahnidee (eine Form des archaischen Wunschdenkens) und ihr Verhalten gut einbettet werden können, und somit

d) vom Analytiker insofern verstanden werden kann, als es vom ihm sowohl funktional erklärt als auch nachgefühlt werden kann.

Es dürfte deutlich geworden sein, dass sich Freuds eigene Psychoanalyse dieses Falls problemlos mithilfe des theoretischen Instrumentariums der funktionalistischen Psychoanalyse reformulieren lässt. Der hermeneutisch überaus interessante (und wohl auch überraschende) Aspekt ist, dass Freud hier von einem genuinen Verstehen von Neurosen spricht, welches er an ihre Funktionalität und intrinsische Rationalität bindet, wie es der modernen Hermeneutik entspricht. Besonders aufschlussreich ist, wie sich nach Freud die Parameter von Rationalität und Irrationalität in dieser Neurose auf eine eigentümliche und komplexe Art verschränken. Die Rationalität innerhalb der irrationalen Neurose scheint von zweifacher Art zu sein: Die Neurose ist intrinsisch kohärent und archaisch-rational und exemplifiziert damit eine instrumentelle Rationalität. Es ist insgesamt mehr als klar, dass Freuds konkrete psychoanalytische Technik zumindest in diesem Fall seiner szientistischen Metapsychologie eklatant widerspricht.

8.2 Vignette 2

Der Fall (Freud, 1917a, 3. Teil Kap. 17):

Eine etwa 30-jährige Frau, die schon lange von ihrem Ehemann getrennt lebt, läuft jeden Tag obsessiv in ein Zimmer neben ihrem Schlafzimmer, nimmt dort eine bestimmte Position neben einem Tisch ein, läutet nach der Magd, rennt dann zurück in ihr Schlafzimmer und gießt eine Portion roter Tinte auf eine bestimmte Stelle ihres Bettlakens. Dieses Verhalten ist der Patientin zu Beginn der Psychoanalyse ebenso fremd und unerklärlich wie dem Psychoanalytiker Freud. Im Verlauf der Analyse zeigt sich, dass dieses Verhalten auf eine traumatische Erfahrung Jahre zuvor zurückgeht, nämlich auf die Impotenz ihres Ehemannes während der Hochzeitsnacht. Er war aus seinem Schlafzimmer viele Male in ihr Schlafzimmer gekommen, um mit ihr sexuell zu verkehren, doch jedes Mal erfolglos. Am nächsten Morgen artikulierte er seiner Angetrauten gegenüber extreme Scham vor der Magd, wenn sie in Kürze das Bett machen komme, nahm etwas rote Tinte und goss sie eilig auf das Bettlaken – jedoch nicht an die Stelle, wo man (und insbesondere die Magd) den Blutfleck nach einer Defloration erwarten musste.

Freud stellt in seiner Psychoanalyse zu diesem Fall zunächst fest, dass das symptomatische Verhalten der Frau eine korrektive Handlung ist, und zwar in zweierlei Hinsicht: Einerseits wiederhole es die damalige Handlung des Ehemanns nicht nur, sondern korrigiere sie auch in Hinsicht auf die richtige Position der Tinte, andererseits korrigiere es auch die Impotenz des Ehemanns. Wir können diesem Verhalten durchaus die unbewusste Absicht zuschreiben, diese doppelte Korrektur vorzunehmen, und insofern das Verhalten als Handlung bezeichnen. Das mit dieser Absicht verbundene symptomatische Verhalten ist mit der extremen Scham über das Versagen des Ehemanns und der Angst vor der Entdeckung durch die Magd verbunden und suggeriert imaginär die Erfüllung des daraus resultierenden Wunsches, der Ehemann möge nicht versagt haben oder zumindest die Magd möge nicht in der Lage gewesen sein, das Versagen zu entdecken.

Freuds Reflexion auf diese Analyse fällt nicht so ausführlich aus wie im Fall der Neurose 1. Immerhin bemerkt er die »Merkwürdigkeit« der Zwangshandlung, also ihre Inkonsistenz mit dem gewöhnlichen rationalen Denken, Fühlen und Handeln – oder vielleicht genauer: ihre logisch-rationale Beziehungslosigkeit im Rahmen der Seele und Handlungen der Patientin. Und er weist darauf hin, dass diese Zwangsneurose ein Wunschdenken involviert: nämlich die Vorstellung eines Wunsches, der durch Zwangshandlung als erfüllt dargestellt wird. Darüber hinaus ist, wie Freud bemerkt, auch die Verwendung von Symbolen mit im Spiel (Tisch als Symbol für Bett, Tischdecke als Symbol für Betttuch, Tisch und Bett als Symbole für die Ehe).

Wenn wir diese Hinweise mechanistisch und funktionalistisch ausbuchstabieren, müssen wir erneut mit dem sexuellen Teasing-Mechanismus beginnen, der nun aber, im Gegensatz zum vorherigen Fall, nicht sozial problematisch, sondern in einer Hochzeitsnacht ganz im Gegenteil den sozial erwarteten Reproduktionsmechanismus darstellt. Seine Dysfunktionalität involviert daher eine besonders dramatische und unerträgliche Verletzung. Die Überprüfbarkeit des Geschehens durch die Magd setzt den Scham-Mechanismus in Gang. Die Scham ist eine typisch soziale Emotion. Sie wird normalerweise in Situationen ausgelöst, in denen eine Person sozial inakzeptable Verhaltensweisen oder Wünsche manifestiert. Die Scham ist eine negative Selbstbewertung sozial inakzeptabler Handlungen oder Wünsche, begleitet und intensiviert vom Bewusstsein, dass die soziale Umgebung dieselbe negative Bewertung vornimmt. Unter diesen typischen Umständen hat die Scham die eingespielte Funktion, eine Selbstbestrafung vorzunehmen, die negative externe Bewertung abzumildern und von den inakzeptablen Wünschen oder Verhaltensweisen abzulassen. Damit trägt die Scham zur Erfüllung des Bedürfnisses nach sozialem Konformismus und sozialer Akzeptanz bei.

In unserem Fall hat der Ehemann auf den ersten Blick vielleicht mehr Anlass zur Scham als die Patientin, doch wird auch in der Ehefrau direkt ein Scham-Mechanismus aktiv (der nicht im Reich der Gründe operiert), der von einer mangelnden sexuellen Attraktivität der Ehefrau für ihren Mann ausgeht (wenn auch von außen gesehen unbegründet). Doch in diesem Fall kann der Scham-Mechanismus die eingetretene Frustration der Ehefrau nicht abbauen, weil sie keine Möglichkeit einer Selbstbestrafung zur Verfügung hat. Der Scham-Mechanismus ist also ebenfalls dysfunktional und wird daher durch einen extrem starken symptomatischen Ersatzmechanismus substituiert, der das gesamte Geschehen ungeschehen macht und somit korrigiert. Damit kann der Ersatzmechanismus die Dysfunktionalität des Teasing-Mechanismus *und* des Scham-Mechanismus aufheben und die Funktionen dieser beiden Mechanismen stellvertretend erfüllen. Erneut ist damit eine funktionale Erklärung des symptomatischen Verhaltens geliefert.

Doch der Ersatzmechanismus involviert wie immer einen hohen Preis. Denn zum einen enthält er vergleichsweise viele Bestandteile: das Laufen aus dem Schlafzimmer ins Nebenzimmer, die Positionierung neben dem Tisch, das Läuten nach der Magd, die Rückkehr in das Schlafzimmer, das Vergießen roter Tinte an der richtigen Stelle. Zum anderen braucht der Ersatzmechanismus keinen Auslösereiz, sondern stellt sich immer wieder von selbst ein. Beides zusammen lässt ihn besonders bizarr und irrational wirken. Vor allem aber involviert er die Akzeptanz magischen Handelns. Daher ist es wichtig, sich das magische Handeln zumindest schematisch etwas genauer vor Augen zu führen (vgl. auch Abschnitt 4.2):

Magisches Handeln MH:
1) Meinung, dass X Symbol für Y ist
2) Wunsch, an Y Handlung H zu vollziehen
3) Generelle magische Prämisse: Wenn X Symbol für Y ist, dann gilt: a) X und Y sind aufs engste miteinander verbunden; b) speziell: Y existiert nicht ohne X.

Es folgt:
4) Wenn Handlung H an X vollzogen wird, so wird H auch an Y vollzogen.
5) Zur Erfüllung von Wunsch (2) reicht es, H an X zu vollziehen.
6) Insbesondere: Zur Entfernung von Y reicht es, X zu entfernen.

Zwar ist die magische Prämisse 3) aus heutiger Sicht rational inakzeptabel,[48] doch *wenn* man 1) bis 3) akzeptiert, folgt daraus logisch 4) bis 6). Das heißt, MH – also der Übergang von 1), 2) und (3) zu 4), 5) und 6) – stellt eine rationale Erklärung dar, *wenn* man 3) akzeptiert.

Wenn wir die schon von Freud erwähnten Symbole in Betracht ziehen (Tisch als Symbol für Bett, Tischdecke als Symbol für Betttuch, Tisch und Bett als Symbole für die Ehe, rote Tinte als Symbol für Blut, das Herbeiläuten der Magd als Symbol für die Überprüfung des Geschehens durch die Magd), dann ist klar, *dass der symptomatische Ersatzmechanismus die Korrektur des Geschehens magisch vollzieht* und daher auf magische Weise die Funktion des ursprünglichen

Teasing-Mechanismus voll übernimmt. Zugleich lässt sich das symptomatische Verhalten der Ehefrau intrinsisch rational erklären und somit genuin interpretieren, *wenn* man die archaische Prämisse über die Wirksamkeit des magischen Handelns akzeptiert. Weil diese Akzeptanz allerdings heutigen Rationalitätsmaßstäben nicht entspricht, handelt es sich um eine eingeschränkte archaische Rationalität. Demnach liegt hier erneut eine Verschränkung von Funktionalität, Irrationalität und archaischer Rationalität vor, die der Analytikerin und dem Analytiker den Spielraum für funktionale *und* rationale Erklärungen eröffnet.

8.3 Vignette 3

Der Fall (Freud, 1917a, 3. Teil, Kap. 17) – eine besonders komplexere Zwangsneurose, die vollständig austherapiert wurde:

Die Patientin P, eine 19-jährige junge Frau, vollzieht jeden Abend ein kompliziertes Schlafzeremoniell, dessen Komponenten sie ca. zwei ermüdende Stunden lang immer wieder überprüfen muss. Im Einzelnen besteht das Schlafzeremoniell Z aus folgenden Schritten:

Zeremoniell Z:

a) Große Uhr anhalten, alle anderen Uhren aus dem Zimmer entfernen
b) Blumentöpfe und Vasen auf der Mitte des Tisches zusammenstellen, damit sie nicht herunterfallen und zerbrechen können
c) Tür zwischen elterlichem und eigenem Zimmer halb offenhalten, unter Störung des Schlafes der Eltern
d) Zwischen großem Bettkissen und Rückwand des Bettes einen Zwischenraum herstellen
e) Kleines Kopfkissen auf großem Kopfkissen in Form einer Raute platzieren
f) Federdecke schütteln, bis sich Polster am Deckenende bildet, dann Polster wieder glattstreichen

In seiner Psychoanalyse dieses Falls versieht Freud bereits die Darstellung des Falles mit aufschlussreichen Kommentaren. Er bemerkt, dass sich Schlafzeremonielle gesunder Menschen »rationell« begründen lassen – als überschaubare Maßnahmen, die das Einschlafen fördern. Das Zeremoniell Z dagegen geht, so Freud, teils weit über eine »rationelle Begründung« hinaus, teils widerspricht es einer solchen Begründung sogar direkt. Dennoch bringt P zunächst eine »rationelle Begründung« für Z vor: Sie müsse alle Geräuschquellen aus ihrem Schlafzimmer entfernen, da sie für das Einschlafen absolute Ruhe brauche. Gleichzeitig »weiß sie«, dass diese Begründung auf die kleine Armbanduhr, deren Ticken man nicht hört, nicht zutrifft, und dass das Offenhalten der Tür zwischen den Schlafzimmern sogar zusätzliche Geräuschquellen aktiviert und somit der vorgeschobenen Begründung »direkt widerspricht.« Und sie gibt auch zu, dass die Wahrscheinlichkeit, dass Vasen und Blumentöpfe von ihren ursprünglichen Standorten aus allein zu Boden fallen und zerbrechen, extrem gering ist. Die Komponenten d) bis f) schließlich sind sowohl für P als auch für Freud als Analytiker zunächst völlig rätselhaft, denn sie lassen sich weder mit der Realität noch mit den übrigen Gedanken und Handlungen der Patientin in irgendeinen Zusammenhang bringen und stehen logisch isoliert da.

Ersichtlich konzentrieren sich diese Kommentare auf das Problem von Rationalität und Irrationalität, aber hier in einer komplexen, mehrschichtigen Form. Wie die Scheinrationalisierung von P zeigt, ist Z zweifellos weitgehend inkonsistent mit normalen Erwartungen, Absichten und Handlungen von Routinen, die das Einschlafen fördern, ja es hindert im Gegenteil nicht nur die Eltern, sondern auch P selbst über lange Zeit am Einschlafen. Darüber hinaus ist Z jedoch in sich widersprüchlich: Einige seiner Komponenten sind inkonsistent mit anderen Komponenten. Und schließlich ist Z auch insofern irrational, als P weiß und explizit artikuliert, dass Z irrational ist (wobei sie offenbar die üblichen Rationalitätsstandards voraussetzt und akzeptiert) und Z trotzdem vollzieht, ja vollziehen muss – Z weiß sich, wie Freud schreibt, »unter größten Opfern unnachgiebig durchzusetzen«.

In der Analyse zeigt sich, dass Z von einer Reihe magischer Auffassungen und Handlungen durchsetzt ist. Dabei weist Freud nach, dass Z durch mehrere Deutungen erklärt werden muss:

E1 – Erklärung von Z a):

1) Die Uhr ist Symbol für weibliche Genitalien, das Ticken der Uhr ist Symbol für eine pulsierende Klitoris.
2) Frühere Erfahrungen des Pulsierens der eigenen Klitoris nach Erwachen aus dem Schlaf waren für P, wie sie berichtet, unerträglich und extrem peinlich.
3) P will pulsierende Klitoris von sich fernhalten.
4) Magisches Handeln MH* spezialisiert auf Punkt 1): Das Einwirken auf das Ticken der Uhr ist zugleich ein Einwirken auf die pulsierende Klitoris.
5) Für die Erfüllung von Wunsch 3) reicht es, beim Einschlafen (tickende) Uhren zu entfernen.
6) P entfernt die (tickenden) Uhren.

Wenn man die magische Prämisse und Folgerung MH akzeptiert, dann stellt E1 eine perfekte rationale Erklärung von 6) dar, denn aus 1) und 2) folgt rational 3), aus 3) und 4) folgt rational 5), und aus 5) folgt rational 6). E1 erklärt im Übrigen das ansonsten rätselhafte Entfernen auch aller anderen unhörbar tickenden Uhren.

E2 – Erklärung von Z b):

1) Vasen und Blumentöpfe sind Symbole für weibliche Genitalien.
2) Das Zerschlagen von Vasen und Blumentöpfen ist Symbol für die Zerschlagung der Jungfräulichkeit, also für die (blutige) Defloration.
3) Erlebnis der Patientin: Ein an einer Vasenscherbe geritzter Finger blutete stark.
4) P will nicht heiraten, hat Angst vor einer Heirat und daher auch vor der Defloration.
5) MH, spezialisiert auf Punkt 1) und 2): Das Einwirken auf das Zerschlagen von Vasen und Blumentöpfen ist zugleich ein Einwirken auf die blutige Defloration.
6) Für die Erfüllung von Wunsch 4) reicht es, das Zerschlagen oder Zerbrechen der Vasen und Blumentöpfe zu verhindern.
7) P stellt die Blumentöpfe und Vasen in der Tischmitte zusammen.

Erklärung E2 hat dieselbe rationale Struktur wie E1.

E3 – Erklärung von Z c) bis f):

1) P hat eine unbewusste erotische Bindung an ihren Vater und will daher nicht heiraten (hat Angst vor der Heirat).
2) P ist unbewusst eifersüchtig auf ihre Mutter und auf potenzielle weitere Kinder.
3) P will unbewusst ihre Eltern separieren, am Geschlechtsverkehr hindern und die Geburt von Geschwistern verhindern.
4) P meint unbewusst, dafür sei eine offene Tür zwischen den Schlafzimmern förderlich [= Z c)].
5) P sorgt für die offene Tür zwischen den Schlafzimmern.
6) Ein Kissen ist ein Symbol für Frau, (aufrechte) Holzwand ist ein Symbol für Mann.
7) Trennung von Kissen und Holzwand ist Symbol für Trennung von Frau und Mann, speziell für Trennung von Vater und Mutter.
8) MH spezialisiert auf 6) und 7): Zur Erfüllung von Wunsch 3) reicht eine Trennung von Kissen und Holzwand im eigenen Bett.
9) P sorgt für Trennung von Kissen und Holzwand im eigenen Bett [= Z d)].
10) Raute ist Symbol für Weiblichkeit.
11) Zur Erfüllung von Wunsch 3) will sich die die Patientin unbewusst stellvertretend für den Vater in der Mutter einnisten.

12) MH spezialisiert auf 6) und 10): Zur Erfüllung von Wunsch 11) – also auch von Wunsch 3) – reicht es, das kleine Kissen rautenförmig auf das große Kissen zu legen.
13) P legt das kleine Kissen rautenförmig auf das große Kissen [= Z e)].
14) Bauchiges Federbett ist Symbol für Schwangerschaft.
15) Wegstreichen des Federbett-Bauchs ist Symbol für Verhinderung der Schwangerschaft.
16) MH spezialisiert auf 14) und 15): Zur Erfüllung von Wunsch 2) reicht es, das Federbett aufzubauschen und den Bauch anschließend wegzustreichen.
17) P bauscht Federbett auf und streicht den Bauch anschließend weg [= Z f)].

In dieser komplexen Analyse wird gezeigt, dass sich die vier symptomatischen Verhaltensweisen Z c) bis f) sämtlich aufgrund der grundlegenden Prämisse 1) erklären lassen – und zwar wiederum auf perfekt rationale Weise innerhalb der Neurose, wenn man die Ansichten über magisches Handeln akzeptiert. Im Einzelnen gelten nämlich in E3 folgende rationale Erklärungen: 1) → 2); 2) → 3); 3), 4) → 5); 3), 6), 7), 8) → 9); 3), 10) → 11); 3), 11), 12) → 13); 2), 14), 15), 16) → 17).

Die funktionale Ebene ist ebenfalls bei diesem Erklärungsansatz mit im Spiel, wird aber von Freud nur dezent artikuliert. Es gibt in diesem Fall insgesamt drei verschiedene Situationen, die der Patientin extrem unangenehm und unerträglich sind bzw. bei ihrem Eintritt wären und die daher ihr seelisches Gleichgewicht gefährden (würden):

a) das Pulsieren ihrer Klitoris (»peinlich«)
b) der »ganze Komplex«, der mit der »Virginität und dem Bluten beim ersten Verkehr zusammenhängt«
c) der sexuelle Verkehr der Eltern sowie damit zusammenhängend die Geburt von Geschwistern

Diese drei unterschiedlichen Unerträglichkeiten (Traumata) versucht sie mit einem einzigen symptomatischen Schlafzeremoniell zu deckeln, das dann natürlich entsprechend komplex sein muss. Dabei erweist sich aber c) als stärkste Unerträglichkeit, weil die Patientin innerhalb von Z gleich vier verschiedene symptomatische Einzelhandlungen vollzieht, um c) zu verhindern. Die drei Traumata sind zugleich nicht nur durch den gemeinsamen Topos »Sexualität« miteinander verbunden, sondern auch dadurch, dass sie aus einer gemeinsamen Prämisse folgen, die von Freud explizit benannt wird – nämlich daraus, dass die Patientin eine erotische Bindung an den Vater hat, die über eine Jungmädchenverliebtheit weit hinausgeht, und dass sie daher nicht heiraten will und auf ihre Mutter eifersüchtig ist.

In dieser Fallvignette ist die archaische Rationalität, die in die neurotische Irrationalität eingebaut ist, besonders deutlich sichtbar. Denn der Ersatzmechanismus, also das symptomatische Schlafzeremoniell, besteht zum großen Teil aus magischen Handlungen. Der Glaube an die Wirksamkeit magischen Handelns ist aber in allen bekannten archaischen Gesellschaften belegt, und wenn man diesen Glauben als Prämisse investiert, lässt sich das symptomatische Schlafzeremoniell rational erklären, obwohl es nach modernen Rationalitätsstandards irrational ist. Auch in diesem Fall weist Freud selbst auf diese Verschränkung von Rationalität und Irrationalität hin und bindet das Verstehen des symptomatischen Verhaltens genau an diese Verschränkung. Zugleich ist aber, wie wir gesehen haben, auch die funktionale Dimension im Spiel. Es sind genau diese beiden Aspekte von Funktionalität und Rationalität, die in der Entwicklung der Psychoanalyse bis heute überwiegend unbeachtet geblieben sind, namentlich im gegenwärtig leitenden intersubjektiven Paradigma und selbst in der Therapie der Mentalisierung, während diese Parameter im rationalistischen und evolutionstheoretischen Paradigma, die bis heute eine untergeordnete Rolle spielen, eine dominante Position innehaben, allerdings verteilt auf zwei verschiedene Paradigmen.

Doch weist dieser komplizierte Fall und das entsprechend komplexe symptomatische Verhalten auch aus mechanistischer Hinsicht eine interessante Besonderheit auf. Wenn wir aus dieser Sicht auf die skizzierte explanatorische Rekonstruktion schauen, so wird deutlich, dass diese Erklärung auf mehrere Mechanismen zurückgreift: das sexuelle Teasing, den weiblichen Orgasmus und die Entjungferung. Das sexuelle Teasing, gedacht als Mechanismus, ist hier spezialisiert auf die inzestuöse und daher tabuisierte Tochter-Vater-Beziehung und involviert die eifersüchtige Trennung der Eltern und Verhinderung des sexuellen Verkehrs zwischen ihnen. Der weibliche Orgasmus ist bereits mit dem Scham-Mechanismus und die Entjungferung mit dem Ekel-Mechanismus besetzt. Alle drei Mechanismen werden also im Unbewussten der Patienten negativ besetzt. Aber während diese negative Besetzung im Fall einer erotischen Beziehung der Tochter zum Vater den Standards der sozialen Umgebung der Patientin entspricht, ist dies im Falle der anderen beiden Mechanismen nicht der Fall. Daher wählt die Patientin im Kontext ihrer Vaterbeziehung einen Ersatzmechanismus in Gestalt magischen Handelns, das die negative Besetzung aufhebt, in den anderen beiden Fällen jedoch Ersatzmechanismen in Gestalt magischen Handelns, die die negative Besetzung re-inszenieren. Und diese Situation führt zu dem interessanten Fall, dass sich die beteiligten Mechanismen zum Teil widersprechen, weil ihre Funktionen nicht gleichzeitig erfüllbar sind. Denn die funktionale Erfüllung des Teasing-Mechanismus gegenüber dem Vater involviert eigentlich auch die Erfüllung des Orgasmusmechanismus und gegebenenfalls auch des Entjungferungsmechanismus, deren Nicht-Erfüllung die Patientin jedoch magisch re-inszeniert. Die einzelnen magischen Teilhandlungen lassen sich demnach archaisch-rational interpretieren, der komplexe Ersatzmechanismus als Ganzer betrachtet ist jedoch inhärent widersprüchlich und demnach irrational.

***

Alle drei Vignetten Freuds bringen offensichtlich sexuelle Wünsche und Mechanismen ins Spiel: als ältere verheiratete Frau Sex mit dem attraktiven Schwiegersohn zu haben; einen potenten Ehemann zu haben, der die eigenen sexuellen Bedürfnisse befriedigen kann; als Tochter mit dem bewunderten Vater Sex zu haben. Zweifellos müssen wir diese Wünsche als archaisch, tiefsitzend und machtvoll betrachten. Doch während in der ersten und dritten Vignette die sexuellen Wünsche zum Teil sozial problematisch sind, ist es im zweiten Fall die Frustration des sexuellen Wunsches, die sozial peinlich ist. Das heißt, der zweite Fall und der dritte Fall entsprechen dem Schema des sozial gedeckelten Triebwunsches als Ursprung des symptomatischen Verhaltens in Hinsicht auf den Orgasmusmechanismus und den Entjungferungsmechanismus nicht. Und die auffällige Fokussierung auf sexuelle Mechanismen ist sicherlich eine Folge von sozialen Standards, die am Ende des 19. Jahrhunderts vor allem sexuelle Wünsche von Frauen der Oberschicht extrem unterdrückten.

Von grundlegender Bedeutung ist, dass das hier im Anschluss an Freuds exemplarische Analysen gezeichnete Bild die Annahme von funktionalen Zusammenhängen und von zwei Formen der Rationalität (Standardrationalität und neurotische Rationalität) involviert, die in der Erklärung symptomatischen Verhaltens eine Rolle spielen. Standardrationalität und neurotische Rationalität involvieren beide einen unbewussten Evaluationsmechanismus, der die instrumentelle Rationalität maximiert *(IR-Rechner)*. Und die rationalen Relationen zwischen einzelnen seelischen Komponenten haben dieselbe Struktur. Neurotische Rationalität überlappt sich mit der Standardrationalität.

Insgesamt ist deutlich geworden, dass die drei Fallvignetten Freuds der Sache nach funktionale Erklärungen seelischer Störungen präsentieren, die von genuinen Verstehensprozessen und rationalen Erklärungen durchwoben sind. Freuds analytische Technik scheint diesem Befund zufolge – im Gegensatz zu seiner offiziellen Metapsychologie – anti-szientistisch zu sein.

9. Analyse moderner Fälle

In diesem Kapitel sollen drei neuere Fälle seelischer Störungen analysiert werden, um die Gefahr zu vermeiden, dass der geplante Anwendungstest des funktionalistischen Modells der Psychoanalyse auf den Rahmen des triebtheoretischen Modells beschränkt bleibt. Es handelt sich genauer um eine allgemeine Diagnose und zwei Vignetten aus kürzlich durchgeführten Psychoanalysen.

9.1 Die posttraumatische Belastungsstörung

In diesem Abschnitt soll die gegenwärtige Diagnostik der posttraumatischen Belastungsstörung (= PTBS) analysiert werden, wie sie von der Charité online veröffentlicht worden ist:

> »[1.] Die Posttraumatische Belastungsstörung entsteht als eine verzögerte oder protrahierte Reaktion auf ein belastendes Ereignis oder eine Situation kürzerer oder längerer Dauer, mit außergewöhnlicher Bedrohung oder katastrophenartigem Ausmaß, die bei fast jedem eine tiefe Verzweiflung hervorrufen würde.
>
> [2.] Charakteristisch für die PTBS ist das ungewollte Wiedererleben von Aspekten des Traumas. Menschen mit einer PTBS haben dieselben sensorischen Reaktionen (z. B. Bilder, Körperempfindungen) wie während des traumatischen Erlebnisses. Situationen oder Personen, die an das Trauma erinnern, werden von den Betroffenen als extrem belastend erlebt und rufen starke körperliche und gefühlsmäßige Reaktionen hervor. Die Betroffenen versuchen, diese Erinnerungen zu vermeiden, indem sie nicht darüber sprechen, Erinnerungen an das Erlebnis aus dem Kopf drängen und Personen und Orte sowie Reize meiden, die sie an das Trauma erinnern könnten.
>
> [3.] Das emotionale Erleben von Personen mit PTBS ist häufig durch intensive Angst, Schuld, Scham, Traurigkeit, Ärger sowie emotionale Taubheit geprägt.

Einige der Betroffenen fühlen sich wie entfremdet von anderen Menschen und geben Kontakte auf, die ihnen vorher wichtig waren. Darüber hinaus zeigen die Betroffenen meist mehrere Symptome autonomer Übererregung, z. B. eine erhöhte Reaktionsbereitschaft, starke Schreckreaktionen, Reizbarkeit, Konzentrationsprobleme und Schlafstörungen.

[4.] Im Vergleich zu Unfällen oder Naturkatastrophen zieht die Erfahrung von menschlicher Gewalt (zum Beispiel durch sexuellen Missbrauch, Gewalterfahrung, Krieg, politische Verfolgung oder Folter) meist tiefgreifendere Folgen nach sich. Grausamkeiten, die von Menschen zugefügt wurden, lassen sich nicht mit dem bisherigen Weltmodell der Betroffenen vereinbaren. Es bleibt häufig ein tiefes Misstrauen anderen Menschen gegenüber, das unvereinbar ist mit dem Glauben an das Vorhandensein von Menschlichkeit. Oder es kommt dazu, dass die Betroffenen sich selbst abwerten, sich die Schuld an dem Erlebten geben und möglicherweise sogar Gefühle von Selbsthass entwickeln.

[5.] Eine Posttraumatische Belastungsstörung entsteht weder aufgrund einer erhöhten psychischen Labilität, noch ist sie Ausdruck einer (psychischen) Erkrankung – auch psychisch gesunde und gefestigte Menschen können eine PTBS entwickeln. Sie stellt einen Versuch des Organismus dar, eine mögliche Existenzbedrohung zu überstehen.

[6.] Erfolgt jedoch keine zeitnahe Verarbeitung oder Behandlung existenziell bedrohlich erlebter Ereignisse, so werden diese nicht (wie normal) im deklarativen, autobiografischen Gedächtnis abgespeichert. Stattdessen bleiben einzelne Erinnerungsfragmente (Bilder, Körpergefühle, Emotionen etc.), die intrusiv und unkontrollierbar ins Bewusstsein dringen. Bei der PTBS ist also das Traumagedächtnis ungenügend in seiner Bedeutung verarbeitet und in den Kontext anderer autobiografischer Erfahrungen integriert. Somit ist der semantische Abrufweg relativ schwach, die Erinnerung ist nicht an einen zeitlichen Kontext gebunden (›Hier und Jetzt‹-Qualität) und wird leicht durch sogenannte ›Trigger‹ (Auslösereize) hervorgerufen«[49] (Einteilung in sechs Abschnitte von W. D.).

Dieser Text beschäftigt sich sowohl mit der Entstehung als auch mit der Symptomatik der PTBS. Allerdings oszilliert er unruhig zwischen diesen beiden Themen. Abschnitt 1 ist der Entstehung der PTBS gewidmet, die Abschnitte 2 und 3 beschäftigen sich mit der Symptomatik. Die Abschnitte 4, 5 und 6 kehren überwiegend zum Entstehen der PTBS zurück, die jeweils letzten Sätze der Abschnitte 4 und 5 beschreiben jedoch wieder die Symptomatik. Der Aufbau des Textes ist somit nicht gerade hilfreich.

Die Entstehung der PTBS wird in Abschnitt 1 extrem allgemein gekennzeichnet (»außergewöhnliche katastrophale Bedrohung«) und in Abschnitt 4 auf die Erfahrung extremer menschlicher Gewalt spezifiziert. Die emotionale Seite der Traumatisierung wird durch tiefe Verzweiflung und Inkonsistenz mit einem positiven Menschenbild beschrieben. Von Verdrängung oder Verschiebung der traumatischen Erfahrung in das Unbewusste scheint weder hier noch in den Abschnitten 5 und 6 die Rede zu sein. Möglicherweise wird die Verdrängung in das Unbewusste im Text implizit durch die negative Aussage angedeutet, dass die traumatische Erfahrung nicht im deklarativen Gedächtnis gespeichert wird. Aber das bleibt unklar. Das ist mehr als erstaunlich und sieht nach Übernahme der intersubjektiven Psychoanalyse aus, die ähnlich wie die Psychoanalyse im Hier und Jetzt fälschlicherweise jeden Rückgriff auf unbewusste Prozesse vermeidet.

Auch ist es befremdend, dass im Zusammenhang mit einer Traumatisierung von tiefer Verzweiflung und Inkonsistenz mit Menschenbildern die Rede ist, also von sehr hochstufigen Gefühlen. Wie wir in Kapitel 8 gesehen haben, besteht der Beginn einer Traumatisierung vielmehr darin, dass grundlegende seelische funktionale Mechanismen dysfunktional werden. Im Fall der PTBS ist es der grundlegende Sicherheitsmechanismus, der durch die Erfahrung extremer menschlicher Gewalt hochgradig frustriert wird. Diese Frustration führt unmittelbar zur Aktivierung des grundlegenden Angst- und Panikmechanismus. Angst und Panik sind in der Entstehung der PTBS die zentralen Emotionen. Und es darf keineswegs übergangen werden, dass die traumatische Erfahrung unerträglich ist und daher in das Unbewusste verschoben wird.

Der letzte Satz von Abschnitt 5 weist implizit auf die Funktionalität der PTBS hin (Versuche, eine Existenzbedrohung zu überstehen), ohne diesem Topos allerdings die genügende Aufmerksamkeit zu schenken. Dadurch kommt es zu einer verheerenden Aussage im ersten Satz von Abschnitt 5. Dort wird gesagt, dass die PTBS a) nicht ein Ausdruck einer psychischen Erkrankung ist, und zwar deshalb, weil die PTBS b) die Funktion hat, eine Existenzbedrohung zu überstehen und c) auch von psychisch gesunden und gefestigten Menschen entwickelt werden kann. Die Begründung c) ist offensichtlich absurd: Ob symptomatisches Verhalten krankhaft ist oder nicht, hängt gewiss nicht daran, ob die Betroffenen bereits eine psychische Labilität mitgebracht haben (ein empirisch ohnehin vages Kriterium). Die Begründung b) ist dagegen absolut korrekt – doch ist sie keineswegs auf die PTBS beschränkt. Vielmehr ist jeder symptomatische Ersatzmechanismus funktional, und daher folgt aus der Begründung b), dass kein symptomatisches Verhalten krankhaft ist, also seelische Störungen nicht als Krankheiten beschrieben werden sollten – und das ist in der Tat eine der allgemeinen Folgerungen aus dem funktionalistischen Modell der Psychoanalyse. Diese Folgerung wird freilich im zitierten Text komplett übersehen.

Abschnitt 6 beschäftigt sich zwar auch noch mit der Entstehung der PTBS, leitet aber auch schon zur Symptomatik über. Die Kernaussage ist, dass die PTBS als symptomatisches Verhalten dann entsteht, wenn die traumatische Erfahrung nicht zeitnah verarbeitet wird. Verarbeitung heißt in diesem Kontext, a) dass die Betroffenen es aushalten, sich mit ihrem Trauma monitorbewusst zu beschäftigen, b) dass sie ihre Stimmungsschwankungen registrieren können, die in der Folge des Traumas auftreten, c) dass sie gegebenenfalls Trauermechanismen entwickeln, und d) dass sie auf diese Weise das Trauma in ihrem zugangsbewussten deklarativen Gedächtnis speichern und damit ihre traumatische Erfahrung zu einem bewussten Bestandteil ihrer Lebensgeschichte machen können (vgl. z.B. http://psychotherapie-hegner.de/trauma-verarbeitung/ [05.02.2018]; Hantke, 1999).

Diese Erklärung ist jedoch genau genommen zirkulär und leer. Sie sagt nicht mehr als das Folgende: Lässt sich eine extreme Gewalterfahrung verarbeiten, so ist sie gerade nicht unerträglich, muss daher nicht in das Unbewusste verschoben werden und erzeugt kein Trauma mit symptomatischen Folgen. Kurz: Wenn die Gewalterfahrung bewusst und erträglich ist, ist sie nicht unerträglich und muss nicht unbewusst werden. Wenn die Gewalterfahrung nicht traumatisch ist, führt sie nicht zu posttraumatischen Belastungsstörungen. Erklärungen dieser Art sind mehr als überflüssig.

Mit dem Hinweis auf Erinnerungsfetzen und ihre Wirkung auf das Bewusstsein bewegt sich der Text auf die Symptomatik zu. Störend ist, dass der Terminus »Erinnerung« gewöhnlich ein bewusstes Gefühl bezeichnet, während das symptomatische Verhalten komplett durch unbewusste Mechanismen gesteuert wird. Die Erinnerungsfetzen sollen unkontrollierbar in das Bewusstsein dringen – von woher jedoch? Und warum unkontrollierbar? Zugleich ist – und zwar zu Recht – von »Auslösereizen« die Rede – doch was genau lösen diese Reize aus? Die Erklärung in Abschnitt 6 ist extrem unklar und lückenhaft formuliert.

Aus funktionalistischer und mechanistischer Sicht müssen wir diese Komponente der PTBS-Diagnostik drastisch reformulieren. Im Zuge der Traumatisierung werden Merkmale der traumatisierenden Situation im deklarativen Gedächtnis gespeichert. Das Postulat eines Traumagedächtnisses ist überflüssig. Vielmehr setzt an dieser Stelle die Reizgeneralisierung ein: Auf alle Trigger, die mit mindestens einem der gespeicherten Merkmale auch nur entfernte Ähnlichkeit haben, wird im Rahmen einer PTBS reagiert, und zwar nicht mit der Formierung eines Traumagedächtnisses, sondern eines funktionalen Ersatzmechanismus, der den ursprünglichen Sicherheitsmechanismus ersetzt und dessen Funktionen partiell erfüllt. Dies geschieht gerade deshalb, weil die traumatische Frustration des Sicherheitsmechanismus auf seiner phänomenal bewussten Ebene unerträglich ist und somit operativ stillgestellt werden muss. Die Relevanz der »Erinnerungsfetzen« steckt demnach in der Reizgeneralisierung, die Relevanz der Trigger in der Konturähnlichkeit späterer Situationen, Dinge oder Menschen.

Damit sind wir bei der Symptomatik der PTBS angelangt. In Abschnitt 2 des Textes wird dazu bemerkt, dass diese Symptomatik im Kern durch ein ungewolltes Wiedererleben von Aspekten des Traumas und dieselben sensorischen Reaktionen wie während des traumatischen Erlebnisses gekennzeichnet ist. Diese Kennzeichnung ist jedoch falsch. Ein Wiederleben ist ein bewusster Prozess. Die Auslösung des Ersatzmechanismus durch konturähnliche Trigger ist jedoch komplett unbewusst und wird daher als ungewollt empfunden. Außerdem handelt es sich in den meisten Fällen keineswegs um dieselben Reaktionen wie während der Traumatisierung, und nicht alle diese Reaktionen sind sensorisch. Vielmehr können die Ersatzmechanismen in vielen verschiedenen Formen auftreten, etwa – wie die oben analysierten Freud-Vignetten zeigen – als Imaginationen, Rationalisierungen oder magisches Denken und Handeln. Die Bedingung ist lediglich, dass die Ersatzmechanismen erkennbar die Funktionen des ursprünglichen, aber traumatisch frustrierten Sicherheitsmechanismus partiell erfüllen.

Eine empfindliche Lücke in der Darstellung der Symptomatik der PTBS ist ferner, dass die Dysfunktionalität und Irrationalität des Ersatzmechanismus relativ auf die sozialen Standards, unter denen die Betroffenen leben, mit keinem Wort erwähnt werden. Das ist umso bedauerlicher, als dieser Aspekt häufig eine zusätzliche Quelle des seelischen Leids darstellt. Obgleich nämlich der Ersatzmechanismus die wichtige Aufgabe hat, die Funktionen des stillgestellten ursprünglichen Sicherheitsmechanismus partiell zu übernehmen, ist er aufgrund der involvierten Reizgeneralisierung nur auf die einfache soziale Umwelt des Kindes und der traumatisierenden Situation zugeschnitten. In der komplexen sozialen Umwelt der erwachsenen Person, die unter einer PTBS leidet, ist jedoch keineswegs jeder konturähnliche Trigger ein Indiz für Gefahr. Dennoch wird er im Rahmen der PTBS so behandelt, und das macht die PTBS-Reaktion irrational und manchmal – gemessen an normalen Standards – abwegig (siehe hierzu auch Vogel, 2018, Abschnitt 5.2.1.3). Das ist ein zentrales Merkmal nicht nur der PTBS, sondern der meisten seelischen Störungen, und darf keineswegs übergangen werden.

Wie bereits erwähnt, ist der gesamte Vorgang unbewusst. Doch kann man sich sehr wohl vorstellen, dass diese Zusammenhänge den betroffenen PatientInnen zu einem günstigen Zeitpunkt im Therapieverlauf erklärt und bewusst werden und dass diese funktionale Erklärung die PatientInnen seelisch entlasten kann (vgl. Levin, 2016; zu den komplexen Bedingungen dafür Vogel, 2018, Abschnitt 5.2.1.3).

Zum Abschluss soll noch auf eine weitere implizite Unterstellung des Textes hingewiesen werden. Die entscheidende Ursache der PTBS und des entsprechenden symptomatischen Verhaltens wird, wie bereits erwähnt, an das sogenannte Traumagedächtnis und seine Inhalte geknüpft. Die Operationen des Traumagedächtnisses werden ihrerseits – unter dem Einfluss der Arbeiten des Nobelpreisträgers Eric Kandel – neurophysiologisch erklärt. Damit, so scheint es, ist die PTBS letztlich neurowissenschaftlich erklärt. Wie wir jedoch gesehen haben (Abschnitt 4.5), sind derartige neurowissenschaftliche Erklärungen psychologisch unerheblich und enthalten keinen explanatorischen Gewinn, erst recht nicht in einer Therapie (vgl. dazu ebenso Blass & Carmeli, 2007, 2015, 2016).

9.2 Vignette 4

Betrachten wir jetzt eine andere verbreitete Art von Fall, und zwar am Beispiel eines Mannes, der sich stets und zwanghaft umschaut, wenn er das Haus betritt, in dem er wohnt. Gefragt, warum er das tut, antwortet er, dass er kontrollieren will, ob er etwas vergessen hat (symptomatisches Verhalten).[50] Dieser Wunsch ist merkwürdig und irrational, denn er macht nur beim Verlassen, nicht beim Betreten der Wohnung Sinn.

Die Analyse deckt der Vignette zufolge zunächst auf, dass hinter diesem Wunsch der weitere Wunsch steckt, dass der Mann kontrollieren möchte, ob ihm jemand folgt. Dahinter wiederum verbirgt sich, wie sich zeigt, die Furcht, dass ihn jemand verfolgt. Hinter dieser Furcht steckt, wie sich anschließend herausstellt, wiederum die weitere Furcht, ein Verfolger könnte sich ihm sexuell nähern. Und am Ende erweist sich, dass sich hinter der zweiten Furcht der bislang unbewusste Wunsch verbirgt, ein männlicher Verfolger möge sich ihm sexuell nähern. Doch diesen Wunsch kann der Mann nicht zulassen, weil er sich zu sehr schämt, einzuräumen, dass er homosexuelle Wünsche hat. Die Psychoanalyse hat somit aufgedeckt, dass der »Sinn« des symptomatischen Verhaltens, um mit Freud zu reden, der unbewusste Wunsch des Mannes nach homosexuellen Kontakten ist, dass dieser Wunsch aber wegen seiner Unverträglichkeit mit sozialen Regeln, die der Patient anerkennt, verdrängt werden musste und sich dann in Gestalt des skizzierten symptomatischen Verhaltens maskiert. Wegen der mehrfachen seelischen Verschiebungen scheint hier der Ausdruck »Maskierung« (des sexuellen Triebwunsches) recht gut zu passen.

Aus funktionalistischer und mechanistischer Perspektive könnte die Erklärung des symptomatischen Verhaltens allerdings noch ein wenig kleinteiliger und genauer sein. Wir können annehmen, dass der Patient den Konformismus-Mechanismus und den Scham-Mechanismus bereits mitbringt. Außerdem hat er die Disposition, sich – wenn sich ihm ein Mann nähert – homosexuelle Kontakte mit diesem Mann zu wünschen. Das ist der für diesen Fall grundlegende Mechanismus:

> *M:* Wunsch nach homosexuellen Kontakten → (Herumschauen nach Männern → (wenn sich ein Mann nähert → homosexuelles Teasing)).

Die Funktion von M – Aufnahme einer homosexuellen Beziehung zu dem Mann – ist mit der Funktion des konformistischen Mechanismus unvereinbar. Dabei wird die Erfüllung von M schlechter bewertet als die Erfüllung des Konformismus-Mechanismus. Daher wird M dysfunktional, und der Scham-Mechanismus wird aktiviert. Dieser Mechanismus hat, wie bereits erwähnt, die Funktion, im Falle sozial inakzeptabler Wünsche oder Handlungen eine Selbstbestrafung vorzunehmen, die negative externe Bewertung abzumildern, von den inakzeptablen Wünschen oder Verhaltensweisen abzulassen und auf diese Weise zur Erfüllung des Konformismus beizutragen. Die Selbstbestrafung erfolgt in Gestalt eines geeigneten Ersatzmechanismus EM1, der in diesem konkreten Fall den homosexuellen Wunsch in eine Furcht vor homosexuellen Kontakten umwandelt:

> *EM1:* Furcht vor homosexuellen Kontakten → (Herumschauen nach Männern → (wenn sich ein Mann nähert → Separierung von diesem Mann))).

Mit EM1 wird M zumindest partiell erfüllt, weil der Gedanke an homosexuelle Kontakte noch im Spiel ist, wenn auch negativ gewendet und um den Preis der Frustrierung des Wunsches nach homosexuellen Kontakten. Doch scheint in unserem Fall selbst die Furcht vor homosexuellen Kontakten und die implizierte eigene homosexuelle Attraktivität noch eine inakzeptable Inkonsistenz mit dem Konformismus zu involvieren. Selbst die explizite Angst, für homosexuelle Männer attraktiv zu sein, ist peinlich und ruft Spott hervor.

Erst die Generalisierung des semantischen Gehalts der Furcht, also die Entwicklung der Furcht, jemand könnte ihn verfolgen und ihm Böses antun, ist endgültig sozial akzeptabel. In diesem Szenario macht der Wunsch nach Kontrolle des Raumes hinter ihm Sinn. EM1 wird daher seinerseits durch einen zweiten Ersatzmechanismus substituiert:

> *EM2:* Furcht vor Verfolgung und physischer Attacke → (Herumschauen nach Männern und Kontrolle des Raums hinter sich → (wenn sich ein Mann nähert → Separierung von diesem Mann))).

Doch mit EM2 lässt sich noch nicht erklären, warum der Mann sich ständig und übertrieben häufig umschaut. An diesem Punkt wird die Reizgeneralisierung in Kraft gesetzt:

> *RZ:* Jede Person, die sich hinter dem Rücken des Patienten bewegt, könnte ein homosexueller Mann sein, der Kontakt zum Patienten aufnehmen will.

Ferner muss wahrscheinlich beachtet werden, dass der Wunsch nach vollständiger und ständiger Kontrolle des Raumes hinter sich den Eindruck übermäßiger Ängstlichkeit vermittelt. Übermäßige Ängstlichkeit ist ein Zeichen von Unmännlichkeit, die durch den Konformismus tabuisiert wird. Dieses Problem wird erst dadurch gelöst, dass der übertrieben ängstliche Kontrollwunsch durch den Wunsch ersetzt wird, ständig zu überprüfen, ob man etwas vergessen hat:

> *EM3:* Furcht davor, etwas Wichtiges vergessen und zurückgelassen zu haben, wenn man sich vorwärts bewegt → (ständige Kontrolle des Raums hinter sich → Suche nach wichtigen vergessenen Dingen).

Erst EM3 ist nicht unmännlich und zugleich sozial unbedenklich, also kein Anlass für irgendein Schamgefühl, ist zugleich aber nun irrational und symptomatisch geworden. Dieser Mechanismus verdrängt zwar den Wunsch nach homosexuellen Kontakten und frustriert den Wunsch nach Selbstrationalisierbarkeit, erfüllt dafür aber von allen aufgeführten Mechanismen am besten den stärkeren Wunsch nach sozialer Akzeptanz und Vermeidung heftigen Schamgefühls.

In diesem Beispiel liegt der Ursprung der seelischen Störung nicht in der frühen Kindheit, sondern in der Adoleszenz. Die beschriebene seelische Störung ist durch eine mehrfache Verschiebung (also mehrfache Substitution von Ersatzmechanismen) gekennzeichnet und daher von komplexerer Struktur als die bisherigen Erklärungsschemata. Doch insgesamt haben wir dieselben funktionalen Zusammenhänge vor uns wie in den einfacheren Fällen. Insbesondere können wir einen ursprünglich adaptiven funktionalen Mechanismus identifizieren (nämlich das funktionale Schamgefühl), der in einer abweichenden Situation dysfunktional wird und dann massiv an der Entstehung des symptomatischen Verhaltens beteiligt ist.

Endlich lässt sich auch die interne Rationalität dieser irrationalen Störung gut erkennen. Die Befriedigung des Bedürfnisses nach sozialer Akzeptanz (insbesondere nach Manifestation von Männlichkeit) ist besser und wichtiger als die Befriedigung des Wunsches nach homosexuellem Kontakt und auch wichtiger als die Imagination einer sexuellen Attraktivität für homosexuelle Männer. Wenn beide Bedürfnisse nicht zugleich befriedigt werden können, dann ist es rational, ein Verhalten zu wählen, das den Wunsch nach sozialer Akzeptanz erfüllt und den Wunsch nach homosexuellem Kontakt frustriert bzw. jeden Gedanken an die Rolle eines Objekts homosexuellen Begehrens verbietet. Erst das schlussendlich generierte symptomatische Verhalten bewältigt dieses Problem und ist uneingeschränkt sozial akzeptabel. Wegen der skizzierten Präferenzordnung und der Operation von RZ ist der Übergang zu diesem Verhalten rational.

Allerdings ist, wie wir bereits gesehen haben, die unbeschränkte Reizgeneralisierung ein archaischer psychischer Mechanismus, der in komplexeren Verhältnissen dysfunktional wird, und dasselbe gilt vom strikten Konformismus, der ebenfalls ein archaischer sozialer Mechanismus ist. Die Rationalität, die in diese Mechanismen eingebaut ist, muss als eine eingeschränkte, kontextgebundene Rationalität betrachtet werden.

Betrachten wir zum Abschluss eine letzte Neurose und ihre Analyse, die erst kürzlich beschrieben wurde.

9.3 Vignette 5

Der Fall der Patientin P, den Heinz Weiß (2016) kürzlich aus seiner eigenen analytischen Praxis beschrieben hat, ist besonders berührend, ja herzzerreißend (vgl. auch Leuzinger-Bohleber & Weiß, 2014, Abschnitt 6.5). In der folgenden explanatorischen Analyse dieser Vignette werden die Erklärungen von Weiß zum Vergleich in Fußnoten skizziert.

1. Der Fall

1.1 Das symptomatische Verhalten

(i) Frau P, jung, hübsch, elegant und sehr korrekt gekleidet, scheu, zuweilen von einer kindlichen Hilflosigkeit, seit einigen Monaten verheiratet, leidet unter Gewichtsverlust, Selbstverletzungen, qualvollem innerem Aufruhr und dem fortwährenden Wunsch zu sterben. (ii) Sie wird von Befürchtungen überflutet, dass ihr etwas Schlimmes zustoßen könnte: schreckliche Unfälle, unheilbare Krankheiten, Trennung vom Ehemann. (iii) Sie ist ferner davon überzeugt, dass sie ein von Grund auf schlechter Mensch ist und dass daher die einzige Rechtfertigung für ihre Existenz darin besteht, klaglos und diszipliniert im Dienste anderer Menschen zu funktionieren. Diese Überzeugung verleiht ihr ein Gefühl der Sicherheit. (iv) Frau P spricht von einem Turm, in den sie zeitweise eingesperrt ist, in den sie sich aber auch flüchten kann. Dort wird sie von anonymen strengen Männern gequält, denen sie zu gehorchen hat. Dafür werden ihr Schutz vor den sonstigen Problemen des Lebens und eine Gemeinschaft gewährt, in die sie fest eingebunden ist. Der Aufenthalt im Turm, aber auch schon der Gedanke an den Turm geben ihr Trost angesichts all ihrer Befürchtungen. (v) Sie hatte sich mit Medikamenten behandeln lassen, doch ohne Erfolg. Insgesamt befand sich Frau P bei Eintritt in die Analyse in einem sehr schlechten Allgemeinzustand.

1.2 Zur Lebensgeschichte von P

(i) P's Mutter war während ihrer gesamten Kindheit meist abwesend oder betrunken. Zeitweise arbeitete die Mutter als Prostituierte und saß ab und zu wegen Betrugs im Gefängnis. Wenn sie nach längerer Abwesenheit in die Wohnung zurückkehre, war sie stets extrem betrunken, schrie grundlos umher und befand sich in chaotischem Zustand. (ii) P's Vater wurde zunehmend depressiv und verleugnete zugleich das häusliche Unglück. Zuweilen wurde er von einem Gefühl des Kontrollverlusts und der Hilflosigkeit überwältigt. (iii) P litt bis zu ihrem 15. Lebensjahr unter starker Unterversorgung und Vernachlässigung. Sie musste deswegen verschiedentlich ins Krankenhaus gebracht werden. (iv) Ihre Mutter verlieh und verkaufte die kleine P über lange Zeit an pädophile Männer, von denen sie ständig missbraucht wurde. Mutter wie Vater unterhielten promiskuitive sexuelle Beziehungen, die sie auf gewalttätige Weise offen vor P auslebten. (v) Als P 15 Jahre alt war, ließen sich ihre Eltern scheiden, und P hatte die Organisation des Haushalts übernommen. P war trotz allem in der Lage, die Schule abzuschließen und Arbeit zu finden. (vi) Ihre Firma regelte jedes Detail des Arbeitslebens durch Regeln und Instruktionen, was ihrem Wunsch nach Unterordnung und Disziplin entgegenkam. (vii) Sie lernte ihren ersten Freund kennen, der sie erniedrigte, sodass sie sich von ihm trennte und dann ihren späteren Ehemann traf. P wünschte sich ein Ausradieren ihrer Beziehung zur Mutter, war aber davon überzeugt, dass sie ebenso enden würde und bereits genauso schlecht war wie ihre Mutter. Die einzigen Personen in ihrem Leben, von denen sie nicht erniedrigt und bestraft wurde, waren ihre noch lebende Großmutter und ihr Ehemann, der zwar nicht mit ihrem symptomatischen Verhalten umzugehen vermochte, aber beteuerte, dass er sie liebe.

1.3 Erklärungen des symptomatischen Verhaltens aus der Lebensgeschichte

In P's Kindheit wurden ihr Bindungsmechanismus sowie ihr Angst- und Sicherheitsmechanismus auf das Schwerste verletzt, nicht nur durch Missbrauch (primär Verletzung des Sicherheitsmechanismus), sondern auch wegen physischer und psychischer Unterversorgung und Vernachlässigung durch Eltern (primär Verletzung des Bindungsmechanismus). Daraus folgt: P's Traumatisierung bestand in einer andauernden Dysfunktionalität und Frustration der beiden grundlegendsten mentalen Mechanismen – die schwerste seelische Verletzung eines kleinen Menschenkindes, die sich denken lässt. Wenn Bindungsmechanismus und Sicherheitsmechanismus dysfunktional werden, ist das seelische Gleichgewicht in höchster Gefahr – ein emotionaler Zustand, der als absolut unerträglich empfunden werden muss.

Daher muss P zur Wahrung ihres seelischen Gleichgewichts einen funktionalen Ersatzmechanismus entwickeln, der die traumatische Erfahrung zumindest partiell aufhebt, das heißt das Bindungs- und Sicherheitsbedürfnis zumindest partiell erfüllt, notfalls mit negativen Kosten. Die ingeniöse Turmfantasie ist genau ein solcher Ersatzmechanismus: Die Männer im Turm gewähren sowohl Sicherheit als auch Bindung – eine »Lösung« für beide Probleme zugleich. Damit lässt sich insbesondere auch der spezielle Inhalt der Turmfantasie erklären. Diese Lösung ist partiell, in folgendem Sinn: Sie ist nur imaginär (auch wenn sie von P als real empfunden werden muss), und sie hat definitiv negative Kosten: Leiden, Unterwerfung, Gefühllosigkeit. Doch sie kann die Operationen des ursprünglichen Bindungsmechanismus und Sicherheitsmechanismus stillstellen, deren Frustration unterbinden und so die Traumatisierung aus dem Bewusstsein verbannen.

Aber damit ist noch nicht erklärt, warum die Männer im Turm Frau P so ungemein schwer bestrafen. Warum Kosten des Ersatzmechanismus in Form grausamer Strafen? Wir müssen fragen: Welche Funktion erfüllt dieser Inhalt? Frustrationen des Bindungs- und Sicherheitsmechanismus können sehr unterschiedliche Formen annehmen. In P's Falle hat diese Frustration jedoch Formen extremer körperlicher Peinigung angenommen (Hunger, Dehydrierung, sexueller Missbrauch mit Schmerz und tiefer Entwürdigung). Diese spezielle Form der Frustration ist so unerträglich, weil sie so überaus grundlos ist – ein kleines Mädchen bietet normalerweise von sich her keinen Anlass für derartige Folterungen.

Diese entsetzliche Erfahrung grundloser Peinigung kann aber erträglich werden, wenn sie »in Wirklichkeit« doch *begründet* ist – wenn das Opfer nämlich bereits von sich her schlecht und schuldig ist. Tatsächlich hat P genau dieses Selbstbild, und daher ist ihre grausame Bestrafung im Turm berechtigt. Sie kann daher ihre Existenz und die partielle Sicherheit und Bindung, die sie im Turm erfährt, dadurch *rechtfertigen*, dass sie klag- und gefühllos und mit eiserner Disziplin, die Strafen und Unterwerfung akzeptiert, also zugunsten der anderen funktioniert.

Wenn man durchgehend schlecht und schuldig ist, verdient man überdies kein gutes Leben, sondern Schmerzen (Selbstverletzung), Hunger, schlimme Unfälle, unheilbare Krankheiten, soziale Isolation und letztlich den Tod. Alternativ könnte die Selbstverletzung auch über die Disziplin und die korrelierte Gefühllosigkeit erklärt werden – als Maßnahme, sich wenigstens auf diese Weise spüren zu können.

Damit sind *alle* aufgeführten manifesten Phänomene (seelische Störungen), die bei P auftreten, aus Daten der Lebensgeschichte erklärt. Diese Erklärung ist insgesamt funktional. Und dass diese Erklärung in die richtige Richtung geht, sieht man daran, dass es hier buchstäblich um Leben und Tod geht. Das Besondere dieses Falles in dieser Hinsicht ist, dass P viel mehr noch als der Therapeut die Funktionalität ihrer Turmfantasie sehr deutlich zum Ausdruck bringt (der Turm ist P's »Bewaffnung gegen den Untergang«).

Zugleich wird aber auch eine rationale Erklärung für weitere Aspekte der manifesten Phänomene geliefert: Weil P schlecht und schuldig ist und dennoch Sicherheit und Bindung beansprucht, muss sie *vernünftigerweise* den Preis in Form von Bestrafung, Gefühllosigkeit und Unterwerfung zahlen; aus eben demselben Grund verdient sie *rationalerweise* auch Selbstverletzung, schlimme Unfälle und letztlich den Tod. Nur diese *Rationalisierung* macht P's Traumatisierung erträglich und kann sie verdrängen. Das Selbstbild *begründet,* warum die Folter, die Selbstverletzung, die suizidalen Gedanken *berechtigt* sind. Diese *Selbstrationalisierung* stiftet schlicht auch den *Lebenssinn*, den P für sich gefunden hat: klaglos und gefühllos zugunsten anderer zu funktionieren.

Auf diese Weise hat P bis vor dem Eintritt in die Analyse die beispiellosen seelischen Verletzungen bewältigt, die ihr in ihrer Kindheit angetan wurden – und zwar unter anderem mit einer beispiellosen disziplinarischen Anstrengung. Nimmt man hinzu, dass sie trotz dieser furchtbaren Umstände ihre Schulausbildung abgeschlossen und Arbeit gefunden hat, so gewinnt das Bild von einer charakterlich überaus starken und integren Persönlichkeit Kontur – ein Bild, das von ihrer erzwungenen permanenten Unterwürfigkeit nicht vollständig verdunkelt werden sollte. Weder externe BetrachterInnen noch TherapeutInnen, die sich diese funktionalen und rationalen Zusammenhänge vor Augen führen, dürften es vermeiden können, große Empathie und Bewunderung für P zu entwickeln.[51]

2. *Der Beginn der Therapie (Stadium 1)*

2.1 *Der Verlauf*

Zu Beginn der Therapie hoffte P, die Therapie würde sie »besser machen«. In ihrem bisherigen kognitiven Beziehungsmuster bedeutete dies nichts anderes als: Sie hoffte, dass sie auch in der Therapie gut funktionieren und die Erwartungen des Therapeuten (= T) erfüllen kann. Allerdings vermisste P klare Regeln und Instruktionen seitens T und versuchte daher selbst die Erwartungen von T an sie zu ermitteln. Sie bemühte sich, in der Therapie stets diszipliniert zu sein, und erwartete hinausgeworfen zu werden, wenn sie den Erwartungen von T nicht entsprach.

Zu dieser Disziplin gehörte auch emotionale Härte, ja totale Gefühllosigkeit. Wenn sie gelegentlich von Traurigkeit überwältigt wurde oder gar weinte, empfand sie das als unverzeihliche Schwäche, die T ihr nicht vergeben würde. Sie nahm die Sitzungen extrem ernst und war tieftraurig über gelegentliche Absagen.

Dennoch war sie verwirrt, wenn T sich empathisch und verständnisvoll verhielt, und empfand dieses Verhalten als Falle. Denn sie war davon überzeugt, dass T einen professionellen Plan besaß, den sie zu erfüllen hatte. Dass T ihr seinen Plan nicht offenbarte, empfand sie als besondere Grausamkeit, die sie allerdings zu erdulden hatte. Denn sie fühlte sich von T's Gnade abhängig. Kurz: P versuchte T zu einer grausam kontrollierenden autoritären Person zu machen, nicht unähnlich den Männern im Turm.

Im ersten Stadium fühlte sich P absolut loyal sowohl gegenüber den Männern im Turm als auch gegenüber T. Sie manifestierte das gerade beschriebene Verhalten uneingeschränkt – ein Verhalten, das, allgemein betrachtet, durch vollständige Unterwürfigkeit gekennzeichnet war. Zugleich war P sehr besorgt darüber, dass bereits ein Bericht über den Turm im Rahmen der Analyse dazu führen könnte, dass die Männer im Turm ihren Schutz und ihre Bindung nicht mehr gewährleisten würden. Denn die Männer drohten ihr mit einer Lockerung dieser Privilegien, wenn sie von ihnen erzählen würde. Darum dauerte es lange, bevor sie in der Therapie davon berichten konnte. Aus dieser Perspektive empfand P die Therapie als Bedrohung. Sie fürchtete, dass sie endgültig verrückt werden würde, wenn sie ihren Turm verlässt. Zeitweise betrachtete sie T als machtlose Person, die alles weiß, aber nicht intervenieren kann.

2.2 *Erklärungen*

Bevor die Details dieses Verlaufs erklärt werden, sollte zunächst gefragt werden, warum P überhaupt einen Therapeuten aufsucht. Offensichtlich nimmt P zum Therapeuten T nicht Kontakt auf, um ihre seelische Störung loszuwerden, denn sie empfindet ihr Verhalten nicht als Störung, sondern als Rettung. P hat jedoch vor dem Beginn der Therapie eine wichtige Erfahrung in ihrer Firma gemacht: Ihre Arbeit in der Firma konnte sie als Unterwerfung unter die strengen Regeln der Firma betrachten. Das heißt: Aufgrund einer Reizgeneralisierung übertrug P unbewusst den Turm-Mechanismus auf den Arbeitsmechanismus und erweiterte ihren partiell funktionierenden Ersatzmechanismus vom bisherigen imaginativen Fall auf eine konkrete Lebenssituation. Diese Erweiterung gab ihr zusätzliche Sicherheit innerhalb der Firma und Bindung an die Firma – die Firma ist für P zu einem weiteren Turm geworden, der nicht mehr nur imaginiert wird, sondern real existiert. Damit stabilisiert P sich zusätzlich, denn zum Beispiel kann sie somit ihre Existenz als durch und durch schlechte Person zusätzlich dadurch rechtfertigen, dass sie sich den Regeln der Firma unterwirft und für andere funktioniert. Dasselbe Manöver vollzieht P dann auch an T. Sie sucht T auf und möchte eine Analyse beginnen, um T zu einem weiteren real existierenden Turm zu machen, der die Funktion einer zusätzlichen seelischen Stabilisierung für sie hat (dabei ist erneut eine Reizgeneralisierung operativ). Davon scheint sie sich eine Linderung ihrer Symptomatik zu versprechen.

Damit lassen sich offensichtlich sämtliche Aspekte des Verlaufs in Stadium 1 der Therapie konsistent erklären, und zwar erneut auf funktionale Weise. P muss sich in der Therapie genauso benehmen wie im Turm: diszipliniert und gefühllos. Sie muss klare Instruktionen erwarten. Wird diese Erwartung enttäuscht, ist sie verwirrt – genauer gesagt: besorgt, dass T ihr die erhoffte zusätzliche Bindung und Sicherheit nicht gewähren kann. Sie nimmt die Sitzungen ernst, weil die Sitzungen ihr zusätzliche turmartige Sicherheit und Bindung geben sollen. Und insoweit diese durch P initiierte Strategie im ersten Stadium der Therapie erfolgreich war, stabilisierte die Therapie natürlich P's symptomatisches Verhalten.

Damit ist insbesondere auch erklärbar, dass P sich strikt weigerte, durch die Therapie irgendetwas an ihren Ersatzmechanismen zu ändern oder sie gar aus ihrer Seele zu eliminieren, und schon bei dem Gedanken daran in extreme Panik versank. Ihre therapeutische Unzugänglichkeit beruht auf dem eisernen Festhalten und der weitest möglichen Erweiterung ihres Ersatzmechanismus als einziger Rettung vor dem Untergang.[52]

Damit ist ihr Enactment nicht neu beschrieben, sondern selbst funktional erklärt: Das Enactment wird inszeniert, weil es zu mehr Sicherheit und Bindung führt, die für ihr seelisches und physisches Überleben unabdingbar sind. Überdies weist ihr Ersatzmechanismus in Gestalt vieler Teile eine erstaunliche innere kohärente Komplexität auf. Gibt man als Prämisse das Ziel vor, T und die Analyse zu einem weiteren Turm zu machen, so folgen die übrigen Teile daraus *rationalerweise*.

3. *Therapiefortschritte (Stadien 2–4)*

3.1 *Der Verlauf*

Im zweiten Stadium der Therapie beginnt P zu realisieren, dass T versucht, gerade nicht einer der Männer im Turm zu sein, sondern gegen diese Fantasie anzuarbeiten. Sie empfindet daher einen unlösbaren Loyalitätskonflikt gegenüber T einerseits und den Männern im Turm andererseits. Denn die Männer im Turm verzeihen ihr den Kontakt mit T und den Bericht über den Turm nicht. Das therapeutische Missverständnis zwischen P und T nimmt demnach erheblich zu: T möchte P's fragile, nicht disziplinierte seelische Komponenten freilegen, P dagegen hofft immer noch, T sei eine Person von der Art der Männer im Turm und verachte ihre fragilen seelischen Seiten. Für P ist es allerdings undenkbar, T zu kritisieren. Sie versteht T's Interpretationen weiterhin als Gebote und Befehle. Aufgrund des Loyalitätskonflikts fürchtet P nun, alles zu verlieren: die Sitzungen und Hoffnung auf Besserung, aber auch den Schutz der Männer im Turm, kurz alle Bindungen und jeden Schutz, die sie sich mühsam und diszipliniert aufgebaut hatte. Sie stürzt in große Ängste.

Im dritten Stadium der Analyse wurde P häufiger als zuvor von ihren Emotionen überwältigt. Als zum Beispiel T darauf hinweist, dass P befürchte, T würde sie erniedrigen, missbrauchen und alles von ihr wissen wollen oder hilflos und indifferent bleiben wie ihr Ehemann, wurde P von Trauer überwältigt, begann heftig zu weinen und artikulierte ihre Traurigkeit. Es gab dann ab und zu ähnliche Momente, in denen P ihre eiserne Disziplin nicht aufrechterhalten konnte, ihre Kontrolle verlor und berührend hilflos und traurig wurde, aber zugleich ihre Gefühle artikulieren konnte.

Dann ereigneten sich schlimme externe Dinge: Ihre Großmutter, die einzige »gute« Person in ihrem Leben, starb; und sie entdeckte ein Doppelleben ihres Ehemanns, der dem Alkohol und der Spielsucht verfiel und sie fatal an ihre Mutter erinnerte. P wurde nun von anhaltender Trauer und Verzweiflung überwältigt. Die Männer im Turm waren nicht mehr verfügbar. Großmutter und Ehemann verloren ihre Rollen als humaner Rückhalt. T und seine Analyse hatte, wie P behauptete, sie ihrer schützenden Bewaffnung beraubt.

P war nun dem Zusammenbruch nahe. In der Therapie wirkte sie wie betäubt, nicht wirklich da. Sie wollte sterben und fühlte sich bedrängt von destruktiven Impulsen sich selbst und anderen Dingen gegenüber. Entsprechend hilflos und alarmiert fühlte sich T. Er befürchtete, dass seine Behandlung das destruktive Feuer nicht mehr löschen konnte, das er losgetreten hatte. Er schätzte diese Gefahr als real ein, dachte aber zugleich, dass dieses Risiko unvermeidlich war, wenn sich überhaupt etwas ändern sollte.

Im vierten und vorläufig letzten Stadium versuchte T trotz allem optimistisch zu bleiben und auf Besserung zu vertrauen. P spürte das, fragte aber zweifelnd, was T zu diesem Vertrauen bewege, und betonte zugleich ihre eigene Abhängigkeit von den Sitzungen so sehr wie nie zuvor. Sie artikulierte, dass es für sie nun keinen Weg zurück gebe, und dass sie hoffe, dass T weiß, was er tut.

Allmählich entwickelte sich eine neue Situation. P kehrte zur Arbeit zurück, funktionierte aber nicht mehr so perfekt wie zuvor. Sie erlaubte sich kleine Mahlzeiten während der Arbeit und entwickelte eine vertrauensvolle Beziehung zu zwei Kollegen. In der Analyse war sie weniger besetzt mit T's angeblichen Erwartungen, betrachtete T's Interpretationen nicht mehr stets als Kritik, trug nicht mehr uniformartige Kleidung, konnte lockerer sitzen und die Sitzung mit Berichten über eigene Gefühle beginnen. Auch T fühlte sich entspannter, wenn er seine Eindrücke mit P teilen wollte. Die Männer im Turm blieben strafende Hintergrundfiguren. Sie warnten davor, mit der Analyse zu weit zu gehen, akzeptierten sie aber, um sie zu einer besseren Person werden zu lassen.

Auf diese Weise etablierte sich eine mildere Form der Koexistenz der Männer im Turm mit T, die P nicht mehr in unlösbare Loyalitätskonflikte führte. Diese

Koexistenz erlaubte P erste kleine Freuden, wie etwa eine Freundin einzuladen oder neue Kochrezepte auszuprobieren – Freiheiten, die zugleich gut und real waren. P fühlte nun selbst, dass sie sich geändert hatte. Sie konnte die Therapie jetzt als Hilfe und nicht mehr nur als Befehlskette betrachten. Doch blieb sie ängstlich, und die Gefahr, alles zu verlieren und ins Chaos zu versinken, blieb nach wie vor bestehen.

3.2 Erklärungen

a) Stadium 2

Das Verhalten von T entspricht zunehmend nicht dem erwartbaren Verhalten eines Turm-Insassen. Insbesondere versucht T, den Turm – und damit P's symptomatischen Ersatzmechanismus gegen einen Zusammenbruch auf seelischer und körperlicher Ebene – mit aller Macht aufzulösen. P realisiert diese Gefahr und entwickelt deshalb starke Ängste – nicht zuletzt auch Ängste vor dem Hinauswurf aus der Therapie.

P's Ausdehnung ihres Ersatzmechanismus auf T wird erkennbar problematisch.

Aber da P andererseits, um T zu gehorchen und ihn als Turm zu behalten, über die imaginierten Männer im Turm berichtet und ihnen insoweit nicht gehorcht hat, droht sie nun auch deren Bindung und Schutz zu verlieren. Umso verzweifelter versucht P daher trotz gegenteiliger Indizien an ihrem Versuch festzuhalten, T zu einem weiteren konkreten Turm-Insassen zu machen. P muss daher T's – für sie irritierendes und gefährliches – Verhalten in die Turm-Struktur konsistent integrieren. Dies gelingt vorerst durch die Annahme, T's Verhalten sei eine besondere Grausamkeit, der P sich fügen muss. T ist aus dieser Sicht vielleicht ein besonders starker Turm.

Dennoch bleiben Zweifel bei P bestehen und führen zu dem Eindruck, dass T und die Männer im Turm nicht auf einer Linie liegen. Unter dem Einfluss des Ersatzmechanismus gerät P daher in einen unlösbaren Loyalitätskonflikt – das Schlimmste, was ihr in dieser Lage zustoßen kann. Sie fürchtet daher zu Recht, alles (d. h. ihren gesamten Ersatzmechanismus, also jede Bindung und jeden Schutz) ohne weiteren Ersatz zu verlieren. Diese alarmierende Situation – und das heißt die Gefährdung der Funktionalität des Ersatzmechanismus – lässt sich nicht nachhaltig beseitigen.

b) Stadium 3

Trauer ist als Mechanismus zu betrachten, der einen Trennungsschmerz bewältigen und abmildern soll. Das Versagen des Ersatzmechanismus involviert insoweit eine Trennung, als sich die Bindung an die Männer im Turm und an den Therapeuten erheblich lockert. Diese Lockerung setzt demnach den Trauermechanismus in Gang, doch involviert der Trauermechanismus seinerseits eine Auflösung der Disziplin und des Gehorsams, also vermehrte Gefühlsausbrüche – ein Resultat, auf das der Therapeut immer schon hingearbeitet hatte, das aber für P gleichbedeutend ist mit der Auflösung der wichtigsten Voraussetzung für Bindung und Schutz. P gerät daher in eine fast aussichtslose Situation: in Paranoia und mentale Dissolution.

Zusätzlich gehen die drei Personen, von denen P nicht erniedrigt, bestraft oder gefoltert wurde (Großmutter, Ehemann, T) für P verloren: T wird zunehmend zu einer großen Gefahr, ihre Großmutter stirbt und ihr Ehemann führt ein Doppelleben und entwickelt sich zum Alkoholiker, so wie zuvor P's Mutter. Daher brechen bei P alle seelischen Dämme. Das heißt: Sämtliche Türme der Bindung und Sicherheit, die sie sich mühsam und unter großen Opfern und Nachteilen aufgebaut hatte, brechen nun wirklich zusammen. Selbst die Männer im Turm sind nicht mehr verfügbar. P gerät daher in ihre größte Krise: Die innere rationale Konsistenz ihres Ersatzmechanismus geht verloren. Sie findet sich in der ursprünglichen traumatisierenden Lage wieder, in der die normalen Bindungs- und Sicherheitsmechanismen nicht mehr funktionieren, aber auch kein Ersatzmechanismus mehr verfügbar ist. Zusammenbruch und Tod sind nahe, äußerste Trauer, Verzweiflung und destruktive Impulse brechen aus. Es geht um Leben und Tod, wie P sehr wohl selbst erkennt. Diese Situation ist offensichtlich die deutlichste Manifestation der funktionalen Struktur der seelischen Störung und ihres Verlaufs bei P.

c) *Stadium 4*

Wie lässt sich die anschließende leichte Besserung und der Schritt in Richtung Heilung erklären? Aus dem berichteten klinischen Material ist dies schwer zu erkennen. Wir wissen nur: T bleibt trotz allem optimistisch, und P fühlt sich auf die Analyse angewiesen wie nie zuvor.

Das könnte bedeuten: Trotz ihrer gegenteiligen Befürchtung und dem Empfinden großer Gefahr betrachtet P die Analyse und T als jetzt einzige Schutz- und Bindungsmöglichkeit. Aber sie erfährt in diesem grundlegenden Punkt im Rahmen der Analyse eine neue Art von Schutz und Bindung, die nicht (immer) mit Kontrolle, Folter, Grausamkeit und Strafen verbunden ist. Die Männer im Turm bleiben zwar kontrollierende strafende Hintergrundfiguren, schließen aber die Therapie nicht mehr aus. So kommt es im Verlauf des letzten Stadiums zu den beschriebenen leichten Verbesserungen. Hier handelt es sich mithin um einen ersten Ansatz zu einem realen Funktionieren des originalen Sicherheits- und Bindungsmechanismus.[53]

***

Überblicken wir die skizzierten Erklärungen, so ist ihre funktionale Grundstruktur in diesem Fall besonders deutlich, geht es doch stets um die Gefahr eines vollständigen Zusammenbruchs, letztlich um Leben und Tod. Doch haben wir auch hier immer wieder die interne rationale Struktur und folglich auch eine rationale Erklärbarkeit dieser Struktur entdeckt. Die vielen Teile des Ersatzmechanismus hängen kohärent zusammen, und übernimmt man P's Perspektive, dass ohne den entwickelten Ersatzmechanismus ein psychischer und physischer Zusammenbruch unvermeidlich ist, dann ist ihr Festhalten an diesem Mechanismus, ihr Enactment, ebenso wie ihr Versuch, T zu einem weiteren Turm zu machen, durchaus instrumentell rational, obgleich der Ersatzmechanismus im Ganzen relativ auf die soziale Umwelt extrem irrational wirkt. An diese Struktur lassen sich rationale Erklärungen anschließen. Und endlich ist dieser Fall auch eine große Fläche für die Projektion von Mitgefühl (also des Parsens als schneller Form des Verstehens) für die Patientin.

4. Zur Rolle des Therapeuten[54]

Überblickt man den Fall von Frau P nachträglich im Ganzen, so liegt es nahe, eines der grundlegenden Ziele – wenn nicht sogar das entscheidende Ziel der Therapie – in diesem Fall darin zu sehen, die Destabilisierung des von P etablierten Ersatzmechanismus gezielt mit der Etablierung eines weiteren Ersatzmechanismus oder – noch besser – der originalen Mechanismen für Binding und Sicherheit zu korrelieren, die für den ersten Ersatzmechanismus substituiert werden können, um die genannte Destabilisierung zu kompensieren.

Dafür wäre es vermutlich hilfreich, wenn T zunächst Verständnis für P's Strategie aufbringen könnte, ihn zu einem Turm-Insassen zu machen, und wenn er dieses Verständnis auch explizit artikulieren würde. Im Verlauf der Therapie könnte er seiner Patientin die Mechanismen erklären, die zu ihrer seelischen Störung beigetragen haben und dabei ausdrücklich darauf hinweisen, dass P damit eine Problemlösung erzielt hat, zu der sie zunächst positiv stehen kann und an der sie zunächst verständlicherweise festhalten will. Und eventuell könnte er mit P auch die Risiken sowie P's Konfusion und Angst angesichts der Ziele der Therapie verständnisvoll besprechen. Dabei sollte auch die innere Rationalität der seelischen Störung freigelegt werden.

Generell könnte es also darum gehen, für P eine positive Form von Bindung und Sicherheit erfahrbar zu machen, die von artikulierter Empathie für die extreme seelische Verletzung von P und von artikulierter Bewunderung für ihre extreme Anstrengung und Disziplin zur Bewältigung dieser Verletzung getragen ist. T muss ein Turm für P sein und bleiben, aber P sollte die Erfahrung eines von positiven Gefühlen organisierten Turms machen können. Es könnte nicht schaden, wenn T in diesem Fall *große Empathie* für die extreme seelische Verletzung und das extreme Leid von P sowie *Bewunderung* für die starke Persönlichkeit von P aufbringen *und artikulieren* könnte. Es gibt in der Vignette einige Indizien dafür, dass T genau dies auch geleistet hat (ohne es explizit zu artikulieren) und dass dadurch auch die erheblichen Fortschritte in der Therapie erzielt wurden.

Im Verlauf der Therapie könnte überdies auch eine Mentalisierung von P angestrebt werden, zunächst in dem allgemeinen Sinn, dass P angehalten wird, eigene Gedanken höherer Ordnung zu entwickeln, über ihre eigene mentale Lage nachzudenken, und damit ihren mentalen Selbstbezug zu stärken. Im Anschluss daran könnte P zu Versuchen veranlasst werden, auch mit anderen, von P selbst ausgewählten Personen aus ihrem eigenen sozialen Umfeld Bindung und Sicherheit unter positiven emotionalen Einstellungen zu organisieren – und zwar so, dass der Erfolg oder Misserfolg dieser Versuche ausgiebig besprochen wird.

***

Am Ende der Analyse von sechs exemplarischen Vignetten ist deutlich geworden, dass die funktionalistische Metapsychologie über das explanatorische Potenzial verfügt, konkrete Fälle von Neurosen auf substanzielle Weise zu kommentieren (siehe hierzu auch Vogel, 2018, Kap. 5, letzte Seite). Was folgt daraus generell für die Formen der psychoanalytischen Therapie? Dieser abschließenden Frage ist das folgende letzte Kapitel dieses Essays gewidmet.

10. Therapieformen

Im Blick auf die Analysen der Fallvignetten, die in den beiden vorhergehenden Kapiteln skizziert wurden, soll im folgenden letzten Kapitel dieser Untersuchung versucht werden, eine typische Therapieform aus funktionalistischer Sicht zu umreißen und auf dieser Grundlage auch die Rolle der Hermeneutik in diesem therapeutischen Verfahren genauer zu bestimmen. Insbesondere soll plausibel gemacht werden, dass aus funktionalistischer Sicht eine konsistente Verbindung der psychoanalytischen Therapie und der kognitiven Verhaltenstherapie möglich und sinnvoll zu sein scheint.

10.1 Psychoanalytische Therapie und kognitive Verhaltenstherapie

Der Wissenschaftliche Beirat Psychotherapie erstellt unter anderem nach §11 des Psychotherapeutengesetzes Gutachten zur wissenschaftlichen Anerkennung von Psychotherapieverfahren in Deutschland. Bereits im Jahr 1967 wurden analytische Psychotherapie und tiefenpsychologisch fundierte Therapie als zwei Formen des psychoanalytischen Standardverfahrens unterschieden (und zwar im Zuge der Einführung als Kassenleistung). Im Jahr 2004 hat der Wissenschaftliche Beirat Psychotherapie den Oberbegriff »psychodynamische Psychotherapien« für diese beiden Verfahren eingeführt. Die Verhaltenstherapie wurde als »Kognitive Verhaltenstherapie« in den 1980er Jahren als Kassenleistung anerkannt. Diese beiden alternativen Therapieverfahren müssen sich – im Gegensatz zur Gesprächstherapie, der systemischen Therapie oder anderen Therapieverfahren – in Hinsicht auf ihre Evidenzbasierung immer wieder ausweisen. Daher betrachtet der Wissenschaftlichen Beirat Psychotherapie die psychoanalytische Therapie und die kognitive Verhaltenstherapie als die beiden wissenschaftlich zulässigen Verfahren der Psychotherapie. Nach herkömmlicher Auffassung handelt es sich hierbei um zwei alternative Therapieformen (vgl. Leuzinger-Bohleber & Weiß, 2014, S. 16f.).

Die *psychoanalytische Therapie* involviert laut dieser Auffassung folgende Reihe von Komponenten:

1. Aufdeckung, Bearbeitung und Integration bislang unzugänglicher (also unbewusster) Krankheitsursachen
2. Untersuchung des Einflusses, den unbewusste Wünsche und Ängste auf das bewusste Erleben und Handeln im Hier und Jetzt ausüben
3. Aufarbeitung unbewältigter Kindheitserlebnisse und deren unbewusste und bewusste Wirkung auf lebensgeschichtliche Erfahrungen
4. Wiederholung unbewusster Beziehungsgestaltungen in der Beziehung zum Analytiker bzw. zur Analytikerin
5. Dadurch Erfassen der Bedeutung wiederkehrender depressiver Verarbeitung von Lebenserfahrungen
6. Aufgrund der Schritte 1 bis 5: Veränderung der Symptomatik, Nachentwicklung des eigenen Selbstwertgefühls und der Beziehungen zu nahestehenden Menschen, und zwar nachhaltig auch für das zukünftige Leben der PatientInnen

In dieser Beschreibung werden mit den Punkten 1, 2 und 3 explanatorische Strategie und Ziel der psychoanalytischen Therapie angesprochen (dabei sind 2 und 3 Spezialfälle von 1). Die explanatorische Strategie geht von einer erheblichen kausalen Relevanz unbewusster seelischer Prozesse aus. Das Ziel der Therapie ist eine nachhaltige Veränderung der Symptomatik und die Integration des Denkens und Verhaltens in die soziale Umwelt. In den Punkten 4 und 5 scheint die hermeneutische Ebene der Psychotherapie betont zu werden. Verhaltensübungen, insbesondere auch außerhalb der Sitzungen, werden nicht in Betracht gezogen.

Die *kognitive Verhaltenstherapie* beruht auf folgenden Grundsätzen:

7. Seelische Störungen werden vor allem von systematischen falschen Denkmustern und ungünstigen Verhaltensweisen verursacht.
8. Im Mittelpunkt der Therapie stehen daher Lernprozesse (Umlernen, Neulernen, Verlernen), von denen eine Veränderung der falschen Denkmuster und Verhaltensweisen zu erwarten ist.
9. TherapeutIn und PatientIn führen dafür eine Analyse der Lerngeschichte des Patienten bzw. der Patientin durch, in deren Verlauf die falschen Denkmuster und Verhaltensweisen identifiziert und durch die PatientInnen anerkannt werden.
10. Anschließend werden verhaltenstherapeutische Maßnahmen ergriffen (zum Teil auch Aufgaben außerhalb der Sitzungen mit dem Therapeuten

bzw. der Therapeutin), die schrittweise zu einer Veränderung der falschen Denkmuster und Verhaltensweisen führen sollen.

11. Damit wird primär eine Veränderung des gegenwärtigen Denkens und Verhaltens des Patienten bzw. der Patientin im Hier und Jetzt angestrebt.

In dieser Beschreibung gibt es keinen explanatorischen Bezug auf das Unbewusste. Die kognitive Verhaltenstherapie beschränkt sich auf kognitive Analysen im Hier und Jetzt und sieht die primäre Ursache seelischer Störungen in fehlerhaften kognitiven Mustern. Und sie betrachtet Verhaltensübungen als wichtige Komponente der Psychotherapie.

10.2 Ein funktionalistisches Modell der psychoanalytischen Therapie

Im zweiten Teil dieses Buches ist eine Metapsychologie der Psychoanalyse skizziert worden, die sich der Terminologie und der Einsichten der modernen Theorie des Geistes bedient, aber auch auf das evolutionstheoretische und rationalistische Paradigma der Psychoanalyse zurückgreift. Ein Schwerpunkt der Überlegungen war die Rolle der sozialen Kognition (also hermeneutischer Verfahren) in der Psychoanalyse. Auf dieser Grundlage können die in Abschnitt 10.1 aufgeführten Schritte 1 bis 3 der psychoanalytischen Therapie zu einem funktionalistischen Modell ausgebaut werden.

Ausgangspunkt dieses Modells ist die Annahme, dass seelische Zustände und Prozesse, und zwar gleichgültig, ob sie bewusst oder unbewusst sind, funktional organisiert sind. Darüber hinaus wird angenommen, dass die geistigen Zustände auch rational organisiert sind, während seelische Störungen irrational sind. Da sich komplexe Formen der sozialen Kognition – Interpretationen in Gestalt rationaler Erklärungen – stets auf rational strukturierte seelische Zustände und Prozesse richten, sieht es daher so aus, als ließen sich seelische Störungen zwar funktional, aber nicht rational erklären. In der Analyse seelischer Störungen scheint die soziale Kognition keine Rolle zu spielen.

Doch hatten wir gesehen, dass es eine Reihe psychoanalytischer Therapieformen gibt, die sehr wohl mit den Parametern von Rationalität und Irrationalität arbeiten und daher auch die soziale Kognition ins Spiel zu bringen scheinen – zum Beispiel die Erweiterungstheorie, die kognitive Psychotherapie, die rational-emotive Therapie und die mentalistische Therapie (vgl. hierzu die Abschnitte 4.1 bis 4.3). In diesem wichtigen Punkt besteht daher offensichtlich noch Klärungsbedarf.

Aus der bisher skizzierten Metapsychologie – also dem Seelenmodell und den psychoanalytischen Erklärungsarten – lässt sich ein *allgemeines Bild neurotischer Störungen* ableiten:

1. Neurotische Störungen sind Beschädigungen von seelischen Motivationssystemen. Und seelische Motivationssysteme sind Mechanismen, die grundlegende Funktionen erfüllen und Komponenten enthalten, die repräsentational und demnach mental sind. Zu diesen mentalen Komponenten gehören auch Gefühle, die gewöhnlich phänomenal bewusst sind und eine evaluative Funktion haben. Das phänomenale Bewusstsein enthält Reizschwellen, jenseits derer die betroffenen Gefühle unerträglich werden.
2. Eine neurotische Störung beginnt im Allgemeinen mit einer Beschädigung eines grundlegenden seelischen Motivationssystems. Das heißt, dass ein grundlegendes Motivationssystem dysfunktional wird. Der entsprechende funktionale Mechanismus (etwa der Bindungsmechanismus) wird angeworfen, kann aber aufgrund externer Umstände seine Funktion dauerhaft nicht erfüllen (z. B. die Bindungsbereitschaft der Bezugsperson kann nicht aktiviert werden). Diese Dysfunktionalität wird auf der bewussten Ebene der Gefühle als unerträglich erlebt, das heißt überschreitet die entsprechende Reizschwelle, erzeugt eine Traumatisierung und muss daher zugangsunbewusst gemacht werden (»Verdrängung«).
3. Das bedeutet unter anderem, dass der zugrundeliegende funktionale Mechanismus operativ stillgestellt wird (zum Beispiel wird der Bindungsmechanismus deaktiviert). Diese Situation droht jedoch das gesamte seelische Gleichgewicht zu gefährden (zumindest dann, wenn es sich um einen der grundlegenden seelischen Mechanismen handelt). Daher muss eine Lösung gefunden werden, und sie wird auch meist gefunden – und zwar in Gestalt eines Ersatzmechanismus, der die Funktion des ursprünglichen Motivationssystems zumindest partiell erfüllt (z. B. zumindest negative Aufmerksamkeit der Bezugsperson hervorzurufen). Dadurch wird die Situation erträglicher, involviert jedoch zugleich auch zusätzliche seelische Kosten (z. B. dass der Ärger der Bezugsperson ertragen werden muss). Insgesamt werden diese Kosten jedoch geringer evaluiert als die Kosten eines Wegfalls des Ersatzmechanismus.
4. Aufgrund der – für ein traumatisches Erlebnis typischen – Reizgeneralisierung wird im späteren Leben jede Situation, die der traumatisierenden Situation auch nur entfernt ähnlich ist, unbewusst mit dem Anspringen des Ersatzmechanismus beantwortet, auch wenn in den allermeisten dieser Situationen der originale Mechanismus seine Funktion (besser) erfüllt hätte (z. B. jede Person, die sich wie einst die Mutter nähert, wird mit sozialer Abwehr und destruktivem Verhalten belegt, auch wenn die Bin-

dungsbereitschaft dieser Person durch den ursprünglichen Bindungsmechanismus aktiviert werden könnte). Genau darin besteht die neurotische Störung. Sie mag relativ auf die späteren Situationen irrational sein, und die NeurotikerInnen mögen sogar unter dieser Irrationalität leiden, doch die neurotische Störung ist zunächst einmal eine Problemlösung, die die NeurotikerInnen seelisch rettet und vor dem Untergang bewahrt.

5. Die neurotische Störung involviert also einen Verlust der rationalen Organisation und wird auf Funktionalität reduziert, die allerdings Wichtiges leistet. Neurotische Störungen lassen sich daher nicht einfach als Krankheit betrachten, die es zu beseitigen gilt, um die PatientInnen wieder an die soziale Normalität anzupassen, sondern als wichtige Problemlösungen, die dazu beitragen, Schlimmeres zu verhüten.

Aus dieser umrisshaften Diagnose lassen sich einige allgemeine Vorschläge für die psychoanalytische Therapie gewinnen, die enger mit den Komponenten 4 bis 6 der in Abschnitt 10.1 gekennzeichneten psychoanalytischen Therapie korreliert sind:

1. Die neurotische Problemlösung involviert meist erhebliche Kosten und Nachteile (unter anderem ihre Irrationalität). Darum muss es sicherlich ein Ziel der psychoanalytischen Therapie sein, diese Problemlösung zu beseitigen. Doch sollte diese Strategie nicht einfach darin bestehen, den Ersatzmechanismus aufzulösen und zu den ursprünglichen authentischen Gefühlen vorzudringen, sondern die Therapie muss auch einen Ersatz für den Ersatzmechanismus entwickeln – entweder in Gestalt eines neuen, weniger kostenreichen Ersatzmechanismus oder in Gestalt der Reaktivierung des ursprünglichen Mechanismus.
2. In vielen Fällen ist es zu diesem Zweck günstig, dass die TherapeutInnen ihren PatientInnen die ablaufenden Ersatzmechanismen explizit erklären und die PatientInnen zumindest in die Lage versetzen, die bei ihnen ablaufenden Ersatzmechanismen auf monitorbewusste Weise in den Blick zu nehmen und den Here-I-go-again-Modus zu übernehmen.
3. Im weiteren Verlauf der Therapie ist es naheliegend, den Ersatz des Ersatzmechanismus erst einmal im Rahmen der psychoanalytischen Allianz zwischen TherapeutIn und PatientIn zu entwickeln und zu stabilisieren. Erst danach bestünde die Möglichkeit, diesen Ersatz auch außerhalb des Konsultationsraumes zu testen. Dabei sollte den PatientInnen deutlich werden, dass die Reizgeneralisierung, die eine wesentliche Komponente ihres neurotischen Ersatzmechanismus ist, ihrerseits in ihrer gegenwärtigen sozialen Umwelt dysfunktional ist, weil sich diese Umwelt signifikant von der traumatisierenden Situation unterscheidet.

Allerdings ist fraglich, ob sich die beiden in Abschnitt 10.1 skizzierten Therapieformen ausschließen, also eine exklusive Alternative bilden. Einige kognitive Verhaltenstherapien scheinen nämlich davon auszugehen, dass insbesondere systematisch ungünstige Denkmuster zunächst häufig zugangsunbewusst sind. Und die meisten Psychotherapien zielen nicht nur auf Erkenntnis, sondern auch auf eine Veränderung des Denkens und Handelns, die nicht allein durch Erkenntnis erreicht werden kann. In der Tat zielt Punkt 8 der verhaltenstherapeutischen Grundsätze auf eine mögliche Zusammenführung von psychoanalytischer Therapie und kognitiver Verhaltenstherapie.

Beide Therapieformen betreiben letztlich eine Veränderung des jeweiligen symptomatischen Denkens und Verhaltens der PatientInnen. Die falschen Denkmuster und Verhaltensweisen, die im Mittelpunkt der kognitiven Verhaltenstherapie stehen, sind zu Beginn der Therapie meist unbewusst. Warum sollte die analytische Arbeit in den Sitzungen der psychoanalytischen Therapie nicht auch kognitive Prozesse in den Blick nehmen und auf konsistente Weise durch Tests und Verhaltensübungen ergänzt werden können? Und warum sollte die kognitive Verhaltenstheorie nicht anerkennen können, dass kognitive Fehlleistungen zwar auch, aber nicht ausschließlich für seelische Störungen verantwortlich, dass sie ferner häufig eher eine Symptomatik als Ursachen darstellen und dass es sich lohnen könnte, auch nach ihren Ursachen in der Vergangenheit der PatientInnen zu forschen, um dadurch unter anderem die verhaltenstherapeutischen Maßnahmen zu optimieren (vgl. Hall & Iqbal, 2010; Thomas, 2015)? Könnte dadurch die bisher nicht zufriedenstellende Erfolgsbilanz der Verhaltenstherapie (vgl. hierzu Jacobi, 2001) möglicherweise verbessert werden?

Kurz: Könnten wir uns nicht eine konsistente Zusammenführung der beiden grundlegenden Psychotherapieverfahren vorstellen? Die folgenden Überlegungen zur Therapieform aus funktionalistischer Sicht werden eine solche Folgerung in der Tat nahelegen. Dabei sollten allerdings auch die Vorbehalte einbezogen werden, die aus Sicht der psychoanalytischen Therapie gegenüber Selbstversuchen der PatientInnen außerhalb der Sitzungen bestehen: PatientInnen könnten zum Beispiel durch eigene Versuche außerhalb der Sitzungen ihre meist ohnehin schon starke Selbstkontrolle zusätzlich verstärken und die Beziehung zu ihren AnalytikerInnen unterbrechen. Auch könnte die Anweisung zu Selbstversuchen außerhalb des Konsultationsraums eine Kränkung der PatientInnen involvieren (mündlicher Hinweis von Wolfgang Mertens).

Das skizzierte funktionalistische Therapiemodell soll im Rest dieses Kapitels genauer beschrieben werden, unter anderem mit einem Blick zurück auf die in den Kapiteln 8 und 9 analysierten Fallvignetten. Doch kann dabei nur ein sehr eingeschränktes Bild von der psychoanalytischen Therapie gezeichnet werden. Denn wir werden stets davon ausgehen, dass bereits hinreichend umfassendes und detailliertes klinisches Material erarbeitet worden ist, um angemessene psychoanalytische Erklärungen zu entwickeln und therapeutisch an der Beseitigung seelischer Störungen zu arbeiten. Die psychoanalytische Therapie besteht jedoch in der Hauptsache aus den überaus schwierigen und oft langwierigen Wegen, die zur Erarbeitung des klinischen Materials führen. Auf diesen Wegen müssen AnalytikerInnen ihre ganze professionelle Kunst einsetzen. Die neueren psychoanalytischen Arbeiten und insbesondere die vielen Vignetten, die man in der psychoanalytischen Literatur findet, vermitteln einen informativen Einblick in diese reflektierte Bemühung (vgl. u.a. Mertens, 2010, S. 72–76; sowie Leuzinger-Bohleber & Weiß, 2014; Vogel, 2018, Kap. 5). Als Beispiel dafür kann eine der vielen Fallvignetten dienen, die von Marianne Leuzinger-Bohleber publiziert wurden. Hier wird ein besonders berührender Fall geschildert. Sowohl die Durchführung der beschriebenen Sitzungen als auch die nachbereitende Arbeit demonstrieren die extreme mentale Konzentration und Selbstreflexion der Analytikerin, die allererst zum Herausarbeiten des klinischen Materials führen (vgl. Leuzinger-Bohleber & Weiß, 2014, S. 44–56). Eine Analyse dieser komplizierten Prozesse auf breiter empirischer Basis hätte den Rahmen des vorliegenden Essays bei Weitem gesprengt. Insofern bleibt der vielleicht wichtigste Teil der psychoanalytischen Arbeit im Folgenden unberücksichtigt. Eines der wichtigsten Desiderate in der Weiterentwicklung des funktionalistischen Paradigmas der Psychoanalyse besteht in der Ausfüllung dieser Lücke (vgl. dazu Vogel, 2018, Kap. 5).

10.3 Psychoanalytische Erklärungen

Die Überlegungen in diesem Buch können weder auf eine detaillierte Freud-Philologie noch auf eine Erfassung all der vielen verschiedenen Fälle von Neurosen und anderen seelischen Störungen zurückgreifen, ohne die Untersuchung weit über Gebühr auszuweiten. Doch ist es sicher fair zu sagen, dass die Erklärungsstrukturen, die in den sechs bisher diskutierten Fallvignetten deutlich wurden, einen nicht unerheblichen Teil seelischer Störungen abdecken. Im Folgenden soll daher zunächst die gemeinsame Struktur dieser psychoanalytischen Erklärungen dargestellt werden (dabei werden die Komponenten 1 bis 6 der Neurosen jeweils gerafft aufgelistet).

PSE Psychoanalytische Erklärung

1. Patient P hat ein grundlegendes Bedürfnis B (einen Wunsch, ein evaluatives Gefühl) nach einem X. Dieses Bedürfnis können wir auch als einen funktionalen Mechanismus betrachten, der von der Wahrnehmung von X

oder dem Denken an X zu dem jeweiligen Bedürfnis führt und die Funktion hat, das Bedürfnis zu erfüllen.

1.1 Erotische Liebe zum Schwiegersohn
1.2 Wunsch nach sexueller Befriedigung durch den Ehemann
1.3 Erotische Liebe (der Tochter) zum Vater
1.4 Bedürfnis nach physischer Sicherheit
1.5 Sehnsucht nach homosexuellen Kontakten
1.6 Bedürfnis nach sozialer Bindung *und* physischer Sicherheit

Dabei sind 1.2 und 1.6 sozial verankert (in den meisten Gesellschaften), 1.1, 1.3, 1.4 und 1.5 hingegen nicht.

2. B ist in einen seelischen Mechanismus M eingebettet, der unter Normalen Bedingungen[55] meist zur Befriedigung von B führt.

2.1, 2.1, 2.3, 2.5 Erotisches Teasing
2.4 Angst- und Flucht-Mechanismus (Sicherheitsmechanismus)
2.6 Sowohl Sicherheitsmechanismus als auch Bindungsmechanismus

3. In bestimmten Situationen S führt M nicht zur Befriedigung von B, das heißt wird in S dysfunktional – im Falle der Normal verankerten Bedürfnisse durch dramatische Frustration seitens der sozialen Umwelt, im Falle der nicht-Normal verankerten Bedürfnisse durch Angst vor sozialer Missachtung (also vor der *Frustration* des Bindungsmechanismus).

3.1, 3.3, 3.5 Soziale Tabuisierung (d. h. Verweigerung sozialer Bindung im Falle) der erotische Liebe zum Schwiegersohn, zu homosexuellen Menschen oder zwischen Tochter und Vater
3.2 Impotenz des Ehemanns bereits in der Hochzeitsnacht
3.4 Anhaltende physische Bedrohung
3.6 Anhaltende physische Bedrohung und fehlende emotionale Responsivität durch Bezugspersonen

Konsequenz in allen Fällen: P empfindet B in S als extrem belastend und unerträglich.

4. Symptomatische Reaktion V von P auf die Unerträglichkeit von B: P speichert Merkmale M von S im Gedächtnis und substituiert für M einen Ersatzmechanismus M*, der auf M reagiert und das Verhalten V involviert, sodass B partiell erfüllt, aber relativ zu den mentalen Rationalitätsstandards von P irrational ist.

4.1, 4.2 M*: Extreme Scham → Verhalten V, das S korrigiert und B als erfüllt darstellt (Wunschdenken und magische Handlungen sind involviert)

4.3 M*: Extreme Eifersucht auf mögliche Geschwister, auf die Mutter und die Bindung zwischen Mutter und Vater → V: magische Separation zwischen Mutter und Vater

4.4 M*: Extreme physische Bedrohung durch Faktor X → Wahrnehmung von X → V: Panik, Flucht, Aggression

4.5 M*: Extreme Scham → Furcht vor homosexueller Attraktivität → (immer noch Scham → Furcht vor Angriff böser Menschen hinter dem Rücken) → (Scham wegen Feigheit → V: Kontrolle wegen Vergessen bei Betreten der Wohnung)

4.6 M*: Maßlose Enttäuschung *und* extreme Angst vor physischer Verletzung *und* Überzeugung von eigener Schlechtigkeit → V: Fantasie von und Suche nach autoritären Personen, die um den Preis grausamer Strafen Bindung und Sicherheit gewähren[56]

Die Mechanismen M und M* als Transformationsmechanismen sind unbewusst, doch die involvierten extremen Gefühle sind im Zuge der Traumatisierung zunächst bewusst, nach ihrer Verdrängung jedoch phänomenal-, monitor- und zugangsunbewusst.

5. Spätere symptomatische Reaktion V von P: In allen Situationen S*, die mit S auch nur partiell konturähnlich sind (d. h. einige M mit S teilen), werden die in S erlebten Empfindungen aufgerufen, sodass Mechanismus M* anspringt und das symptomatische Verhalten immer wieder generiert. Zusätzliche Mechanismen:

a) Reizgeneralisierung

5.1 Auslösereiz: Begegnung mit oder Denken an Schwiegersohn

5.4 Auslösereiz: Begegnung mit gefahrähnlichen Faktoren (ähnlich wie in S)

5.6 Auslösereiz: Personen, die Bindung und Schutz versprechen

b) Täglich wiederholte Rituale in Gestalt von magischen Handlungen, gesteuert von Wunschdenken, das heißt Inszenierung einer neurotischen Realität, die das Wunschdenken wahr macht

5.2 Tägliche rituelle Inszenierung der Potenz des Ehemanns in Hochzeitsnacht

5.3 Tägliche rituelle Inszenierung der Trennung von Mutter und Vater und der Einnahme des Platzes der Mutter

5.5 Tägliche ritualisierte Inszenierung der Sehnsucht nach homosexuellen Kontakten als Kontrolle möglichen Vergessens von Dingen in der Wohnung

Insgesamt gesehen ist PSE, als allgemeines Schema betrachtet, eine funktionale Erklärung des jeweiligen symptomatischen Denkens oder Handelns. Das liegt vor allem daran, dass die beteiligten Gefühle und Mechanismen (B, M, M*) Funktionen aufweisen, die durch biologische oder kulturelle Evolution geprägt wurden. Erklärung PSE besagt, generell formuliert, dass das symptomatische Denken oder Handeln dadurch zustande kommt, dass tief angelegte Bedürfnisse mit den korrelierten Mechanismen in bestimmten nicht-Normalen Situationen dramatisch frustriert werden. Diese Frustration führt zu unerträglichen Gefühlen und einem Versagen der ursprünglichen Mechanismen, die dysfunktional werden und zu einem seelischen Zusammenbruch zu führen drohen. Die PatientInnen substituieren daraufhin den ursprünglichen Mechanismus durch einen neuen Mechanismus, der das ursprüngliche Bedürfnis partiell erfüllt und den seelischen Zusammenbruch vermeidet, allerdings um den Preis eines Denkens oder Handelns, das mit dem rationalen Geist und manchen etablierten sozialen Regeln in der Umwelt der PatientInnen nicht mehr vereinbar ist, worunter die PatientInnen meist zusätzlich leiden. Der substituierte Mechanismus ist (wie die anderen beteiligten Mechanismen auch) zunächst unbewusst, sodass seine Auswirkungen, insbesondere das symptomatische Denken und Handeln, von den PatientInnen wie eine fremde Gewalt empfunden werden, die unkontrolliert über sie hereinbricht.

Zugleich involviert diese psychoanalytische Erklärung aber auch rationale Strukturen, und zwar in zweifacher Hinsicht. Zum einen enthalten zumindest einige ihrer Varianten Prämissen, die auf eine archaische, eingeschränkte Rationalität verweisen. Zum anderen weist die funktionale psychoanalytische Erklärung die manifesten Phänomene und das symptomatische Verhalten als eine Problemlösung auf, die trotz ihrer Nachteile eine positivere emotionale Evaluierung erfährt als eine Situation des seelischen Zusammenbruchs, die ohne diese Problemlösung auftreten würde. Insofern handelt es sich bei dieser Problemlösung um eine Form der instrumentellen bzw. genauer: der sensitiven Rationalität (vgl. hierzu Detel, 2014, Abschnitt 4.6). Zugleich verweist die psychoanalytische Erklärung – durchaus konsistent – auf die Irrationalität, die mit manifesten Phänomenen und symptomatischem Verhalten einhergeht, und zwar relativ auf moderne Rationalitätsstandards, sodass sich manifeste Phänomene oder symptomatisches Verhalten nicht in eine Selbstrationalisierung des modernen Menschen integrieren lassen.

Die Psychoanalyse im Hier und Jetzt bestreitet, wie wir gesehen haben, die Möglichkeit und Relevanz von Erklärungen seelischer Störungen im analytischen Konsultationsraum, die in den klassischen Modellen dem unwissenden Patienten bzw. der unwissenden Patientin von einem wissenden Analytiker bzw. einer wissenden Analytikerin vorgetragen werden. Aus Sicht des funktionalistischen Ansatzes der Psychoanalyse sind dagegen derartige Erklärungen sinnvoll und möglich. Genauer formuliert, stellen Erklärungen des Typs PSE dem funktionalistischen Paradigma der Psychoanalyse zufolge die erste Komponente einer psychoanalytischen Therapie vieler Neurosen dar und weisen eine exemplarische Struktur auf. Die Teile 1–4 von PSE involvieren meist einen Blick in die Vergangenheit der PatientInnen, doch muss es sich nicht notwendigerweise um die frühkindliche Zeit handeln, sondern kann auch die jüngste Vergangenheit betreffen (etwa im Falle von Kriegstraumata).

Im ersten Schritt der Therapie geht es aus dieser Sicht darum, dass AnalytikerIn und PatientIn gemeinsam eine PSE-Erklärung erarbeiten. Diese Erklärung ist allerdings im besten Fall das Endresultat eines oft langen therapeutischen Prozesses, dessen Details im vorliegenden Essay, wie bereits erwähnt, nicht beschrieben werden können. Es sei lediglich erwähnt, dass dieser Prozess unter anderem – klassisch formuliert – eine Analyse der Abwehrmechanismen involviert, die sich im symptomatischen Verhalten verbergen (nach Freud z. B. Projektion, Verleugnung, Verschiebung, Isolierung, Verdrängung, Rationalisierung, Sublimierung).

Außerdem müssen zu Beginn der Therapie vor allem zugangsunbewusste mentale Zustände in den Blick genommen werden, deren semantische Gehalte keine propositionale (d. h. sprachliche) Form aufweisen – der entscheidende Grund dafür, dass das Verfahren der Auffindung derartiger Zustände sich nicht unter die Regeln einer volkspsychologischen Rationalisierung stellen kann. Daher hat die Psychoanalyse die Methode der freien Assoziation entwickelt, die die PatientInnen anleitet, alle spontanen assoziativen Einfälle zu artikulieren, ohne sich von negativen Evaluationen oder irrationalen Strukturen dieser Assoziationen beeindrucken zu lassen. Dieser mentale Möglichkeitsraum muss dann von den PatientInnen selbst, unter anderem durch Mechanismen der Übertragung auf den Therapeuten oder die Therapeutin, als soziale Szenerie strukturiert werden, wie es bereits von Alfred Lorenzer angedacht wurde.[57] Im besten Fall gelingt es, diejenige soziale Szenerie zu reproduzieren, in der deutlich wird, welchen funktionalen Mechanismen die pathologischen mentalen Prozesse folgen, die das symptomatische Verhalten steuern (enactment). Dabei muss auch geklärt werden, welche genuinen Funktionen diese Prozesse im Rahmen einer evolutionären Geschichte angenommen haben und in welcher Weise – und warum – sie neue, abgeleitete Funktionen generiert haben, die mit irrationalem symptomatischem Verhalten korreliert sind.

Die psychotherapeutische Arbeit führt also erst auf diesem anstrengenden und komplizierten Weg (dazu genauer Vogel, 2018, Kap. 5) zu einer PSE. Dieser Weg ist über weite Strecken mit der Analyse und Überwindung der Abwehr der PatientInnen bestimmt. Ein Abwehrmechanismus ist aus funktionalistischer

Sicht allerdings nicht einfach die Weigerung, sich unbequemen oder gar peinlichen Wahrheiten zu stellen, sondern das (sehr verständliche) Festhalten an etablierten Ersatzmechanismen und ihrer Leistung (ihrer erfüllten Funktion), bevor alternative Mechanismen mit einer ähnlichen Leistung zur Verfügung stehen.

Mit einer PSE werden den PatientInnen die zunächst unbewussten *Mechanismen*, die ihr Leiden hervorrufen, bewusst gemacht und explizit sprachlich formuliert. Damit muss nicht (und sollte vielleicht auch noch nicht) eine bewusste Re-Inszenierung der unerträglichen und traumatisierenden Gefühle einhergehen. Die PatientInnen gewinnen jedoch einen Selbstbezug und ein Monitorbewusstsein, das ihnen unter anderem klar macht, dass ihr seelisches Leiden nicht einfach die Folge eines unbarmherzigen kausalen Prozesses ist, sondern die Nebenwirkung einer Problemlösung, die ihre Seele in einer fast ausweglosen Situation gefunden hat – einer Situation im Übrigen, in die sie meist ohne eigene Beteiligung durch externe soziale Umstände gebracht wurde. Diese Einsicht führt zwar gewöhnlich nicht schon direkt zu einer Heilung, wohl aber meist zu einer erheblichen seelischen Entlastung und Entspannung, die eine wichtige Bedingung für die weitere therapeutische Arbeit ist (vgl. in diesem Kontext z. B. Levin, 2016). Hier ist insbesondere auch die Erkenntnis der beteiligten Mechanismen von erheblicher Relevanz, weil die PatientInnen dadurch in den entlastenden Here-I-go-again-Modus des Monitorbewusstseins übergehen können.

10.4 Über Erklärungen hinaus

Die moderne psychoanalytische Therapie will, wie bereits erwähnt, nicht bei bloßen Erklärungen (die sie meist Interpretationen nennt) stehen bleiben, sondern das symptomatische Verhalten nachhaltig verändern. Und selbst eine gelungene PSE-Erklärung gilt dafür nicht als hinreichend. In einem weiteren Schritt soll es daher meist darum gehen, nun auch die traumatisierenden Gefühle zu re-inszenieren und wieder phänomenal bewusst erlebbar zu machen, und zwar prinzipiell dadurch, dass der symptomatische Ersatzmechanismus geschwächt und aufgelöst wird, sodass die von ihm unterdrückten Gefühle freigesetzt werden. Dieser Schritt involviert häufig zusätzliches Leiden, das in Kauf genommen werden muss, um das symptomatische Verhalten abzuschwächen.

Aus der funktionalistischen Sicht gibt es allerdings ernsthafte Vorbehalte gegenüber dieser verbreiteten Strategie. Denn wenn der Ersatzmechanismus, den der Patient oder die Patientin gefunden hat und der das symptomatische Verhalten involviert, ohne erneuten Ersatz stillgestellt wird, verliert er seine wichtige stabilisierende Funktion. Die Patientin oder der Patient wird dadurch in eine schlimmere Situation gebracht als während der Traumatisierung. Sie bzw. er muss dieselben unerträglichen Gefühle bewusst durchleben, hat aber nun auch keinen Ersatzmechanismus mehr zur Verfügung. Aus funktionalistischer Sicht wäre es geraten, vorsichtiger und bedächtiger vorzugehen.[58]

Es liegt nahe, als ersten Schritt der psychoanalytischen Therapie über die PSE-Erklärung hinaus *eine Mentalisierung der funktionalen Erklärung PSE* in Betracht zu ziehen. Generell besteht die psychoanalytische Mentalisierung dem Konzept von Fonagy zufolge darin, unbewusste mentale Zustände, die zum Teil an der Produktion symptomatischen Verhaltens beteiligt sind, in das Bewusstsein zu heben (siehe Abschnitt 4.3). Das bedeutet unter anderem, sich diese Zustände in Gestalt einer kognitiven Metarepräsentation zuzuschreiben, sie in den Zusammenhang der eigenen mentalen Zustände zu integrieren und der mentalen Kontrolle zu unterwerfen – ein hermeneutischer Prozess, dessen Beherrschung ontogenetisch in der kognitiven Entwicklung kleiner Kinder im vierten Lebensjahr erreicht wird.

Aus funktionalistischer Sicht geht die psychoanalytische Mentalisierung jedoch über ein kognitives Monitorbewusstsein vormals unbewusster Zustände hinaus. Sie muss die unbewussten Zustände für die PatientInnen auch in eine Selbstrationalisierung integrieren, sodass die PatientInnen sie in das rationale Geflecht ihrer bewussten Gefühle konsistent einpassen können. Vor diesem Hintergrund muss sich eine Mentalisierung unbewusster Zustände an der Erklärung PSE abarbeiten. Und der erste Schritt muss darin bestehen zu erkennen, dass die Schritte 1–5 in PSE eine interne Rationalität involvieren.

Tatsächlich zeigt die psychoanalytische Erklärung PSE zwar, dass und inwiefern das symptomatische Denken oder Handeln funktional und irrational ist, enthält jedoch gleichwohl auch rationale Elemente, an die das komplexe Verstehen und folglich die soziale Kognition, also die Interpretation im Sinne einer rationalen Erklärung anknüpfen kann. Wie bereits angedeutet sind funktionale Mechanismen generell eng mit einer instrumentellen Rationalität korreliert. Diese Korrelation macht sich in PSE darin geltend, dass Mechanismus M* geringere Kosten involviert als Mechanismus M. Mit M droht der seelische Zusammenbruch, während M* »lediglich« eine partielle Frustration und Irrationalität involviert, sodass es für die PatientInnen im Eigeninteresse rational ist, zu M* überzugehen. Auch der Mechanismus der Reizgeneralisierung ist zumindest unter Normalen Bedingungen ein rationales Muster, das vor extremer Gefährdung schützt. Und die ständig wiederholten rituellen Inszenierungen, die mit Wunschdenken und magischem Handeln korreliert sind, sichern eine Verankerung des symptomatischen Denkens und Handelns in einer inszenierten Realität. Geben wir Wunschdenken und magisches Handeln als Prämissen vor, so können wir die ritualisierten Muster rational erklären. In all diesen Fällen operieren, wie wir gesehen haben, Hermeneutiken der bounded rationality. In diesem Sinne enthalten PSE-Erklärungen auch rationale Erklärungen, das heißt weisen auf eine archaische Rationalität inmitten der symptomatischen Irrationalität hin. Diese Überlegung ist der Kern einer *rationalistischen Mentalisierung*. Stellen wir diese Form der Mentalisierung noch einmal übersichtlich dar:

RME Rationalistische Mentalisierung

6. Die Kosten des Übergangs zu M* gemäß PSE 4 und 5 (Irrationalität, soziale Unverträglichkeit) sind geringer als die Kosten der Beibehaltung von M (seelischer Zusammenbruch).
7. Die Entwicklung des symptomatischen Verhalten V gemäß PSE 1–5 ist angesichts der Bewertung 6 die beste Maßnahme zur wenigstens partiellen Erfüllung meines Grundbedürfnisses B gewesen.
8. Insbesondere ist die Reizgeneralisierung angesichts emotional unerträglicher Zustände im Allgemeinen und in sozial einfachen Situationen ein adaptiver und vorteilhafter Mechanismus.

Auf diese Weise können sich die PatientInnen ihre durch ihre Abwehr gestützten symptomatischen Ersatzmechanismus als eine positive Problemlösung zuschreiben und so in eine Art archaischer Selbstrationalisierung integrieren.

Als zweiter therapeutischer Schritt über die Erarbeitung der PSE-Erklärung hinaus wäre es aus funktionalistischer Sicht hilfreich, wenn die Therapie von vornherein darauf abzielte, in der Beziehung zwischen TherapeutIn und PatientIn einen Ersatz für den Ersatzmechanismus zu etablieren – entweder einen Ersatz-Ersatzmechanismus, oder besser noch, mit aller Vorsicht den ursprünglichen Mechanismus. Aus dieser Sicht ist die Abwehr der PatientInnen zu Beginn der Therapie nicht eine ärgerliche, uneinsichtige Haltung und somit ein Hindernis, das es zu überwinden gilt, sondern das berechtige Interesse, an einer gefundenen Problemlösung festzuhalten, die das seelische Gleichgewicht halbwegs gewährleistet, solange der Patient oder die Patientin selbst keine bessere Lösung sieht.

Betrachten wir als Beispiel kurz den Patienten N, der enorme Probleme, positive soziale Beziehungen zu anderen Menschen einzugehen. Wenn er auf Menschen trifft, deren Aufmerksamkeit und Zuwendung er sich wünscht und die ihm auch sozial näherkommen möchten, inszeniert er stets Verhaltensweisen, mit denen er diese Menschen verärgert, und zwar ohne erkennbaren Anlass – durch ungerechtfertigte Aggressivität und Kritik, Brechen von Versprechen, Spott, Zynismus und Mobbing. Dadurch führt N regelmäßig empörte, negative Reaktionen herbei und gerät in soziale Isolation. Doch N sieht sich außerstande, dieses Verhalten abzustellen.

Die Analyse deckt auf, dass die Mutter von N bereits während seiner frühen Kindheit unter depressiven Anfällen litt und es schwer hatte, ihre Mutterschaft anzunehmen. Sie war daher meist nicht in der Lage, ihre Bindungsbereitschaft zu mobilisieren. Daher war der kleine N nicht in der Lage, seinen Bindungsmechanismus erfolgreich zu aktivieren. Der Bindungsmechanismus wurde dysfunktional – eine für den kleinen N unerträgliche Situation.

Jedoch entdeckte der kleine N, dass er mit negativen Verhaltensweisen, die gewöhnlich Defizite im Eigenkörper anzeigen, regelmäßig seine Mutter stark verärgern und damit eine zumindest negative, partielle Zuwendung erhalten konnte. N hatte einen Ersatzmechanismus für den ursprünglichen Bindungsmechanismus gefunden, der den unerträglichen Schmerz über die mangelnde positive emotionale Responsivität seiner Mutter verdrängte und N's Bindungsbedürfnis zumindest partiell erfüllte. Daher aktivierte N diesen Ersatzmechanismus in seiner Kindheit immer wieder.

Als Erwachsener setzte N dieses Verhalten auch in außerfamiliären Kontakten fort. Als Auslösereiz reichte aufgrund einer Reizgeneralisierung bereits jeder soziale Annäherungsversuch einer fremden Person, um in N extreme Angst und die skizzierte abweisende Haltung hervorzurufen. In der komplexen sozialen Umwelt, die den erwachsenen N umgibt, ist die Aktivierung des Ersatzmechanismus unter Bedingungen der Reizgeneralisierung jedoch in den meisten Fällen fehlerhaft, weil nicht alle Personen, die sich N sozial nähern, depressive Personen sind und seiner Mutter in dieser Hinsicht ähneln. Die Aktivierung des Ersatzmechanismus involviert daher nun für N hohe Kosten, in Gestalt von sozialer Isolierung und einem Leiden an Irrationalität. Auch der Ersatzmechanismus wird nunmehr dysfunktional.

Damit ist N's symptomatisches Verhalten als Erwachsener psychoanalytisch erklärt, und zwar auf funktionale Weise. Doch in einer psychoanalytischen Therapie wäre es hilfreich, wenn der Therapeut bzw. die Therapeutin nicht nur durch Überwindung der Abwehr und Abschwächung oder gar Eliminierung des Ersatzmechanismus wieder an die verdrängten traumatisierenden Gefühle heranzukommen versucht, sondern von vornherein versuchen würde, zugleich auch eine Bindung zwischen sich und dem Patienten bzw. der Patientin aufzubauen, die nicht auf negativer, sondern auf positiver Bindungsbereitschaft beruht. Auf diese Weise könnte die Operation eines Bindungsmechanismus zunächst in der therapeutischen Allianz *für die PatientInnen positiv erfahrbar werden* – aus funktionalistischer Sicht der erste therapeutische Schritt über die PSE-Erklärung hinaus.

Der nächste und dritte Schritt muss die Erkenntnis involvieren, dass die oben skizzierte Diagnose 6–8 nur für archaische bzw. frühkindliche und sozial sehr einfache Umwelten gilt (die Normalen Bedingungen, in denen die kognitiven Apparate der Menschen ganz überwiegend formiert worden sind):

9. Für sozial komplexe Verhältnisse, in denen P lebt, gilt in den meisten Fällen, dass S*-ähnliche Situationen (vgl. PSE 5.) genau betrachtet Bedürfnis B überhaupt nicht frustrieren, sondern B erfüllen können und daher V nicht erforderlich machen. Auch in diesen Situationen kann M seine eingespielte Funktion erfüllen.
10. Für sozial komplexe Verhältnisse, in denen Patient P lebt, führt daher der in archaischen Verhältnissen erfolgreiche Mechanismus der Reizgeneralisierung bzw. des Wunschdenkens und magischen Handelns zu einem unnötigen symptomatischen Verhalten V, dass P folglich im Rahmen seiner eigenen sozialen Verhältnisse unterlassen könnte und sollte.
11. In P's eigenen sozialen Verhältnissen sind Reizgeneralisierung bzw. Wunschdenken und magisches Handeln falsch und irrational (obgleich sie über lange Zeiten der Menschwerdung und Menschheitsgeschichte rational waren).
12. P sollte sich in möglichst viele S*-ähnliche Situationen begeben und testen, ob 9–11 korrekt sind.
13. Fällt dieser Test positiv aus, so wird es dieses Resultat auch in praktischer Hinsicht erleichtern, sich vom entsprechenden symptomatischen Verhalten zu befreien.
14. P versucht, die Ansichten 1–11 mithilfe der praktischen Übungen 12 und 13 in seine Selbstinterpretation zu integrieren und sich damit sowohl den Sinn seines symptomatischen Verhaltens als auch die Rationalität der Zurückdrängung des symptomatischen Verhaltens deutlich zu machen.

Offensichtlich stellen die Schritte 9–14 das *Grundgerüst einer kognitiv gestützten Verhaltensänderung in einer funktionalen Psychoanalyse* dar.

Die Schritte 9–11 enthalten eine *kognitive Erklärung und rationale Bewertung des symptomatischen Verhaltens.* Insbesondere kommt es darauf an, die Unterschiedlichkeit einfacher sozialer Umwelten in der frühen Kindheit (und der frühen Menschheit) zu realisieren. Der Ersatzmechanismus wird nun explizit zum Gegenstand des evaluativen Monitorbewusstseins der PatientInnen. Diese kognitiven therapeutischen Manöver finden noch in den Sitzungen statt.

Die Schritte 12–14 enthalten einen vierten therapeutischen Schritt, nämlich den *praktischen Teil der funktionalistischen Psychoanalyse* – man könnte sagen, ihre *verhaltenstherapeutische Komponente*, das heißt einen Katalog von therapeutisch hilfreichen Handlungsszenarien und eine psychische Verfestigung erfolgreicher Tests. Das heißt konkret, dass die PatientInnen durch Überprüfung und Tests in ihrem täglichen Leben eine Einsicht nicht nur in die Funktion, sondern auch in die Fehlerhaftigkeit ihrer symptomatischen Ersatzmechanismen im Rahmen ihrer modernen sozialen Umwelt gewinnen und dadurch motiviert werden, mithilfe von Übungen die Ersatzmechanismen abzulegen. Um an unser schematisches Beispiel anzuknüpfen: Patient N kann gegen Ende der Therapie unter anderem dazu gebracht werden, nüchtern zu prüfen, ob sich Personen, die sich ihm sozial nähern, tatsächlich ähnlich wie seine depressive Mutter reagieren oder vielleicht freundlicher und emotional responsiver als es sein Ersatzmechanismus unterstellt.

An dieser Stelle sind die oben erwähnten Vorbehalte gegen die Selbstversuche von PatientInnen näher zu bedenken. Es ist in diesem Zusammenhang darauf hingewiesen worden, dass derartige Tests auch in den therapeutischen Sitzungen zwischen PatientIn und AnalytikerIn stattfinden können und sich oft im Vergleich zu Realitätstests als wichtiger erweisen (vgl. Weiss & Sampson, 1986). Aus funktionalistischer Sicht scheint jedoch die kognitive Einsicht wichtig zu sein, dass die Reizgeneralisierung in der sozialen Umwelt der PatientInnen dysfunktional und falsch ist. Ganz sicher kann und muss dieser Realitätstest an die zuvor positiv erfahrene Bindung an den Therapeuten bzw. die Therapeutin anknüpfen und die Reaktivierung des ursprünglichen Mechanismus und damit die mentale Stabilität verstärken. Wenn die Realitätstests unter dieser Bedingung mit einer angemessenen Vorsicht, Quantität und Supervision seitens der TherapeutInnen durchgeführt werden, scheint dieses Verfahren akzeptabel zu sein, zumal es sich offenbar auch in der rational-emotiven und kognitiven Verhaltenstherapie bewährt hat (siehe Abschnitt 4.1).

Die Schritte 9–14 involvieren noch eine weitere Form von Rationalität, denn der hier beschriebene Prozess hin zu einem Unterlassen des symptomatischen Verhaltens beruht auf der Veränderung der Prämissen 6–8 zu 9–11 und ist eine Form der instrumentellen Rationalität. Und das Testverfahren 12–14 repräsentiert Grundzüge einer rationalen Prüfung von Hypothesen. Der entscheidende Punkt, der in RME klargestellt, erkannt und in praktischen Tests konkret erfahren werden muss, ist also, dass die evolutionär meist adaptive (also ihre Funktion erfüllende) Ähnlichkeitsannahme, die in der Reizgeneralisierung steckt, in den meisten Fällen komplexer sozialer Situationen zu grob und damit fehlerhaft wird, und dass Wunschdenken und magisches Handeln die Bedingungen moderner Rationalität nicht erfüllen. Dieses Bild involviert eine – funktionalistisch reformulierte – Zusammenführung von psychoanalytischer Therapie und kognitiver Verhaltenstherapie (vgl. Textor, 1988a, 1988b).

10.5 Psychoanalytische Therapie und Hermeneutik

Erklärungen des Typs PSE stellen, wie gesagt, funktionale Erklärungen dar, doch sie involvieren auch Akte des Verstehens (d. h. der sozialen Kognition).[59] Die im Vorhergehenden identifizierten drei Formen von Rationalität in der Irrationalität vieler seelischer Störungen sind die Ankerpunkte für komplexe Interpretationen in Therapien seelischer Störungen. Der therapeutische Weg zur PSE erfordert aber auch, wie vor allem neuere psychoanalytische Arbeiten im intersubjektiven Paradigma exemplarisch zeigen, vielfältige wechselseitige Akte des Parsens zwischen AnalytikerIn und PatientIn sowie monitorbewusste Reflexionen auf dieses Parsen. Dieses wechselseitige Verstehen involviert auch das Ringen von AnalytikerInnen um Empathie für die Leiden und Bemühungen der PatientInnen sowie das Ringen der PatientInnen um das Parsen eigener mentaler Zustände (vgl. hierzu Papiasvili, 2016). Im Rahmen der PSE selbst müssen zum Beispiel die mit dem symptomatischen Verhalten verbundenen Emotionen geparst werden (vgl. PSE Schritt 4) sowie am Ende auch jene Grundbedürfnisse, die der gesamten Pathologisierung zugrunde liegen (vgl. PSE Schritt 1). Vor allem aber wird das gegenseitige Verstehen, insbesondere aber das Verstehen der Reaktion der PatientInnen auf emotional unerträgliche Erlebnisse, die Form einer empathischen mentalen Simulation haben. Auch die szenische Re-Inszenierung und die soziale Strukturierung, die sich auf Grundlage freier Assoziationen in der psychoanalytischen Therapie entfaltet, kann ohne die Einbeziehung des simulativen Verstehens und des Parsens von Handlungsabsichten der PatientInnen nicht analysiert werden, und man kann sicher vermuten, dass es den PatientInnen therapeutisch hilft zu sehen, dass der Analytiker bzw. die Analytikerin die Traumatisierung simulativ und empathisch nachvollzieht.

Damit werden fünf Schnittpunkte der psychoanalytischen Therapiestruktur (PSE, RME) sichtbar, in denen ein einfaches Parsen, ein simulativ-empathisches Parsen und drei Formen der rationalen Erklärung als feste, unverzichtbare Komponenten der psychoanalytischen Erklärung und Therapie in die große funktionale Struktur der psychoanalytischen Erklärungen eingebettet sind.[60] Es sind genau diese Schnittpunkte, an denen das hermeneutisch beschriebene Verstehen als soziale Kognition in die psychoanalytische Therapie eingreift. In einigen neueren Ansätzen der Psychoanalyse scheinen funktionale Analyse und rationale Erklärung zu verschwimmen, doch können wir diesen Eindruck jetzt präzisieren: Verstehen und funktionale Analyse sind nicht identisch, doch im Falle emotional evaluierender Lebewesen involviert Funktionalität auch instrumentelle verstehbare Rationalität. Diese Korrelation kann, wie der nächste Abschnitt zeigt, noch genauer analysiert werden.

10.6 Kausalität, Funktionalität und Rationalität

Wir hatten gesehen: Die moderne Wissenschaftstheorie unterscheidet strikt zwischen kausalen, funktionalen und rationalen Erklärungen. Rationale Erklärungen stellen eine Form des Verstehens und der sozialen Kognition dar. Sie sind eine

Form der hermeneutischen Methode, den Sinn – also die semantischen Gehalte – seelischer Phänomene zu erfassen. Und dieses Erfassen des Sinns muss sich auf jene rationalen Relationen richten, von denen sinnhafte Phänomene im Geist und zum Teil auch in der unbewussten Seele organisiert werden. Kausale und funktionale Erklärungen sind dagegen im Kern naturwissenschaftliche Erklärungen (siehe Abschnitt 5.3.1). Die funktionalistische Analyse der Psyche macht daher, wie es scheint, die Psychoanalyse zu einer naturwissenschaftlichen Theorie.

In den Fallanalysen, die in den Kapiteln 8 und 9 vorgelegt wurden, scheinen die psychoanalytischen Erklärungen jedoch eine eigentümliche Verschränkung von Funktionalität, Rationalität und Irrationalität aufzuweisen, die dem klassischen wissenschaftstheoretischen Bild widerspricht. Überdies sind alle seelischen Prozesse mit neuronalen Aktivitäten korreliert, die ihrerseits einen kausalen Verlauf involvieren.

In den vorangehenden Abschnitten ist diese Verschränkung im Rahmen spezifischer therapeutischer Erklärungen und Therapien genauer beschrieben worden. In diesem Abschnitt soll die Beziehung zwischen Funktionalität und Rationalität abschließend auf einer generellen Ebene diskutiert werden.

Eines der allgemeinen Indizien für diese Verschränkung ist, dass Funktionalität eine bestimmte Kausalität involviert und dass sich nicht selten dieselben Sachverhalte sowohl funktional als auch rational erklären lassen[61] (im Folgenden soll die Formel A → B anzeigen, dass B aus A kausal hervorgeht).

Zweifellos gibt es viele kausale Prozesse, die nicht funktional sind. Doch alle faktischen Funktionen enthalten Kausalität. Funktionen entstehen, wie wir gesehen haben, in evolutionären Prozessen, von denen alle Zustände von Lebewesen mit bestimmten Normalzuständen N geprägt werden. Wenn A und B zwei Zustände des Lebewesens mit der Normalbedingung N sind, und wenn A → B gilt, dann wird aus B eine Funktion von A, wenn B zusätzlich eine notwendige Bedingung für die Stabilisierung von N und somit für das Überleben von L ist. Wenn wir diese Funktionalität durch die Formel A → FB darstellen, so können wir definieren:

1. $A \rightarrow FB := A \rightarrow B$ und $N \rightarrow B$

Diese Formel ist ein einfacher Ausdruck für die Verschränkung von Kausalität und Funktionalität. Denn Funktionalität (A → FB) impliziert nach 1, dass B kausaler Effekt von A ist (A → B), dass B aber auch notwendige Bedingung des Normalzustandes ist (N → B). Dies gilt auch, wenn A und B seelische Zustände sind (vgl. Allen, 2009).

Daraus folgt jedoch nicht, dass Funktionalität auf Kausalität reduziert werden kann. Denn zwischen Funktionalität und Kausalität gibt es keine umkehrbar eindeutige Beziehung (also keine 1:1-Abbildung im mathematischen Sinn). Die langen Hälse der Giraffen haben die Funktion, Nahrung an hohen Bäumen zu erreichen. Aber diese Funktion hätte auch durch andere kausale Verhältnisse realisiert werden können, vielleicht durch überlange Beine und normale Hälse. Und die langen Beine haben die weitere Funktion, schnell laufen zu können. In der Kognitionswissenschaft werden Funktionen ganz zu Recht als (meist algorithmisch ablaufende) Programme betrachtet. Das Antivirus-Programm eines Computers hat zum Beispiel die Funktion, Computerviren zu erkennen und zu eliminieren. So hat einer der führenden gegenwärtigen Vertreter der Cognitive Science, Paul Thagard, noch kürzlich bemerkt:

> »Cognitive science is the interdisciplinary study of mind and intelligence […] The central hypothesis of cognitive science is that thinking can best be understood in terms of representational structures in the mind and computational procedures that operate on those structures […] Most work in cognitive science assumes that the mind has mental representations analogous to computer data structures, and computational procedures similar to computational algorithms« (Thagard, 2012, S. 1).

Programme im Sinne einer Software können jedoch durch unterschiedliche kausal organisierte Hardware realisiert werden, und dieselbe Hardware kann unterschiedliche Programme realisieren – in der Seele ebenso wie in Computern (vgl. Putnam, 1993). Diese Einsicht lag auch der früheren Computertheorie des Geistes zugrunde (zur Übersicht vgl. Detel, 2014, Abschnitt 1.1).

Damit hängt ein weiterer Unterschied zwischen Kausalität und Funktionalität zusammen. Funktionen können im Unterschied zu kausalen Beziehungen erfüllt werden oder auch nicht. Sie sind unter bestimmten Normalen Umweltbedingungen entstanden, wurden evolutionär getestet und haben sich in diesen Umweltbedingungen bestens bewährt. Diese Umweltbedingungen können physischer oder sozialer Natur sein. Doch unter veränderten Umweltbedingungen können Funktionen dysfunktional werden. Das heißt nicht, dass diese Funktionen verschwinden. Sie bestehen weiter und haben weiterhin eine bestimmte Aufgabe, doch sie erledigen ihre Aufgabe nicht mehr.

Das bedeutet: Wir können ohne Zweifel seelische Vorgänge rein kausal erklären (eng bezogen auf kausale Vorgänge unter den korrelierten neuronalen Aktivitäten), aber damit verlieren wir erhebliche Erklärungskraft. Funktionalität zeigt stets eine Problemlösung an, und wie wir gesehen haben, ist es für die Erklärung und Therapie seelischer Störungen mehr als wichtig, sie als Problemlösungen ansehen zu können. Neuronalen Vorgängen kann man jedoch keine Problemlösungsfähigkeit entnehmen, es sei denn, man beschreibt sie bereits in der korrelierten psychologischen Sprache. Dann aber hat man sich bereits auf die funktionale Ebene begeben.

Es scheint viele Funktionen und funktionale Mechanismen zu geben, die keinerlei rationale Aspekte aufweisen. Denn in evolutionären Entwicklungen, die durch transgenerative unbewusste Evaluationen gesteuert werden und sich an Effekten biologischer Selektionen orientieren, scheint es keine Rationalität zu geben. Allerdings gibt es AutorInnen, die bereit sind anzuerkennen, dass für jedes Lebewesen die Erhaltung seines Normalzustandes ein intrinsischer Wert ist, der auch durch einen Evaluationsmechanismus E konstatiert wird.[62] Wir könnten diesen Sachverhalt durch die Formeln A → FB und E(N) (= N hat den intrinsischen Wert E) darstellen. Dieser Sachverhalt impliziert auch E(B) (= B hat den intrinsischen Wert E). Insgesamt würde damit gelten, dass eine funktionale Beziehung impliziert, dass der Normalzustand und folglich auch der kausale Effekt einen intrinsischen Wert darstellt:

2. (A → FB) → (E(N) → E(B))

Damit würde jede Art von Funktionalität eine elementare Form von Rationalität darstellen – eine Art von evolutionärer Rationalität, die lediglich unbewusste, evolutionäre Evaluationen erfordert.

Es ist jedoch ein entscheidender Unterschied, ob Evaluationen unbewusst oder bewusst sind. Nur wenn Lebewesen ihre Evaluationen in Gestalt von Gefühlen bewusst erleben, kann es ihnen, wie viele AutorInnen zu Recht bemerkt haben, in ihrem Leben überhaupt um etwas gehen. Betrachten wir etwa das Körpergefühl Hunger und die Emotion Furcht. Wie in Abschnitt 6.6 angedeutet, ist die Funktion von Hunger, Nahrungsmangel auszugleichen, und die Funktion von Furcht, einer bestehenden Gefahr zu entgehen. Lebewesen, die über evaluatives Bewusstsein verfügen, *erleben* den Hunger als negativ und seine Beseitigung als positiv. Und sie *erleben* Gefahr negativ und ihr Vermeiden positiv. Wenn diese Lebewesen daher in einer bestimmten Situation Hunger und Furcht phänomenal bewusst als negativ erleben, ergreifen sie (meist motorische) Maßnahmen, um dieser Situation zu entgehen, mit dem Ziel, in Zustände zu kommen, die sie als positiv empfinden können. Dieser Prozess ist im einfachsten Fall eine Pushmi-Pullyu-Repräsentation – aber genau dieser Prozess involviert aufgrund der aufgerufenen bewussten Evaluationen auch instrumentelle Rationalität. Diese neue Stufe wird unmittelbar ersichtlich, wenn wir sie wieder als Formeln darstellen:

3. Wahrnehmung von A → positive bewusste Evaluation von A → Produktion von FB = Annährung an A → Beitrag zu Normalzustand
4. Wahrnehmung von A → negative bewusste Evaluation von A → Produktion von B = Entfernung oder Beseitigung von A → Beitrag zu Normalzustand

Die Mechanismen 3 und 4 im Ganzen laufen schnell und unbewusst ab. Gleichwohl sind dabei die beteiligten Repräsentationen (Wahrnehmung, Gefühl) gewöhnlich phänomenal bewusst.

Komplexere und höherstufige Varianten von 3 und 4, wie sie vor allem bei Menschen vorkommen, beruhen darauf, dass die anfänglichen Wahrnehmungen und die Evaluationskriterien komplexer werden. Die Wahrnehmungen können zum Beispiel durch differenzierte sprachliche Meinungen, ja durch komplexe Theorien ersetzt werden, und die Evaluationskriterien können sich von einfachen Gefühlen lösen und zu komplexen Wünschen werden, die Kriterien des guten Lebens oder moralische Standards involvieren. Bezeichnen wir die erste Komponente mit M (= Meinung), die zweite mit W (= Wunsch) und die dritte mit H (= Handeln), so können wir diese Stufe durch eine weitere Formel darstellen, die besagt, dass wenn eine Person meint, dass A die Funktion B hat, und die Funktion B zu realisieren wünscht, diese Person so handelt, dass A hervorgerufen wird:

5. (M (A → FB) und W (FB)) → H (A)

Und damit sind wir bei der Grundform rationaler Erklärungen angelangt (vgl. Abschnitt 5.3.1). Der Mechanismus 5 operiert meist voll auf der bewussten Ebene, das heißt nicht nur die beteiligten Meinungen und Wünsche sind bewusst (und können zum Beispiel zum Gegenstand eines Monitorbewusstseins werden), sondern der gesamte Mechanismus beruht meist auf langsamen deliberativen Prozessen und all den Kriterien, die von der modernen Theorie der rationalen Handlungswahl ausgearbeitet worden sind.

Die einfachste Form der Rationalität, die den rationalen Erklärungen zugrunde liegt, ist die instrumentelle Rationalität. In einem der besten neueren Artikel zur Rationalität kennzeichnen die beiden Autoren die Grundform der Rationalität – die *instrumentelle Rationalität* – dadurch, dass ein Lebewesen die für seine Ziele angemessenen Mittel ergreift: »Someone displays instrumentally rationality insofar as she adopts suitable means to her ends« (Kolodny & Brunero, 2016, erster Satz). Das heißt insbesondere: Unter ihren Normalen Bedingungen ist die Erfüllung faktischer Funktionen angesichts der bewussten Ziele und Wünsche seelenbegabter Wesen instrumentell rational, unter abweichenden Bedingungen dagegen wird die Dysfunktionalität instrumentell irrational.[63] Diese Verschränkung von Funktionalität und Rationalität beruht offensichtlich darauf, dass beide an Erfüllungsbedingungen geknüpft sind (die wir im speziellen Falle von Repräsentationen auch Korrektheitsbedingungen genannt haben). *Erst in diesem Kontext sollten wir von genuiner Rationalität sprechen.* Terminologisch soll (unqualifizierte) *Rationalität* genuine Rationalität bezeichnen. Evolutionäre Rationalität wäre dann also keine (genuine) Rationalität.

Die Verschränkung zwischen Funktionalität und Rationalität impliziert jedoch nicht, dass Rationalität auf Funktionalität reduzierbar ist und dass rationale Erklärungen nichts anderes sind als funktionale Erklärungen. Es steht empirisch fest, dass einige Tiere zwar über mentale Zustände und Prozesse verfügen, die funktional organisiert sind und evolutionär rational genannt werden mögen, dass diese Tiere jedoch keine bewussten Gefühle haben und nichts erleben können. Diese Funktionalität enthält daher keinerlei genuine Rationalität, zudem können die Parameter *Rationalität* und *Irrationalität* hier nicht sinnvoll angewendet werden. Ebenso können, wie wir gesehen haben, alle seelischen Zustände und Prozesse funktional erklärt werden. Aber nur dann, wenn diese Prozesse zusätzlich auch eine rationale Organisation aufweisen, können wir unsere soziale Kognition, also hermeneutische Verfahren des Verstehens und Interpretierens mobilisieren. Würden wir uns auf die funktionale Ebene beschränken, so würde auch diese Beschränkung unser explanatorisches Potenzial erheblich reduzieren. Wir könnten nicht einmal die Irrationalität bestimmter seelischer Störungen beschreiben. Diese Diagnose ist eine der wichtigsten Grundlagen für die genauere Klärung der Rolle der sozialen Kognition in Erklärungen seelischer Störungen, die funktional und in bestimmtem Sinne auch irrational ablaufen.

Machen wir uns diesen Punkt noch einmal an einem einfachen Beispiel klar. Angenommen:

S Ein brüllender Bär kommt auf Vera zu.
1) Vera nimmt einen Bären wahr.
2) Vera evaluiert den Bären als gefährlich.
3) Vera meint, dass eine Flucht sie vor der Gefahr rettet.
4) Vera ergreift die Flucht.

Dann können wir sagen:

K Kausale Erklärung: 1) führte in S kausal zu 2), und 2) führte kausal zu 3).
F Funktionale Erklärung: 1) führte in S kausal zu 2), und 2) führte kausal zu 3), und 2) war in S die Funktion von 1), und 3) war die Funktion von 2), weil 3) in S für Vera überlebensrelevant war.
R Rationale Erklärung: 1) führte in S kausal zu 2), und 2) führte kausal zu 3), und 2) war in S die Funktion von 1), und 3) war die Funktion von 2), weil 3) in S für Vera überlebensrelevant war, und zwar deshalb, weil 1) und 2) dazu führen, dass 4) Vera angstvoll wünscht, der Gefahr zu entgehen sowie 5) meint, durch Flucht entginge sie der Gefahr.

Die kausale Erklärung K ist offensichtlich nichtssagend und enthält kaum explanatorisches Potenzial. Die funktionale Erklärung F steht in diesem Punkt besser da, weil sie den kausalen Übergang K seinerseits erklärt. Die rationale Erklärung R jedoch involviert das größte explanatorische Potenzial. Sie allein nimmt ernst, dass in 1) bis 3) von mentalen Zuständen die Rede ist, die über semantische Gehalte verfügen, und dass 4) sich auf Handlungen bezieht, die mit Absichten verknüpft sind. Sie allein reformuliert 2) als evaluatives kognitives Gefühl und sie führt Prämisse 3) explizit auf. Daher erklärt R Handlung 4) als rationale Konsequenz aus all diesen Prämissen, wobei der rationale Übergang auf den semantischen Gehalten der beteiligten Wünsche, Absichten und Meinungen beruht.

Mit anderen Worten: Die rationale Erklärung artikuliert explizit die instrumentale Rationalität, die dem funktionalen Geschehen innewohnt. So wenig wie die funktionale Erklärung kausale Übergänge bestreitet, sondern sie vielmehr explanatorisch anreichert, so wenig bestreitet eine rationale Erklärung kausale oder funktionale Übergänge, reichert aber beide Übergänge explanatorisch weiter an. Jede rationale Erklärung führt die korrelierten kausalen und funktionalen Erklärungen implizit mit.

Dieser Zusammenhang ist ersichtlich eine wichtige Bedingung dafür, die Rolle der hermeneutischen Verfahren und der sozialen Kognition in der psychoanalytischen Metapsychologie und Therapie angemessen zu bestimmen. Eine der Formen der sozialen Kognition ist die empathische mentale Simulation. Doch wo immer rationale Organisationen auftauchen, muss darüber hinaus auch die Interpretation als rationale Erklärung operieren. Wir haben festgestellt, dass beide Formen des Verstehens (das heißt der sozialen Kognition) in der psychoanalytischen Therapie verankert sind. Im Falle der rationalen Erklärung involviert dieser Befund unter anderem die Einsicht, dass selbst seelische Störungen eine Art von Rationalität enthalten, obgleich sie in anderer Hinsicht durchaus irrational genannt werden können. *Seelische Störungen enthalten eine Rationalität des Irrationalen.* Diese zentrale Diagnose kann weder auf der kausalen noch auf der funktionalen Erklärungsebene entdeckt werden.

Schlussbemerkung

Das funktionalistische Modell der Psychoanalyse, das im zweiten Teil dieses Buches umrissen worden ist, weist deutliche Gemeinsamkeiten mit allen vier historischen Paradigmen der Psychoanalyse auf, die im ersten Teil in ihren Grundzügen skizziert worden sind. Das funktionalistische Modell geht mit dem triebtheoretischen Paradigma davon aus, dass die menschliche Seele grundlegende Strukturen aufweist, die von sozialen Beziehungen (also von Objektbeziehungen) und aller kulturellen Diversität unabhängig sind. Dazu gehören elementare Repräsentationen, kognitive Körpergefühle wie Schmerz oder Hunger, kognitive Emotionen wie Ekel und Überraschung, psychologische Mechanismen wie die Reizgeneralisierung und der Schutzmechanismus sowie höhere Formen des Selbstbezuges wie ein elementares Ich-Bewusstsein, die sämtlich auch bei vielen Tieren vorkommen. Diese vorsoziale Seele kann als das Selbst bezeichnet werden, von dem genauer betrachtet auch das intersubjektive Paradigma immer schon ausgeht. Das funktionalistische Modell weist ferner, ebenso wie das triebtheoretische Paradigma, der Sexualität, verstanden im erweiterten Sinn der reproduktiven Arbeit, eine grundlegende Rolle im seelischen Leben zu, und besteht wie das triebtheoretische Paradigma darauf, dass Erklärungen symptomatischen Verhaltens durch Rekurs auf Komponenten des Unbewussten ein wichtiger Bestandteil der Therapie sind. Und schließlich involviert das funktionalistische Modell wie das triebtheoretische Paradigma die Auffassung, dass seelische Störungen aus einem Konflikt zwischen vorsozialen Gefühlen und sozialen Imperativen (allerdings verstanden als motivationale Kräfte) entstehen können. Insofern das intersubjektive Paradigma diese Aspekte leugnet oder marginalisiert, schlägt sich das funktionalistische Modell auf die Seite des triebtheoretischen Paradigmas.

Zugleich ist das funktionalistische Modell mit dem intersubjektiven Paradigma darin einig, dass es auch viele Gefühle und Mechanismen in der menschlichen Seele gibt, die von vornherein sozial angelegt sind (wie etwa Scham und Stolz, aber auch der Bindungsmechanismus), dass auch altruistische Gefühle motivational sind und dass die menschliche Seele eine motivationale Ultrasozialität und höhere kognitive Fähigkeiten aufweist, die sie von der animalischen Seele deutlich unterscheidet. Zudem akzeptiert das funktionalistische Modell die These des intersubjektiven Paradigmas, dass auch viele elementare, prinzipiell vorsoziale Komponenten der Seele bereits vom Säuglingsalter an zusätzlich sozial geprägt werden – in dem Sinne, dass die semantischen Gehalte dieser Komponenten von intersubjektiven Erfahrungen formiert werden (»Internalisierung«). Daher stimmen das funktionalistische Modell und das intersubjektive Paradigma auch darin überein, dass viele seelische Störungen aus einer Frustration ursprünglicher seelischer Mechanismen entstehen, die aus der externen Umwelt an einzelne Individuen herangetragen werden und nicht einem innerseelischen Konflikt entspringen.

Insgesamt beansprucht das funktionalistische Modell also wie das evolutionstheoretische Paradigma, dass es wichtige Komponenten des triebtheoretischen und intersubjektiven Paradigmas konsistent zusammenführen kann und sowohl das triebtheoretische als auch das intersubjektive Paradigma als einseitig erweist. Insoweit im intersubjektiven Paradigma die Rolle des Unbewussten im Seelenmodell, aber auch in der Erklärung und Therapie seelischer Störungen gegenüber dem triebtheoretischen Paradigma heruntergespielt wird, findet sich das funktionalistische Modell jedoch eindeutig an der Seite des triebtheoretischen Paradigmas wieder. In einer rekonstruierten Form übernimmt das funktionalistische Modell auch die Einteilung des Unbewussten in Vorbewusstes, verdrängtes Unbewusstes und nicht-verdrängtes Unbewusstes, die in einigen Varianten des triebtheoretischen Paradigmas vorgeschlagen wird. Insoweit andererseits das triebtheoretische Paradigma die Rolle der TherapeutInnen auf die unbestimmte Person als Bezugspunkt für Übertragungen und als objektive, nüchterne Erklärende beschränkt, stimmt das funktionalistische Modell den VertreterInnen des intersubjektiven Paradigmas zu, dass TherapeutInnen vielmehr empathische GesprächspartnerInnen der PatientInnen sein sollten und dass die therapeutische Allianz durch intensiven kommunikativen Austausch eine wechselseitige Beförderung der Selbstreflexion und Mentalisierung herbeiführen sollte. Darüber hinaus schlägt das funktionalistische Modell vor, ernsthaft zu erwägen, ob es in vielen Therapien nicht hilfreich sein kann, dass die TherapeutInnen sich bemühen, eine Beziehung zu ihren PatientInnen zu etablieren, die eine Erfüllung jener Funktionen involviert, auf deren Frustration das symptomatische Verhalten zurückgeht (also zum Beispiel im Falle der Verletzung des Bindungsmechanismus die Auflösung des daraufhin substituierten symptomatischen Ersatzmechanismus mit einer kontrollierten Bindung zu den PatientInnen zu kompensieren).

Auch das evolutionstheoretische Paradigma präsentiert eine Reihe wichtiger Einsichten vor allem im Bereich der Motivationssysteme, die vom funktionalistischen Modell übernommen werden können. Dazu gehört beispielsweise die Ablehnung eines Todestriebes, aber auch eines rein destruktiven Aggressionstriebes. Destruktion und Aggression sind auch dem funktionalistischen Modell zufolge grundlegende seelische Mechanismen, doch haben sie über die reine Zerstörung hinaus stets eine Funktion (meist die Vernichtung von Gefahr). Vor allem aber ist das evolutionstheoretische Paradigma für das funktionalistische Modell offensichtlich deshalb von erheblicher Relevanz, weil eine evolutionstheoretische Rekonstruktion der seelischen Komponenten absolut naheliegt (schließlich ist nicht nur unsere körperliche Struktur, sondern auch unsere seelische Struktur maßgeblich von evolutionären Mechanismen geprägt worden) und eine solche Rekonstruktion unmittelbar auf das funktionale Design der menschlichen Seele verweist. Bereits das Computermodell mit seinen Thesen über die kausalen Rollen mentaler Zustände hatte implizit die Funktionen dieser Zustände adressiert, und auch in neueren psychoanalytischen Arbeiten wird zum Beispiel über Funktionen einzelner Motivationssysteme gesprochen.

Das funktionalistische Modell versucht allerdings im Gegensatz zu allen bisherigen Modellen der Psychoanalyse den impliziten Funktionalismus explizit zu machen, und zwar durch Einführung eines spezifisch funktionalen Vokabulars und insbesondere auch einer Unterscheidung und Korrelation zwischen Kausalität, Funktionalität und Rationalität. Auf dieser Grundlage können dann auch die Unterschiede zwischen kausalen, funktionalen und rationalen Erklärungen deutlich werden. Vor allem aber wird klar, dass die Funktionalität seelischer Zustände in der Seele empfindungsfähiger Tiere mit phänomenalem Bewusstsein bereits instrumentelle Rationalität involviert.

Aus Sicht des funktionalistischen Modells bietet das rationalistische Paradigma nur eine simplifizierte Sicht auf die Seele sowie auf seelische Störungen und Therapien. Das rationalistische Paradigma hat überdies stark mit dem Phänomen der Irrationalität seelischer Störungen zu kämpfen. Doch können wir im Rahmen des funktionalistischen Modells aus dem rationalistischen Paradigma lernen, wie wichtig es ist, die Parameter von Rationalität und Irrationalität zur Beschreibung, Erklärung und Therapie seelischer Störungen einzusetzen. Diese Strategie wird vom funktionalistischen Modell ohne Einschränkung übernommen. Allerdings wird im funktionalistischen Modell nicht das alte rationalistische Paradigma, sondern die neuere ausgearbeitete Theorie des Geistes herangezogen, um einen der beiden zentralen Bestandteile der Seele, nämlich den Geist, auf eine differenzierte Weise zu beschreiben und dabei auch das grundsätzlich rationale Design des Geistes anzuerkennen.

Diese Übersicht über die Gemeinsamkeiten zwischen dem funktionalistischen Modell und den wichtigsten historischen Paradigmen der Psychoanalyse soll nicht den Eindruck vermitteln, dass das funktionalistische Modell lediglich ein eklektisches Produkt aus Komponenten früherer Paradigmen darstellt. Die Ambition des funktionalistischen Modells ist vielmehr, durch die Einbettung der Psychoanalyse in den Rahmen der modernen Theorie der Seele eine Synthese auszuarbeiten, die auf das präziseste Vokabular und den detailliertesten theoretischen Hintergrund zurückgreift, der bislang verfügbar ist. Die drei Kapitel des zweiten Teils der vorliegenden Untersuchung sollen einen Eindruck davon vermitteln, dass metapsychologische Komponenten einer Psychoanalyse durch diese Einbettung auf eine geschlossene, konsistente Weise mit Inhalt gefüllt werden können. Wenn oben von Gemeinsamkeiten mit anderen Ansätzen und Paradigmen die Rede war, dann heißt das genauer, dass diese Ansätze, soweit sie dem funktionalistischen Modell nicht widersprechen, stets im Vokabular und Theorierahmen des funktionalistischen Modells rekonstruiert und nicht selten auch geklärt werden. Dies gilt zum Beispiel nicht nur von den Motivationssystemen, sondern auch vom Unbewussten.

Der für die vorliegende Studie wichtigste Anwendungsfall dieser theoretischen Strategie ist die Analyse der Rolle der Hermeneutik und sozialen Kognition in der Psychoanalyse. Trotz gegenteiliger Beteuerungen verbleibt die offizielle Erklärungsweise aller bisherigen psychoanalytischen Paradigmen offiziell im Rahmen kausaler Erklärungen oder zumindest gänzlich ungeklärter Begriffe von Verstehen und Interpretation. Auf dieser Basis kann der Hermeneutik, also dem Verstehen und Interpretieren, in der Psychoanalyse überhaupt keine Funktion zugeordnet werden. Ein wenig überspitzt formuliert beansprucht das funktionalistische Modell, die seit rund 100 Jahren behauptete Relevanz der Hermeneutik in der Psychoanalyse zum ersten Mal theoretisch einzuholen und einer Überprüfung zugänglich zu machen – und zwar dadurch, dass das hermeneutische Verfahren geist-theoretisch als soziale Kognition bestimmt wird, das heißt als ein kognitives Erfassen der rational organisierten Repräsentationalität und höherer Bewusstseinsformen sowie der faktischen Funktionalität seelischer Zustände. Erst auf dieser Grundlage lässt sich ermitteln und anhand von Vignetten auch bestätigen, dass seelische Störungen grundsätzlich funktional erklärt werden können, dass diese funktionale Erklärung aber meist auch das Erfassen verschiedener Arten von Bewusstsein und Rationalität involviert. Seelische Störungen involvieren aufgrund ihres funktionalen Designs als Ersatzmechanismen typischerweise eine Inkonsistenz mit Bestandteilen der modernen Rationalitätsauffassung und sind vor diesem Hintergrund irrational, aber zugleich, und konsistent damit, enthalten sie allein aufgrund ihrer Funktionalität und Bewusstheit eine Form der »normalen« instrumentellen

Rationalität. Und zusätzlich weisen seelische Störungen fast immer auch eine interne Kohärenz auf, die auf archaischen Formen der Rationalität beruht oder zumindest mit ihr zusammenklingt.

Die theoretische Strategie der vorliegenden Studie könnte den Eindruck erwecken, dass der Fokus deutlich auf der metapsychologischen Ebene liegt. Dieser Eindruck ist auch nicht ganz falsch, denn eines der wichtigsten Anliegen dieses Buches ist, zur Ausarbeitung der zum Beispiel von Mertens und Fonagy geforderten theoretischen Grundlegung der Psychoanalyse (vgl. die einleitenden Passagen) beizutragen. Doch darf nicht übersehen werden, dass das funktionalistische Modell durchaus auch Konsequenzen für die praktische, therapeutische Seite der Psychoanalyse hat. Dem Nachweis dieser Verheißung dient der dritte Teil dieses Buches, nicht zuletzt auch der Versuch, durch eine Analyse der Psychoanalyse in konkreten Vignetten die Leistungsfähigkeit und die therapeutischen Implikationen des funktionalistischen Modells zu testen. Der Vorschlag, im Rahmen der therapeutischen Allianz funktionale Mechanismen zu etablieren und von den PatientInnen positiv erlebbar zu machen, um die Zerstörung des symptomatischen Ersatzmechanismus zu kompensieren, sowie die Möglichkeit, psychoanalytische Therapie und kognitive Verhaltenstherapie konsistent zusammenzuführen, sind zwei der wichtigsten Schlussfolgerungen aus den Überlegungen des dritten Teils.

Allgemein formuliert sind es

- ➢ die kulturübergreifende Fähigkeit zur sozialen Kognition, also dem gegenseitigen Parsen und rationalen Erklären als Bedingung komplexer sozialer Organisationen,
- ➢ das funktionale Design der Seele und insbesondere des mentalen Unbewussten,
- ➢ das überwiegend rationale Design des Geistes,
- ➢ die enge Korrelation von Funktionalität und instrumenteller Rationalität, sowie
- ➢ die Operation archaischer Rationalitätsformen im Rahmen seelischer Störungen,

auf denen die Anwendbarkeit und Relevanz hermeneutischer Verfahren in der Psychoanalyse, verstanden im Sinne der modernen Theorie der Seele, hauptsächlich beruhen.

Literatur

Allen, C. 2009. Teleological Notions in Biology. *The Stanford Encyclopedia of Philosophy* (Winter 2009 Edition). Hg. von Edward N. Zalta. https://plato.stanford.edu/archives/win2009/entries/teleology-biology/ (05.02.2018).

Allen, J.G. & Fonagy, P. (Hg.). 2009. *Mentalisierungsgestützte Therapie: Das MBT Handbuch. Konzepte und Praxis.* Stuttgart: Klett-Cotta.

Allen, J.G., Bleiberg, E. & Haslam-Hopwood, T. 2008a. Clinical Resources: Understanding Mentalizing. Mentalizing as a Compass for Treatment. The Menninger Clinic. http://www.menningerclinic.com/education/clinical-resources/mentalizing (05.02.2018).

Allen, J.G., Fonagy, P. & Bateman, A.W. 2008b. *Mentalizing in Clinical Practice.* Arlington: American Psychiatric Publishing.

Altmeyer, M. & Thomä, H. (Hg.). 2006. *Die vernetzte Seele. Die intersubjektive Wende in der Psychoanalyse.* Stuttgart: Klett-Cotta.

Ambühl, H. (Hg.).1998. *Psychotherapie der Zwangsstörungen.* Stuttgart: Thieme.

Anderson, J. 2007. *Kognitive Psychologie.* Berlin/Heidelberg: Springer.

Angehrn, E. & Küchenhoff, J. (Hg.). 2014. *Arbeit des Negativen. Negativität als philosophisch-psychoanalytisches Problem.* Weilerswist: Velbrück.

Anscombe, E. 1957. *Intention.* Oxford: Maxwell [dt. 2010. *Absicht.* Frankfurt/Main: Suhrkamp].

Asen, E. & Fonagy, P. 2011. Mentalization-based therapeutic interventions for families. *Journal of Family Therapy, 34*, 347–370 [DOI: 10.1111/j.1467–6427.2011.00552.x].

Astington, J., Harris, P. & Olson, D. (Hg.). 1988. *Developing Theories of Mind.* Cambridge: Cambridge UP.

Badcock, C. 1994. *PsychoDarwinism: the new synthesis of Darwin and Freud.* London: Harpercollins [dt.1999. *Psychodarwinismus. Die neue Synthese zwischen Darwin und Freud.* München: Carl Hanser].

Bahrdt, F. 2006. Exposé zur Dissertation »Systematische Rekonstruktion der psychoanalytischen Theorie und Therapie«. Frankfurt/Main [MS].

Baron-Cohen, S., Tager-Flusberg, H. & Cohen, D. (Hg.), 2000. *Understanding Other Minds.* Oxford: Oxford UP.

Barrat, B.B. 2015. Critical Notes on the Neuro-Evolutionary Archaeology of Affective Systems. *The Psychoanalytic Review, 102*, 183–208.

Bartelborth, T. 2007. *Erklären.* Berlin, New York: de Gruyter.

Bateman, A. & Fonagy, P. 2001. Treatment of borderline personality disorder with psychoanalytically oriented partial hospitalization: an 18-month follow-up. *American Journal of Psychiatry, 158*,36–42.

Bateman, A. & Fonagy, P. 2004. *Psychotherapy for Borderline Personality Disorder Mentalization-Based Treatment*. Oxford: Oxford UP [dt. 2007. *Psychotherapie der Borderline Persönlichkeitsstörung. Ein mentalisierungsgestütztes Behandlungskonzept*. Gießen: Psychosozial-Verlag].

Bateman, A. & Fonagy, P. 2008. 8 years follow up of patients treated for borderline personality disorder: mentalization-based treatment versus treatment as usual. *American Journal of Psychiatry, 165*, 631–638.

Bateman, A. & Fonagy, P. 2009. Randomized Controlled Trial of Outpatient Mentalization-Based Treatment Versus Structured Clinical Mangement for Borderline Personality Disorder. *American Journal of Psychiatry 166*, 1355–1364.

Bechtel, W. & Abrahamsen, A. 2005. Explanation: A Mechanistic Alternative. *Studies in History and Philosophy of the Biological and Biomedical Sciences, 36*, 421–441.

Beck, A.T. 1975. *Cognitive Therapy and the Emotional Disorders*. Madison: International Universities Press.

Beck, A.T. 1999. *Kognitive Therapie der Depression*. Weinheim: Beltz.

Beckermann, A. 2001. *Analytische Einführung in die Philosophie des Geistes*. Berlin: de Gruyter.

Bereczkei T.1992. Biological Evolution, Genotropism, and Psychopathology: A reinterpretation of a psychoanalytical theory. *Szondiana, 12*, 32–52.

Bereczkei T. & Gyuris, P. 2009. Oedipus complex, mate choice, imprinting: An evolutionary reconsideration of a Freudian concept based on an empirical study. *The Mankind Quaterly, 1*, 71–94.

Bion, W. 2005. *Elemente der Psychoanalyse*. Frankfurt/Main: Suhrkamp.

Blass, R. B. & Carmeli, Z. 2007. The case against neuropsychoanalysis. On fallacies underlying psychoanalysis' latest scientific trend and its negative impact on psychoanalytic discourse. *The International Journal of Psychoanalysis, 88*, 19–40.

Blass, R. B. & Carmeli, Z. 2015. Further evidence for the case against neuropsychoanalysis: How Yovell, Solms, and Fotopoulou's response to our critique confirms the irrelevance and harmfulness to psychoanalysis of the contemporary neuroscientific trend. *The International Journal of Psychoanalysis, 96*, 1555–1573.

Blass, R. & Carmeli, Z. 2016. Response to Kessler, Sandberg, and Busch: The case for and against neuropsychoanalysis. *The International Journal of Psychoanalysis, 97*, 1155–1158.

Block, A. De 2005. Freud as an »Evolutionary Psychiatrist« and the Foundations of a Freudian Philosophy. *Philosophy, Psychiatry & Psychology, 12*, 315–324.

Blum, H. 2016. Interpretation and Contemporary Reinterpretation. *Psychoanalytic Inquiry, 40*, 40–51.

Boehm, C. 1999. *Hierarchy in the Forest. The Evolution of Egalitarian Behavior*. Cambridge, MA: Harvard UP.

Boehm, C. 2012. Moral Origins. The Evolution of Virtue, Altruism, and Shame. New York: Basic Books.

Bohleber, W. & Leuzinger-Bohleber, M. 2016. The Special Problem of Interpretation in the Treatment of Traumatized Patients. *Psychoanalytic Inquiry, 40*, 4–13.

Bolognini, S. 2016. The Interpsychic Dimension in the Psychoanalytic Interpretation. *Psychoanalytic Inquiry, 40*, 102–111.

Bornstein, M. (Hg.). 2010. How Does a Person Know What's Going on in the Mind of Another? *Psychoanalytic Inquiry, 30*.

Bornstein, M. (Hg.). 2014. Psychoanalysis and Evolution: The Tentative Connection. *Psychoanalytic Inquiry, 38*.

Bortolotti, L. 2013. Rationality and Sanity: The Role of Rationality Judgements in Understanding psychiatric Disorders. In K.W.M. Fulford, M. Davies, R. Gipps, G. Graham, J. Sadler, G. Stanghellini & T. Thornton (Hg.), *The Oxford Handbook of philosophy and Psychiatry* (S. 480–497). Oxford: Oxford UP.

Bouchard, M.A. 1995. The specificity of hermeneutics in psychoanalysis: leaps on the path from construction to recollection. *International Journal of Psychoanalysis, 76*, 533–46.

Bowles, S. 2006. Group competition, reproductive leveling, and the evolution of human altruism. *Science, 314*, 1569–1572.

Bowles, S. & Gintis, H. 2011. *A Cooperative Species. Human Reciprocity and its Evolution.* Princeton, NJ. Princeton UP.

Boyd, R. & Richerson, P.J. 2005. *The Origin and Evolution of Cultures.* New York: Oxford UP.

Brakel, Linda W. 2010. *Psychoanalysis Meets Analytic Philosophy. Unconscious Knowing and Other Essays in Psycho-Philosophical Analysis.* Oxford: Oxford UP.

Brockmann, J. & Kirsch, H. 2015. Mentalisieren in der Psychotherapie. *Psychotherapeutenjournal, 1*, 13–22.

Brown, Michael F. 1993. *Thinking About Magic.* Westpoint: Greenwood Press.

Bürgy, M. 2016. Zur Phänomenologie der Zwangsstörung. Ein Beitrag zur Phänomenologie. In H. Lang, P. Dybel & G. Pagel (Hg.), *Hermeneutik und Psychoanalyse: Perspektiven und Kontroversen* (S. 291–306). Würzburg: Königshausen & Neumann.

Buller D.J. 1999. DeFreuding Evolutionary Psychology: Adaptation and Human Motivation. In V.G. Hardcastle (Hg.). 1999. *Where Biology Meets Psychology* (S. 99–114). Cambridge, MA: Harvard UP.

Burkholz, R. 1995. Reflexe der Darwinismus-Debatte in der Theorie Freuds. *Jahrbuch der Psychoanalyse*, Beiheft 19.

Busch, F. 2016. How the impact of medication on psychoanalytic theory and treatment refutes Blass and Carmeli 2015. *The International Journal of Psychoanalysis, 97*, 1151–1153.

Buzzoni, M. 2001. The Operationalistic and Hermeneutic Status of Psychoanalysis. *Journal for General Philosophy of Science, 32*, 131–165.

Canestri, J. 2015. The case for neuropsychoanalysis. *The International Journal of Psychoanalysis, 96*, 1575–1584.

Carnap, R. 1932/33. Psychologie in physikalischer Sprache. *Erkenntnis, 3*, 107–142.

Carruthers, P. & Smith, P.K. 1996. *Theories of theories of mind.* Cambridge: Cambridge UP.

Cavell, M. 1985. Understanding Irrationality. *Analyse und Kritik, 7*, 124–140.

Cavell, M. 1993. *The Psychoanalytic Mind. From Freud to Philosophy.* Cambridge MA: Harvard UP.

Cavell, M. 1996. Irrationality and the Philosophy of Psychoanalysis. *Philosophical Review, 105*, 405–408.

Cavell, M. 1997. *Freud und die analytische Philosophie des Geistes. Überlegungen zu einer psychoanalytischen Semantik.* Stuttgart: Klett-Cotta.

Cavell, M. 2006. *Becoming a Subject: Reflections in Philosophy and Psychoanalysis.* Oxford: Oxford UP.

Chapais, B. 2008. *Primeval Kinship. How Pair Bonding Gave Birth to Human Society.* Cambridge, MA: Harvard UP.

Chapais, B. 2012. The deep social structure of humankind. *Science, 331*, 1276–1277.

Clark, D.A., Beck, A.T. & Alford, B.A. 1999. *Scientific Foundations of Cognitive Theory and Therapy of Depression.* New York: John Wiley & Sons Inc.

Coplan, A. & Goldie, P. (Hg.). 2011. *Empathy. Philosophical and Psychological Perspectives.* Oxford: Oxford UP.

Cortina, M. & Liotti, G. 2014. An Evolutionary Outlook on Motivation: Implications for the Clinical Dialogue. *Psychoanalytic Inquiry, 38*, 864–899.

Cortina, M. & Liotti, G. 2010. Attachment is about safety and protection. Intersubjectivity is about social understanding and sharing. *Psychoanalytic Psychology, 27*, 410–441.

Craver, C. F. 2001. Role Functions, Mechanisms and Hierarchy. *Philosophy of Science, 68*, 31–55.

Craver, C. & Tabery, J. 2015. Mechanisms in Science. *The Stanford Encyclopedia of Philosophy* (Winter 2016 Edition). Hg. von Edward N. Zalta. https://plato.stanford.edu/archives/win2016/entries/science-mechanisms/ (05.02.2018).

Crews, F. 1995. *The Memory Wars. Freud's Legacy in Dispute.* New York: The New York Review of Books.

Crews, F. (Hg.). 1998. *Unauthorized Freud. Doubters Confront a Legend.* New York: Viking Adult.

Cutler, S. & Brakel, L. 2014. The Primary Processes: A Preliminary Exploration of A-Rational Mentation from an Evolutionary Viewpoint. *Psychoanalytic Inquiry, 34*, 792–809.

Damasio, A. 2002. *Ich fühle, also bin ich: Die Entschlüsselung des Bewusstseins.* Berlin: List.

Damasio, A. 2013. *Selbst ist der Mensch: Körper, Geist und die Entstehung des menschlichen Bewusstseins.* München: Pantheon.

Davidson, D. 1974. On the Very Idea of a Conceptual Scheme. *Proceedings and Addresses of the American Philosophical Association, 47*, 5–20.

Davidson, D. 1985. Incoherence and Irrationality. *Dialectica, 39*, 345–354.

Davidson, D. 1990a. *Wahrheit und Interpretation.* Frankfurt/Main: Suhrkamp.

Davidson, D. 1990b. *Handlung und Ereignis.* Frankfurt/Main: Suhrkamp.

Davidson, D. 2004 [1982a]. Vernünftige Tiere. In ders., *Subjektiv, Intersubjektiv, Objektiv* (S. 167–185). Frankfurt/Main: Suhrkamp.

Davidson, D. 2004a. *Problems of Rationality.* Oxford: Oxford UP [dt. 2006. Probleme der Rationalität. Frankfurt/Main: Suhrkamp].

Davidson, D. 2004b. *Subjektiv, Intersubjektiv, Objektiv.* Frankfurt/Main: Suhrkamp.

Davidson, D. 2006 [1982b]. Paradoxien der Irrationalität. In ders., *Probleme der Rationalität* (S. 285–315). Frankfurt/Main: Suhrkamp.

Dawkins, R. 1976. *The Selfish Gene.* Oxford: Oxford UP.

De Sousa, R. 2013. Emotion. *The Stanford Encyclopedia of Philosophy* (Spring 2014 Edition). Hg. von Edward N. Zalta. https://plato.stanford.edu/archives/spr2014/entries/emotion/ (05.02.2018).

Detel, W. 2001. Teleosemantik. Ein neuer Blick auf den Geist? *Deutsche Zeitschrift für Philosophie, 49*, 465–491.

Detel, W. 2001a. Haben Frösche und Sumpfmenschen Gedanken? Einige Probleme der Teleosemantik. *Deutsche Zeitschrift für Philosophie, 49*, 601–626.

Detel, W. 2006. Perspektiven einer Freiheitstheorie. *Deutsche Zeitschrift für Philosophie, 54*, 349–374.

Detel, W. 2011. *Geist und Verstehen. Historische Grundlagen einer modernen Hermeneutik.* Frankfurt/Main: Klostermann.

Detel, W. 2014. *Kognition, Parsen und rationale Erklärung. Elemente einer allgemeinen Hermeneutik.* Frankfurt/Main: Klostermann.

Detel, W. 2017. Der erstaunliche methodologische Widerspruch zwischen Freuds Metapsychologie und seiner analytischen Technik. *Deutsche Zeitschrift für Philosophie, 65*, 807–829.

Detel, W. & Samson, B. 2002. Zum Begriff nicht-mathematischer Funktionen. *Analyse und Kritik, 24*, 100–129.

Dryden, W. 2009. *Rational Emotive Behaviour Therapy.* London/New York: Routledge.

Dybel, P. 2014. Das Wissen vom Unsinn. Die Frage nach dem wissenschaftlichen Status der Psychoanalyse. Drei Paradigmen: naturwissenschaftliches, hermeneutisch-existentielles, strukturalistisches. In H. Lang, P. Dybel & G. Pagel (Hg.), *Grenzen der Interpretation in Hermeneutik und Psychoanalyse* (S. 29–72). Würzburg: Königshausen & Neumann.

Ellis, A. 2008. *Grundlagen der Rational-Emotiven Verhaltenstherapie*. Stuttgart: Klett-Cotta.

Ensink, K. & Mayes, L. 2010. The Development of Mentalisation in Children From a Theory of Mind Perspective. *Psychoanalytic Inquiry, 30,* 301–337.

Ermann M. 2014. *Der Andere in der Psychoanalyse. Die intersubjektive Wende*. Stuttgart: Klett-Cotta.

Erwin, E. 2009. *Freud and the unconscious*. In J. Symons (Hg.), *The Routledge Companion to the Philosophy of Psychology* (S. 59–70). London/New York: Routledge.

Esterson, A. 1996. Grünbaum's Tally Argument. *History of the Human Sciences, 9,* 43–57.

Evans-Pritchard, E. E. 1977. *Theories of Primitive Religion*. Oxford: Oxford UP.

Fearon, P., Target, M., Fonagy, P., Williams, L. L., McGregor, J., Sargent, J. & Bleiberg, E. 2009. Mentalisierungs- und beziehungsorientierte Kurzzeittherapie SMART: eine integrative Familientherapie für Kinder- und Jugendliche. In J. G. Allen & P. Fonagy (Hg.), *Mentalisierungsgestützte Therapie* (S. 285–313). Stuttgart: Klett-Cotta.

Fonagy, P. 1996. The future of an empirical psychoanalysis. *British Journal of Psychotherapy, 13,* 106–118.

Fonagy, P. 2003. Psychoanalysis today. *World Psychiatry, 2,* 73–80.

Fonagy, P., Gergely, G., Jurist, E. & Target, M. 2005. *Affect Regulation, Mentalization, and the Development of the Self.* Introduction. New York: Karnac Books.

Fonagy, P. & Allison, E. 2014. The Role of Mentalizing and Epistemic Trust in the Therapeutic Relationship. *Psychotherapy, 51,* 372–380.

Fonagy, P. & Target, M. 2006. *Psychoanalyse und die Psychopathologie der Entwicklung*. Stuttgart: Klett-Cotta.

Frazer, J. 2009. *The Golden Bough: A Study in Magic and Religion*. Oxford: Oxford UP.

Frege, G. 1892. Über Sinn und Bedeutung. *Zeitschrift für Philosophie und philosophische Kritik, 100,* 25–50.

Freud, S. (1940ff.) *Gesammelte Werke in achtzehn Bänden mit einem Nachtragsband (= GW)*. Hg. von A. Freud, M. Bonaparte, E. Bibring, W. Hoffer, E. Kris & O. Osakower. Frankfurt/Main: S. Fischer.

Freud, S. 1891b. *Zur Auffassung der Aphasien. Eine kritische Studie*. In ders., SA III, 165–173 [Teilabdruck].

Freud, S. 1900a. *Die Traumdeutung*. In ders., GW II/III.

Freud, S. 1905e [1901]. Bruchstück einer Hysterie-Analyse. In ders., GW V, 163–286.

Freud, S. 1909d. Bemerkungen über einen Fall von Zwangsneurose. In ders., GW VII, 381–438.

Freud, S. 1910a. *Über Psychoanalyse*. In ders., GW VIII, 1–60.

Freud, S. 1910d. Die zukünftigen Chancen der psychoanalytischen Therapie. In ders., GW VIII, 104–115.

Freud, S. 1912b. Zur Dynamik der Übertragung. In ders., GW VIII, 364–374.

Freud, S. 1914g. Erinnern, Wiederholen und Durcharbeiten. In ders., GW X, 126–136.

Freud, S. 1915c. Triebe und Triebschicksale. In ders., GW X, 210–232.

Freud, S. 1915d. Die Verdrängung. In ders., GW X, 248–261.

Freud, S. 1915e. Das Unbewußte. In ders., GW X, 264–303.

Freud, S. 1916–17a [1915–17]. *Vorlesungen zur Einführung in die Psychoanalyse*. In ders., GW XI.

Freud, S. 1917a [1916]. Eine Schwierigkeit der Psychoanalyse. In ders., GW XII, 1–12.

Freud, S. 1923b. *Das Ich und das Es*. In ders., GW XIII, 235–289.

Freud, S. 1924f [1923]. Kurzer Abriß der Psychoanalyse. In ders., GW XIII, 403–427.
Freud, S. 1926d [1925]. *Hemmung, Symptom und Angst.* In ders., GW XIV, 111–188.
Freud, S. 1927e. Fetischismus. In ders., GW XIV, 309–317.
Freud, S. 1930a. *Das Unbehagen in der Kultur.* In ders., GW XIV, 419–506.
Freud, S. 1940a [1938]. *Abriß der Psychoanalyse.* In ders., GW XVII, 63–138.
Freud, S. 1950c [1895]. *Entwurf einer Psychologie.* In ders., GW Nachtragsband, 387–488.
Freud, S. 1985a [1915]. Übersicht der Übertragungsneurosen. Ein bisher unbekanntes Manuskript, herausgegeben und mit einem Essay versehen von Ilse Grubrich-Simitis. Frankfurt/Main: S. Fischer.
Freud, S. 1999 [1887–1904]. *Briefe an Wilhelm Fließ 1887–1904.* Hg. von J.M. Masson. Frankfurt/Main: S. Fischer.
Freud, S. & Breuer, J. 1895d [1893–1895]. *Studien über Hysterie.* In S. Freud, GW I, 75–312.
Frie, R. 2015. Post-Cartesian Psychoanalysis and the Sociocultural Turn: From Cultural Contexts to Hermeneutic Understanding. *Psychoanalytic Inquiry, 35,* 597–608.
Frosch, St. 2010. *Psychoanalysis Outside the Clinic.* New York: Palgrave Macmillan.
Fuchs, T. 2004. Neurobiology and psychotherapy: an emerging dialogue. *Current Opinion in Psychiatry, 17,* 479–485.
Fuchs, T. 2007. Psychotherapy of the lived space. *Mericam Journal of Psychotherapy, 61,* 432–439.
Fuchs, T. 2009. Embodied cognitive neuroscience and its consequences for psychiatry. *Poiesis Praxis, 6,* 219–233.
Fuchs, T. 2010. Phenomenology and Psychotherapy. In Gallagher & Schmicking (Hg.), *Handbook of phenomenology and the Cognitive Sciences* (S. 547–573). Dordrecht: Springer.
Fulford, K.W.M., Davies, M., Gipps, R., Graham, G., Sadler, J., Stanghellini, G. & Thornton, T. (Hg.). 2013. *The Oxford Handbook of philosophy and Psychiatry.* Oxford: Oxford UP.
Gallagher, S. 2005. *How the Body Shapes the Mind.* New York: Oxford UP.
Gallagher, S. & Schmicking, D. (Hg.). 2010. *Handbook of phenomenology and the Cognitive Sciences.* Dordrecht: Springer.
Gallese, V. 2009. Mirror Neurons, Embodied Simulation, and the Neural basis of Social Identification. *Psychoanalytic Dialogues, 19,* 519–536.
Gallese, V., Eagle, M. & Migone, P. 2007. Intentional attunement: Mirror neurons and the neural underpinnings of interpersonal relations. *Journal of the American Psychoanalytic Association, 55,* 131–176.
Gardner, S. 1993. *Irrationality and the Philosophy of Psychoanalysis.* Cambridge: Cambridge UP.
Gardner, S. 1995. Psychoanalysis, Science, and Common Sense. *Philosophy, Psychiatry, and Psychology, 2,* 93–113.
Garson, J., 2011. Selected Effects Functions and Causal Role Functions in the Brain: The Case for an Etiological Approach to Neuroscience. *Biology & Philosophy, 26,* 547–565.
Garson, J. 2012. Function, Selection, and Construction in the Brain. *Synthese, 189,* 451–481.
Garson, J. 2013. The Functional Sense of Mechanism. *Philosophy of Science, 80,* 317–333.
Garvey, B.P. 2003. Darwinian functions and Freudian motivations. *Biology and Philosophy, 18,* 427–444.
Geertz, C. 1973. *The Interpretation of Culture.* New York: Basic Books.
Gergely, G. & Watson, J. 1999. Early social-emotional development: contingency perception and the social biofeedback model. In P. Rochat (Hg.), *Early social cognition: understanding others in the first months of life* (S. 101–137). Hillsdale: Psychology Press.
Gergely, G. & Watson, J. 1996. The social biofeedback model of parental affect-mirroring. *International Journal of Psychoanalysis, 77,* 1181–1212.

Gilbert, P. 2005. Social Mentalities. A Biosocial and evolutionary reflection on social relationships. In M. Baldwin (Hg.), *Interpersonal Cognition* (S. 130–190). New York: The Guilford Press.

Gintis, H. 2003. The hitchhiker guide to altruism: Gene-culture coevolution, and the internalization of norms. *Journal of Theoretical Biology, 220*, 407–418.

Gintis, H., Bowles, S., Boyd, R. & Fehr, E. 2003. Explaining altruistic behavior in humans. *Evolution and Human Behavior, 24*, 153–172.

Gintis, H. 2004. The genetic side of gene-culture coevolution: Internalization of norms and prosocial emotions. *Journal of Economic Behavior and Organization, 53*, 57–87.

Glucklich, A. 1997. *The End of Magic*. Oxford: Oxford UP.

Gopnik, A. & Wellman H. 1994. The Theory Theory. In L. Hirschfield & S. Gelman (Hg.), *Mapping the Mind: Domain Specificity in Cognition and Culture* (S. 257–293). New York: Cambridge UP.

Grünbaum, A. 1980. Epistemological Liabilities of the Clinical Appraisal of Psychoanalytic Theory. *Nous, 14*, 307–385.

Grünbaum, A. 1983. Logical Foundations of Psychoanalytic Theory. *Erkenntnis, 19*, 109–152.

Grünbaum, A. 1988. *Die Grundlagen der Psychoanalyse. Eine philosophische Kritik*. Stuttgart: Reclam.

Grünbaum, A. 1993. *Validation in the Clinical Theory of Psychoanalysis. A Study in the Philosophy of Psychoanalysis*. New York: International Universities Press.

Grünbaum, A. (Hg.). 1991. *Kritische Betrachtungen zur Psychoanalyse. Adolf Grünbaums »Grundlagen« in der Diskussion*. Berlin u. a.: Springer.

Grünbaum, A. 2001. Does Freudian Theory Resolve »The Paradoxes of Irrationality«? *Philosophy and Phenomenological Research, 62*, 129–143.

Guttenplan, S. (Hg.). 1994. *A Companion to the Philosophy of Mind*. Malden MA: Blackwell.

Habermas, J. 1968. *Erkenntnis und Interesse*, Frankfurt/Main: Suhrkamp.

Haidt, J. (2011). *Die Glückshypothese: Was uns wirklich glücklich macht. Die Quintessenz aus altem Wissen und moderner Glücksforschung*. Kirchzarten: VAK.

Hall, K. & Iqbal, F. 2010. *Review – The Problem with Cognitive Behavioural Therapy*. London: Kamac Books.

Hantke, L. 1999. *Trauma und Dissoziation. Modelle der Verarbeitung traumatischer Erfahrungen*. Berlin: Wissenschaftlicher Verlag Berlin.

Hartmann, H. 1958. *Ego psychology and the problem of adaptation*. New York: International Universities Press.

Hauzinger, M. 2003. *Kognitive Verhaltenstherapie*. Weinheim: Beltz.

Heckhausen, J. & Heckhausen, H. 2006. *Motivation und Handeln*. Berlin, Heidelberg: Springer.

Heil, J. 1998. *Philosophy of Mind – A Contemporary Introduction*. London: Routledge.

Heil, J. 2004. *Philosophy of Mind: A Guide and Anthology*. Oxford: Oxford UP.

Henrich, J. & Henrich, N. 2006. Culture, evolution and the puzzle of human cooperation. *Cognitive Systems Research, 7*, 220–226.

Herzberg, A. 1932/33. Freud, Das Unbehagen in der Kultur. *Erkenntnis, 3*, 435f.

Hill, K. R., Walker, R. S., Bozicević, M., Eder, J., Headland, T., Hewlett, B., Hurtado, A. M., Marlowe, F., Wiessner, P. & Wood, B. 2011. Co–residence patterns in hunter–gatherer societies show unique human social structure. *Science, 331*, 1286–1289.

Hobson, P. 2014. The Making of Mind. *Psychoanalytic Inquiry, 38*, 817–830.

Hoffmann, N. 1998. Phänomenologie der Zwangsstörungen. In H. Ambühl (Hg.), *Psychotherapie der Zwangserkrankungen* (S. 1–10). Stuttgart: Thieme.

Holt, R. 2009. *Primary Process Thinking*. Plymouth UK: Jason Aronson.

Honneth, A. 1999. Postmodern Identity and Object-Relations Theory: On the Seeming Obsolescence of Psychoanalysis. *Philosophical Explorations, 2*, 225–242.

Honneth, A. 2001. Das Werk der Negativität. Eine psychoanalytische Revision der Anerkennungstheorie. In D. Bohleber (Hg.), 238–245.

Honneth, A. 2009. Vorwort. In J. Whitebook, *Der gefesselte Odysseus. Studien zur Kritischen Theorie und Psychoanalyse* (S. 9–13). Frankfurt/Main/New York: Campus.

Honneth, A. 2010. Psychoanalytische Weiterungen. In ders., *Das Ich im Wir. Studien zur Anerkennungstheorie* (Kap. 11–14). Frankfurt/Main: Suhrkamp.

Hopkins, J. 1982. Introduction: Philosophy and Psychoanalysis. In R. Wollheim & J. Hopkins (Hg.), *Philosophical essays on Freud* (S. vii-xlv). Cambridge: Cambridge UP.

Hrdy, B. S. 2009. *Mothers and Others.The Evolutionary Origins of Mutual Understanding.* Cambridge MA: Harvard UP.

Hrdy, S. B. 2014. Development + Social Selection in the Emergence of »Emotionally Modern« Humans. In J. Decety & Y. Christen (Hg.), *New Frontiers in Social Neuroscience* (S. 57–92). New York: Springer.

Hutsebaut, J., Bales, D. L., Busschbach, J. & Verheul, R. 2012. The implementation of mentalization-based treatment for adolescents: a case study from an organizational, team and therapist perspective. *International Journal of Mental Health Systems*, Open Access https://ijmhs.biomedcentral.com/articles?query=Hutsebaut%2C+J.%2C&volume=&searchType=&tab=keyword (05.02.2018)

Jacobi, F. 2001. Misserfolgsforschung in der Verhaltenstherapie. In R. Dohrenbusch & F. Kaspers (Hg.), *Fortschritte der Klinischen Psychologie und Verhaltensmedizin* (S. 323–346). Lengerich: Pabst.

Jensen, P. & Toates, F. M. 1993. Who needs »behavioural needs«? Motivational aspects of the needs of animals. *Applied Animal Behaviour Science, 37*,161–181.

Johnson, M. (Hg.). 1981. *Philosophical Perspectives on Metaphor.* Minneapolis: University of Minnesota Press.

Johnson, M. 1987. *The Body in the Mind.* Chicago: University of Chicago Press.

Kacelnik, A. 2006. Meanings of rationality. In S. Hurley & M. Nudds (Hg.), *Rational Animals?* (S. 87-106). Oxford: Oxford UP.

Kächele, H. & Thomä, H. 2009. Problems of Metascience and Methodology in Clinical Psychoanalytic Research. In H. Kächele, J. Schachter & H. Thomä (Hg.), *From Psychoanalytic Narrative to Empirical Single Case Research* (S. 21–96). New York/London: Routledge.

Kächele, H., Schachter, J. & Thomä, H. (Hg.). 2009. *From Psychoanalytic Narrative to Empirical Single Case Research.* New York, London: Routledge.

Kandel, E. R. 1999. Biology and the future of psychoanalysis: a new intellectual framework for psychiatry revisited. *American Journal of Psychiatry, 156*, 505–524.

Kandel, E. R. 2006. *Psychiatrie, Psychoanalyse und die neue Biologie des Geistes.* Frankfurt/Main: Suhrkamp.

Kant, I. 2007 [1785]. *Grundlegung zur Metaphysik der Sitten.* Frankfurt/Main. Suhrkamp.

Karlsson, G. 2010. *Psychoanalysis in a New Light.* Cambridge: Cambridge UP.

Kauff, P. F. 2016. Opting Out of the Past: Interpretation Reconsidered. *Psychoanalytic Inquiry, 40*, 28–39.

Keaveny, E., Midgley, N., Asen, E., Bevington, D., Fearon, P., Fonagy, P., Jennings-Hobbs, R. & Wood, S. 2012. Minding the Family Mind: The development and evaluation of Mentalization Based Treatment for Families at the Anna Freud Centre in London. In N. Midgley & I. Vrouva (Hg.), *Minding the Child: Mentalization-based Interventions with Children, Young People and their Families* (S. 98–112). London: Routledge.

Kegel, B. 2015. *Epigenetik: Wie unsere Erfahrungen vererbt werden.* Köln: Du Mont.

Kernberg, O. 1982. Self, Ego, Affects and Drives. *Journal of the American Psychoanalytic Association, 30*, 893–917.

Kernberg, O.F. 1992. *Objektbeziehungen und Praxis der Psychoanalyse*. Stuttgart: Klett-Cotta.

Kernberg, O.F. 2001. *Affekte, Objekt und Übertragung – Aktuelle Entwicklungen der psychoanalytischen Theorie und Technik*. Gießen: Psychosozial-Verlag.

Kernberg, O. 2009. The Concept of Death Drive: A Clinical Perspective. *The International Journal of Psychoanalysis, 90*, 1009–1023.

Kernberg, O. 2016. Interpretation in the Treatment of Borderline Pathology. *Psychoanalytic Inquiry, 36*, 52–59.

Kernberg, O., Clarkin, J.F. & Yeomans, F.E. 2008. *Psychotherapie der Borderline-Persönlichkeit*. Stuttgart/New York: Schattauer.

Kessler, L. 2016. Commentary on »The case for neuropsychoanalysis«. *The International Journal of Psychoanalysis, 97*, 1145–1147.

Kessler, B.H. & Hoellen, B. 1982. *Rational-emotive Therapie in der Klinischen Praxis*. Weinheim: Beltz.

Kettner, M. 2010. Semiotik und die Suche nach der Matrix der Metapsychologie. In M. Kettner & W. Mertens, *Reflexionen über das Unbewusste* (77–108). Göttingen: Vandenhoeck & Ruprecht.

Kettner, M. & Mertens, W. 2010. *Reflexionen über das Unbewusste*. Göttingen: Vandenhoeck & Ruprecht.

Kim, J. 1996. *Philosophy of Mind*. Boulder: Westview Press.

Kim, J. 1998. *Mind in a Physical World: An Essay on the Mind-Body-Problem and Mental Causation*. Cambridge MA: MIT Press.

Kitcher, P. 1992. *Freud's Dream. A Complete Interdisciplinary Science of Mind*. Cambridge MA: Harvard UP.

Klein, M. 1932. *The Psychoanalysis of Children*. London: Hogarth Press.

Knell, S. 2004. *Propositionaler Gehalt und diskursive Kontoführung. Eine Untersuchung zur Begründung der Sprachabhängigkeit intentionaler Zustände bei Brandom*. Berlin/New York: de Gruyter.

Köhler, Th. 1996. *Anti-Freud-Literatur von ihren Anfängen bis heute. Zur wissenschaftlichen Fundierung von Psychoanalyse-Kritik*. Stuttgart, Berlin, Köln: Kohlhammer.

Kohut, H. 1973. *Narzissmus*. Frankfurt/Main: Suhrkamp.

Kohut, H. 1979. Four Basic Concepts in Self Psychology. In P.H. Ornstein (Hg.), *The Search for the Self. Selected Writings of Heinz Kohut: 1978–1981, Vol. 4* (S. 447–470). London: Karnac Books Ltd.

Kolodny, N. & Brunero, J. 2016. Instrumental Rationality. *The Stanford Encyclopedia of Philosophy* (Spring 2016 Edition). Hg. von Edward N. Zalta. http://plato.stanford.edu/archives/ spr2016/ entries/ rationality-instrumental/ (05.02.2018).

Kriegman, D. 1990. Compassion and altruism in psychoanalytic theory: An evolutionary analysis of self psychology. *Journal of American Academy of Psychoanalysis, 18*, 342–367.

Kriegman, D. 2000. Evolutionary psychoanalysis: Toward an adaptive, biological perspective on the clinical process in psychoanalytic psychotherapy. In P. Gilbert & K. Bailey (Hg.), *Genes on the Couch: Explorations in Evolutionary Psychotherapy* (S. 71–92). Hove: Psychology Press.

Kriegman, D. & Knight, C. 1988. Social evolution, psychoanalysis, and human nature. *Social Policy, 79*, 49–55.

Kriegman, D. & Slavin, M. 1990. Toward a New Paradigm for Psychoanalysis: An Evolutionary Biological Perspective on the Classical—Relational Dialectic. *Psychoanalytic Psychology, 7* Supplement, 5–31.

Kriegman, D. & Slavin, M. 1992. *The Adaptive Design of the Human Psyche. Psychoanalysis. Evolutionary Biology and the Therapeutic Process*. New York: The Guilford Press.

Kuhn, S.L. & Stiner, M.C. 2001. The antiquity of hunter-gatherers. In K. Panter-Brick, R.H. Layton & P. Rowly-Conway (Hg.), *Hunter-Gatherers. An Interdisciplinary Perspective* (S. 99–142). Cambridge: Cambridge UP.

Lacewing, M. 2013. Could Psychoanalysis be a Science? In K.W.M. Fulford, M. Davies, R. Gipps, G. Graham, J. Sadler, G. Stanghellini & T. Thornton (Hg.), *The Oxford Handbook of philosophy and Psychiatry* (S. 1103–1127). Oxford: Oxford UP.

Lakatos, A. & Reinecker, H. 1999. *Kognitive Verhaltenstherapie bei Zwangsstörungen.* Göttingen: Hogrefe.

Lakoff, G. & Johnson, M. 1980. *Metaphors we live by.* Chicago: University of Chicago Press. [dt. 1998. *Leben in Metaphern*. Heidelberg: Carl-Auer Systeme Verlag].

Lang, H. 1995. Hermeneutics and Psychoanalytically Oriented Psychotherapy. *American Journal of Psychotherapy, 49*, 215–224.

Lang, H. 1997. Hat die Hermeneutik noch eine Chance? In C. Mundt, M. Linden & W. Barnett (Hg.), *Psychotherapie in der Psychiatrie* (S. 33–47). Berlin/Heidelberg/New York: Springer.

Lang, H. 2000. *Strukturale Psychoanalyse*. Frankfurt/Main: Suhrkamp.

Lang, H., Dybel, P. & Pagel, G. (Hg.). 2014. *Grenzen der Interpretation in Hermeneutik und Psychoanalyse.* Würzburg: Königshausen & Neumann.

Lang, H., Dybel, P. & Pagel, G. (Hg.). 2016. *Hermeneutik und Psychoanalyse: Perspektiven und Kontroversen.* Würzburg: Königshausen & Neumann.

Langs, R. 1995. Psychoanalysis and the Science of Evolution. *American Journal of Psychotherapy, 49*, 47–58.

Launer, J. 2014. Sex and Sexuality: An Evolutionary View. *Psychoanalytic Inquiry, 38*, 831–846.

Leuzinger-Bohleber, M. & Weiß, H. 2014. *Psychoanalyse. Die Lehre vom Unbewussten.* Stuttgart: Klett-Cotta.

Leuzinger-Bohleber, M., Benecke, C. & Hau, S. 2015. *Psychoanalytische Forschung. Methoden und Kontroversen in Zeiten wissenschaftlicher Pluralität.* Stuttgart: Klett-Cotta.

Levin, C.B. 2016. Everything Counts: The Organizing Activity of an Interpretive Attitude. *Psychoanalytic Inquiry, 40*, 14–27.

Lewins, K. 1930/31. Der Übergang von der aristotelischen zur galileischen Denkweise in Biologie und Psychologie. *Erkenntnis, 1*, 421–466.

Lévi-Strauss, C. 1966. *The Savage Mind.* Oxford: Oxford UP.

Lévy-Bruhl, L. 1926. *How Natives Think.* New York: Allen and Unwin.

Lichtenberg, J.D. 1981. The empathic mode of perception and alternative vantage points for psychoanalytic work. *Psychoanalytic Inquiry, 1*, 329–356.

Lichtenberg, J.D. 1989. *Psychoanalysis and Motivation.* Hilldale, NJ: The Analytic Press.

Lichtenberg, J.D. 2005. *Craft and spirit.* Hillsdale NJ.: The Analytic Press.

Lichtenberg, J.D., Lachmann, F.M. & Fosshage, J.L. 2011. *Psychoanalysis and Motivation Systems.* A New Look. New York: Routledge.

Lichtenberg, J.D. 2016. Interpretation Revisited. *Psychoanalytic Inquiry, 40*, 4–13.

Liotti, G. 2004. Trauma, dissociation and disorganized attachment: Three strands of a single braid. *Psychotherapy: Theory, Research, Practice, Training, 41*, 472–486.

Liotti, G. 2006. A model of dissociation based on attachment theory and research. *Journal of Trauma Dissociation, 7*, 55–73.

Liotti, G. 2011. Attachment disorganization and the controlling strategies: An illustration of the contributions of attachment theory to developmental psychopathology and to psychotherapy integration. *Journal of Psychotherapeutic Integration, 21*, 232–252.

Liotti, G. 2014. Overcoming powerlessness in the clinical exchange with traumatized patients. *Psychoanalytic Inquiry, 34*, 322–336.

Lorenzer, A. 1970. *Kritik des psychoanalytischen Symbolbegriffs*. Frankfurt/Main: Suhrkamp.

Lorenzer, A. 1974. *Die Wahrheit der psychoanalytischen Erkenntnis. Ein historisch-materialistischer Entwurf.* Frankfurt/Main: Suhrkamp.

Machamer, P.K., Darden, L. & Craver, C.F. 2000. Thinking about Mechanisms. *Philosophy of Science, 67*, 1–25.

MacMillan, M. 1996. *Freud Evaluated: The Completed Arc*. Cambridge MA: Harvard UP.

MacPhail, E. 1998. *The Evolution of Consciousness*. Oxford: Oxford UP.

Malinowski, B. 2014. *Magic, Science and Religion*. New York: Mccormick Press.

Maley, C.J. & Piccinini, G. 2015. A Unified Mechanistic Account of Teleological Functions for Psychology and Neuroscience. In D. Kaplan (Hg.), *Explanation and Integrating Mind and Brain Science: Mechanistic Perspectives and Beyond* (Chapter 11). Oxford: Oxford UP.

Mantzavinos, C. 2016. Hermeneutics. *The Stanford Encyclopedia of Philosophy* (Fall 2016 Edition). Hg. von Edward N. Zalta. http://plato.stanford.edu/archives/fall2016/entries/hermeneutics/ (05.02.2018).

Mertens, W. 2010. Zur Konzeption des Unbewussten. In M. Kettner & W. Mertens, *Reflexionen über das Unbewusste* (S. 7–76). Göttingen: Vandenhoeck & Ruprecht.

Mertens, W. 2012. *Psychoanalytische Schulen im Gespräch Bd. 3: Psychoanalytische Bindungstheorie und moderne Kleinkindforschung*. Bern: Hogrefe.

Metzinger, Th. (Hg.). 2001. *Grundkurs Philosophie des Geistes. Bd. 1: Bewusstsein*. Paderborn: Mentis.

Metzinger, Th. (Hg.). 2010. *Grundkurs Philosophie des Geistes. Bd. 3: Intentionalität und mentale Repräsentation*. Paderborn: Mentis.

Midgley, N. & Vrouva, I. (Hg.). 2012. *Minding the Child: Mentalization-based Interventions with Children, Young People and their Families*. London: Routledge.

Millikan, R. 1984. *Language, Thought, and Other Biological Categories*. Cambridge MA: Harvard UP.

Millikan, R. 1999. Pushmi-Pullyu-Representations. *Philosophical Perspektives, 9*, 185–200.

Millikan, R. 2005. Verschiedene Arten von zweckgerichtetem Verhalten. In D. Perler & M. Wild (Hg.), *Der Geist der Tiere* (201–212). Frankfurt/Main: Suhrkamp.

Modell, A. 2014. The Evolutionary Significance of the Primary Process – The Freudian Concept and Its Revision. *Psychoanalytic Inquiry, 34*, 810–824.

Münch, W. 2011. *Tiefenhermeneutische Beratung und Supervision. Konzeptualisierung und Praxisreflexion*. Frankfurt/Main: Brandes & Apsel.

Nagel, T. 1994. Freud's Permanent Revolution. In ders., *Other Minds. Critical Essays 1969–1994* (S. 26–44). New York/Oxford: Oxford UP.

Neander, K. 1991a. The Teleological Notion of »Function«. *Australasian Journal of Philosophy, 69*, 454–468.

Neander, K. 1991b. Functions as Selected Effects: the Conceptual Analyst's Defence. *Philosophy of Science, 58*, 168–184.

Nesse, R.M. & Lloyd, A.T. 1992. The Evolution of Psychodynamic Mechanisms. In J. Barkow, L. Cosmides & J. Tooby (Hg.), *The Adapted Mind* (S. 601–626). Oxford: Oxford UP.

Nichols, S. & Stich, S. 2003. *Mindreading. An integrated account of pretence, self-awareness and understanding other minds.* Oxford: Oxfor UP.

Nowak, M.A. & Highfield, R. (Hg.). 2011. *Super Cooperators. Altruism, Evolution, and Why We Need Others to Succeed.* New York: Free Press.

Nussbaum, M. (2004). Emotions as judgements of value and importance. In Solomon (Hg.), *Thinking about feeling: Contemporary philosophers on emotions* (S. 183–199). New York: Series in Affective Science.

Oevermann, U. & M. Leber 1994. Möglichkeiten der Therapieverlaufsanalyse in der objektiven Hermeneutik. Eine exemplarische Analyse der ersten Minuten einer Fokaltherapie aus der Ulmer Textbank »Der Student«. In D. Garz & K. Kraimer (Hg.), *Die Welt als Text. Theorie, Kritik und Praxis der objektiven Hermeneutik* (S. 383–427). Frankfurt/Main: Suhrkamp.

Okasha, S. & Binmore, K. (Hg.) 2012. Evolution and Rationality. Decisions, Co-operation and Strategic Behaviour. Cambridge: Cambridge UP.

Orange, D.M., Atwood, G.E. & Stolorow, R.D. 1997. *Working Intersubjectively: Contextualism in Psychoanalytic Practice.* Hillsdale, NJ.: Routledge.

Panksepp, J. & Biven, L. 2012. *The Archaeology of Mind. Neuroevolutionary Origins of Human Emotions.* New York: W.W. Norton & Company.

Papiasvili, E. (Hg.). 2016. Interpretation—Then and Now: If, When, and How. *Psychoanalytic Inquiry, 36*, Special Issue.

Peterson, R. & Terwee, S. 1994. Can Functionalism Provide the Proper Basis for a Core Theory of Psychoanalysis? *Philosophical Psychology, 7*, 463–469.

Pitt, D. 2013. Mental Representation. *The Stanford Encyclopedia of Philosophy* (Fall 2013 Edition). Hg. von Edward N. Zalta. http://plato.stanford.edu/archives/fall2013/entries/mental-representation/ (05.02.2018).

Popper, K. 1972a. *Objective Knowledge.* Oxford: Oxford UP.

Popper, K. 1972b. *Conjectures and Refutations.* London: Routledge.

Putnam, H. 1993. Die Natur mentaler Zustände. In P. Bieri (Hg.), *Analytische Philosophie des Geistes* (S. 123–135). Bodenheim: Athenäum Hain Hanstein.

Quante, M. 1995. *Pragmatische Rationalitätstheorien. Studies in Pragmatism, Idealism, and Philosophy of Mind.* Würzburg: Königshausen & Neumann.

Rahoezy, H. & Schmidt, M. 2013. The early ontogeny of social norms. *Child Developmental Perspectives, 7*, 17–21.

Rattner, J. & Danzer, G. (Hg.). 2008. *Hermeneutik und Psychoanalyse. Das Verstehen als Lebensaufgabe, Wissenschaftsmethode und Fundamentalethos. Studienausgabe Enzyklopädie der Psychoanalyse 1.* Würzburg: Königshausen & Neumann.

Rattner, J. & Danzer, G. 2009. *Sprache und Psychoanalyse. Kommunikation als Sinn und Gehalt der menschlichen Existenz.* Würzburg: Königshausen & Neumann.

Reich, W. 2018 [1950]. *Kinder der Zukunft. Zur Prävention sexueller Pathologien.* Gießen: Psychosozial-Verlag.

Reinke, E. 2013. »Szenische Evidenz« und »Szenisches Verstehen«. Zur Vermittlung des Werks von Hermann Argelander und Alfred Lorenzer. *Jahrbuch der Psychoanalyse, 66*, 13–48.

Rey, C. 1997. *Contemporary Philosophy of Mind.* Oxford. Oxford UP.

Ricœur, P. 1974. *Die Interpretation. Ein Versuch über Freud.* Frankfurt/Main: Suhrkamp.

Robb, D. & Heil, J. 2013. Mental Causation. *The Stanford Encyclopedia of Philosophy* (Spring 2014 Edition). Hg. von Edward N. Zalta. http://plato.stanford.edu/archives/spr2014/entries/mental-causation/ (05.02.2018).

Rossouw, T. & Fonagy, P. 2012. Mentalization-based treatment for self-harm in adolescents: a randomized controlled trial. *Journal of the American Academy of Child and Adolescent Psychiatry, 5112*, 1304–131.

Sandberg, L.S. 2016. On the argument for (and against) neuropsychoanalysis. *The International Journal of Psychoanalysis, 97*, 1149–1150.

Schafer, R. 1976. *A New Language for Psychoanalysis.* New Haven u.a.: Yale University Press.

Schöpf, A. 2013. *Philosophische Grundlagen der Psychoanalyse.* Stuttgart: Klett-Cotta.

Schwartz, D. 2007. *Vernunft und Emotion. Die Ellis-Methode.* Dortmund: borgmann publishing.

Schwartz, D. 2012. *Vernunft und Kommunikation. Wie Emotionen unsere Kommunikation beeinflussen.* Dortmund: borgmann publishing.

Simon, H. 1997. *Models of Bounded Rationality, Vol. 3.* Cambridge MA: Harvard UP.

Skyrms, B. 2000. Game Theory, Rationality, and Evolution of the Social Contract. In L. D. Katz (Hg.), *Evolutionary Origins of Morality* (S. 269–284). Thorverton: Imprint Academic.

Slaby, J., Stephan, A., Walter, H. & Walter, S. (Hg.). 2011. *Affektive Intentionalität. Beiträge zur welterschließenden Funktion der menschlichen Gefühle.* Paderborn: Mentis.

Slavin, M. 1990. The Dual Meaning of Verdrängung and the Adaptive Design of the Human Psyche. *Journal of American Academy of Psychoanalysis, 18,* 307–341.

Solomon, R. C. (Hg.). 2004. *Thinking about feeling: Contemporary philosophers on emotions.* New York: Series in Affective Science.

Spork, P. 2009. *Der zweite Code: EPIGENETIK oder Wie wir unser Erbgut steuern können.* Reinbek bei Hamburg: Rowohlt.

Steele, R. S. 1979. Psychoanalysis and Hermeneutics. *International Review of Psycho-Analysis, 6,* 389–411.

Stephan, A. 1989. *Sinn als Bedeutung. Bedeutungstheoretische Untersuchungen zur Psychoanalyse S. Freuds.* Berlin: de Gruyter.

Stephan, A., Walter, S. & Slaby, J. 2011. Einleitung. In J. Slaby, A. Stephan, H. Walter & S. Walter (Hg.), *Affektive Intentionalität. Beiträge zur welterschließenden Funktion der menschlichen Gefühle* (S. 9–22). Paderborn: Mentis.

Stern, D. 2003. *Die Lebenserfahrung des Säuglings.* Stuttgart: Klett-Cotta.

Stolorow, R. D. & Atwood, G. E. 1989. The unconscious and the conscious fantasy: An intersubjective-developmental perspective. *Psychoanalytic Inquiry, 9,* 364–374.

Stolorow, R. D. & Atwood, G. E. 1992. *Contexts of Being: The Intersubjective Foundations of Psychological Life.* Hillsdale, NJ.: Routledge.

Storck, T. (Hg.). 2012. *Zur Negation der psychoanalytischen Hermeneutik.* Gießen: Psychosozial-Verlag.

Storck, T. 2012a. Warum Nein? Positionen zur Negation der psychoanalytischen Hermeneutik. In ders. (Hg.), *Zur Negation der psychoanalytischen Hermeneutik* (S. 9–40). Gießen: Psychosozial-Verlag.

Sulloway, Frank J. 1979. *Freud, Biologist of the Mind. Beyond the Psychoanalytic Legend.* New York: Harvard UP.

Taubner, S., Nolte, T., Luyten, P. & Fonagy, P. 2010 Mentalisierung und das Selbst. *Persönlichkeitsstörungen, 14,* 243–258.

Taylor, C. 1964. *The Explanation of Behavior.* New York: Prometheus Books.

Terwee, S. 1990. *Hermeneutics in psychology and psychoanalysis.* Berlin u. a.: Springer.

Tetens, H. 1994. *Geist, Gehirn, Maschine.* Stuttgart. Reclam.

Textor, M. R. 1988a. Psychotherapie – Charakteristika und neue Entwicklungen. *Integrative Therapie, 4,* 269–280.

Textor, M. R. 1988b. Eklektische und Integrative Psychotherapie. Fünf Bewegungen zur Überwindung der Vielzahl von Therapieansätzen. *Psychologische Rundschau, 39,* 201–211.

Thagard, P. 2012. Cognitive Science. *The Stanford Encyclopedia of Philosophy* (Fall 2012 Edition). Hg. von E. N. Zalta. http://plato.stanford.edu/ archives/fall2012/entries/cognitive – science/ (05.02.2018).

Thiel, C. 2010. Thesen zur Psychoanalyse. http://www.phil.uni-passau.de/fileadmin/dokumente/lehrstuehle/thies/online-Texte-zur-Psychoanalyse.pdf (05.02.2018).

Thomas, N. 2015. What's really wrong with cognitive behavioral therapy for psychosis? *Frontiers of Psychology 2015, 6,* 323. https://doi.org/10.3389/fpsyg.2015.00323 (05.02.2018).

Tiedemann, J. 2009. *Relationale und intersubjektive Schulen der Psychoanalyse*, http://www.diss.fu-berlin.de/diss/servlets/MCRFile NodeServlet/FUDISS_derivate_000000002943/09_Zweiter-Teil_Kapitel_7.pdf?hosts (06.02.2018).

Tjiattas, M. 2000. Functional Irrationality. *The Proceedings of the Twentieth World Congress of Philosophy, 9*, 133–140.

Tomasello, M. 2002. *Die kulturelle Entwicklung des menschlichen Denkens*. Frankfurt/Main: Suhrkamp.

Tomasello, M. 2009. *Why We Cooperate*. Cambridge MA: Harvard UP.

Trivers, R. 1971. The evolution of reciprocal altruism. *Quarterly Review of Biology, 46*, 35–57.

Van Gulick, R. 2014. Consciousness. *The Stanford Encyclopedia of Philosophy* (Summer 2017 Edition). Hg. von Edward N. Zalta. https://plato.stanford.edu/archives/sum2017/entries/consciousness/ (05.02.2018).

Vogel, M. 2018. *Geist und Psyche. Auf dem Weg zu einer integrativen Theorie des Mentalen*. Frankfurt/Main: Suhrkamp.

Weiss, J. & Sampson, H. (Hg.). 1986. *The Psychoanalytic Process: Theory, Clinical Observation and Empirical Research*. New York: Guilford Press.

Weiß, H. 2016. Impasse and Understanding in the Psychoanalysis of a Severely Traumatized Patient. In H. Lang, P. Dybel & G. Pagel (Hg.), *Hermeneutik und Psychoanalyse: Perspektiven und Kontroversen* (S. 307–322). Würzburg: Königshausen & Neumann.

Westen, D. & Gabbard, G.O. 2002. Developments in cognitive neuroscience: I. Conflict, compromise, and connectionism. II. Implications for theories of transference. *Journal of the American Psychoanalytical Association, 50*, 53–134.

Whitebook, J. 2009. *Der gefesselte Odysseus. Studien zur Kritischen Theorie und Psychoanalyse*. Frankfurt/Main/New York: Campus.

Whitebook, J. 2009a. Wechselseitige Anerkennung und die Arbeit des Negativen. In ders., *Der gefesselte Odysseus. Studien zur Kritischen Theorie und Psychoanalyse* (S. 169–202). Frankfurt/Main/New York: Campus.

Wilken, B. 2010 [1998]. *Methoden der kognitiven Umstrukturierung*. Stuttgart: Kohlhammer.

Wilson, E.O. 2002. *Sociobiology: the new synthesis*. Cambridge, Mass: Belknap Press of Harvard University Press.

Winch, P. 1958. *The Idea of a Social Science and Its Relation to Philosophy*. London: Routledge [dt. 1966. *Die Idee der Sozialwissenschaft und ihr Verhältnis zur Philosophie*. Frankfurt/Main: Suhrkamp).

Winnicott, D.W. 1957. *The Child and the Outside World*. London: Tavistock.

Winnicott, D.W. 1964. *The Child, the Family, and the Outside World*. London: Pelican Books.

Woodward, J. 2008. Cause and explanation in psychiatry. *Philosophical Issues in Psychiatry. Explanation, Phenomenology, and Nosology*, 132–184.

Wright, G.H. v. 1971. *Explanation and Understanding*. Ithaca: Cornell University Press [dt. 1974. *Erklären und Verstehen*. Frankfurt/Main: Suhrkamp].

Young, A. 2006. Remembering the Evolutionary Freud. *Science in Context, 19*, 175–189.

Yovell, Y., Solms, M. & Fotopoulou, A. 2015. The case for neuropsychoanalysis: Why a dialogue with neuroscience is necessary but not sufficient for psychoanalysis. *The International Journal of Psychoanalysis, 96*, 1515–1553.

Zepf, S. & Hartmann, S. 2002. Empathisches Verstehen im psychoanalytischen Prozess. *Forum der Psychoanalyse, 18*, 245–256.

Anmerkungen

Anmerkungen zur Einleitung

1 Vgl. zum Beispiel zu Freuds Behandlung dieser Frage Achim Stephan (1989), ferner die bis heute einflussreichen klassischen Vertreter der hermeneutischen Psychoanalyse, von denen die Psychoanalyse als verstehende Geisteswissenschaft betrachtet wird (Ricœur, 1974; Lorenzer, 1974; Habermas, 1968; Honneth, 2010), über die Diskussion psychoanalytischer Methoden in der frühen Philosophie des Geistes (Davidson, 2006 [1982b]; Cavell, 1997; Nagel, 1994), bis hin zu neuen und neuesten Arbeiten – zunehmend auch aus dem psychoanalytischen Lager (Blum, 2016; Bohleber & Leuzinger-Bohleber, 2016; Bouchard, 1995; Buzzoni, 2001; Dybel, 2014; Frie, 2015; Kächele & Thomä, 2009; Kauff, 2016; Kernberg, 2001; Lang, 1995, 1997, 2000; Lang et al., 2014, 2016; Leuzinger-Bohleber et al., 2015; Lichtenberg, 2016; Levin, 2016; Münch, 2011; Rattner & Danzer, 2008; Storck, 2012, 2012a; Weiß, 2016; Zepf & Hartmann, 2002).

2 So schreibt Freud zum Beispiel zu Beginn des zweiten Teils seiner Vorlesungen zur *Einführung in die Psychoanalyse* (1916–17a [1915–17]) über den Traum: »Meine Damen und Herren! Eines Tages machte man die Entdeckung, dass die Leidenssymptome gewisser Nervöser einen Sinn haben.« In einer Fußnote zu dieser Bemerkung verweist Freud auf »Josef Breuer in den 1880–1882« sowie auf seine eigene Vorlesung in Amerika im Jahre 1909 zur Geschichte der psychoanalytischen Bewegung. Zu Freuds Verwendung des »Sinn«-Konzepts siehe genauer Fußnote 13.

3 »Interpretation is the verbal communication by the analyst of the hypothesis of an unconscious conflict that seems to have dominantly emerged now in the patient's communication in the therapeutic encounter« (Kernberg, 2016, S. 52).

4 Im Special Issue der *Psychoanalytic Inquiry 36* (2016), dessen Titelfrage (»Interpretation—Then and Now: If, When, and How?«) auf die neue Debatte um die Psychoanalyse im Hier und Jetzt anspielt, vertreten die meisten BeiträgerInnen den genannten Interpretationsbegriff, sind sich allerdings nicht einig in der Einschätzung der Psychoanalyse im Hier und Jetzt. So machen zum Beispiel Werner Bohleber und Marianne Leuzinger-Bohleber (2016) geltend, dass diese Variante im Fall schwer traumatisierter PatientInnen nicht nur nicht hilfreich ist, sondern sogar gefährlich und kontraproduktiv sein kann.

5 Ähnlich äußert sich auch Melvin Bornstein (2010). Daneben gibt es zunehmend Versuche, Teilstücke der modernen Theorie des Geistes, beispielsweise die Theorie der verkörperlichten Kognition, für eine Weiterentwicklung der Psychoanalyse und Psychotherapie fruchtbar zu machen (vgl. dazu genauer Abschnitt 4.1 und 4.4).

6 Kognitive Psychologen beschwören neuerdings das Bild der Seele als eines großen Elefanten (das Unbewusste) mit einem kleinen Reiter (Bewusstsein, Vernunft) (vgl. Haidt, 2011, Kapitel 9, S. 34). Dieses Bild unterstreicht, wie wichtig es ist, eine moderne Theorie der Seele auszuarbeiten. Dieses Projekt kann offensichtlich an klassische Vorstellungen von der Unterscheidung zwischen *psyche* und *nous* (z. B. bei Aristoteles) oder *anima* und *animus* (z. B. bei Thomas von Aquin) anknüpfen, in denen der *nous* oder *animus* ebenfalls als eine Komponente der *psyche* bzw. *anima* betrachtet wurde.

7 Ich danke darüber hinaus Wolfgang Mertens, dessen Arbeiten zur Psychoanalyse ich überaus schätze, für seine sehr hilfreichen und detaillierten Kommentare zu verschiedenen Fassungen des Gesamttextes sowie die freundliche und motivierende Ermunterung zur Arbeit an diesem Projekt. Julian Marx bin ich sehr dankbar für sein überaus genaues und hilfreiches Lektorat dieses Buches.

Anmerkungen zu Kapitel 1

8 Als Nachweise für die Existenz des Unbewussten hat Freud bewusste Zustände angeführt, die durch temporales Vergessen aus dem Bewusstsein verschwinden (und in diesem Sinne unbewusst werden), die aber durch Erinnerung wieder in das Bewusstsein gehoben werden können; ferner seelische Zustände, die unter Hypnose generiert und nach Beendigung der Hypnose wirksam werden, ohne dass der Patient diese Ursache kennt oder erinnern kann, und schließlich unverständliche, nicht intelligible Lücken im Bereich bewusster mentaler Zustände (vgl. z. B. Freud, 1915e, Abschnitt 1).

9 Im 19. Jahrhundert gab es eine ausführliche und kontroverse Debatte über das Unbewusste, an der unter anderem Johann Friedrich Herbart, Arthur Schopenhauer, Hermann von Helmholtz, Friedrich Nietzsche, Eduard von Hartmann, Franz Brentano und William James beteiligt waren (vgl. dazu Erwin, 2009, S. 61–63).

10 Später (nach 1923) hat Freud die Gleichsetzung des Unbewussten mit dem Verdrängten zurückgewiesen und behauptet, dass auch Teile des Ich unbewusst sind: Alles Verdrängte sei auch unbewusst, aber nicht alles Unbewusste sei verdrängt (vgl. Freud, 1940a [1938]).

11 Nach Christopher Badcock hat Freud sogar vier Arten oder Bereiche das Unbewussten unterschieden: (a) seelische Inhalte, die prinzipiell bewusst sein können, die aber wegen ihrer unerwünschten Merkmale unbewusst gelassen werden (das verdrängte Unbewusste, dessen Inhalte prinzipiell aufgerufen werden könnten, aber aufgrund extrem unerwünschter Inhalte nicht aufgerufen werden sollen), (b) seelische Bereiche, die niemals bewusst werden (vor allem unbewusste Mechanismen der Seele), (c) das archaische Erbe, geformt durch die menschliche Phylogenese (die evolutionär bestimmte genetisch Kodierung unseres Verhaltens), (d) seelische Inhalte, die gerade nicht bewusst sind, aber jederzeit ohne Probleme aufgerufen werden könnten (das Vorbewusste) (vgl. Badcock, 1994, Kap. 4).

12 Damit reiht sich Freud allerdings in die wirkungsmächtige »Herdertradition« ein (siehe zu dieser Tradition genauer Kapitel 4.2).

13 Tatsächlich verwendet Freud, wie Stephan (1989) zeigt, die Formel *Das manifeste Phänomen X hat den Sinn Y* in einem dreifachen Sinn: (1) Y ist ebenfalls ein psychisches Phänomen und ist kausale Ursache von X. (2) X ist ein (oft motorischer) Ausdruck des Gedankens Y (ähnlich wie Mimik, Gesten oder sprachliche Äußerungen ein Ausdruck für Gedanken, Vorstellungen, Emotionen etc. sind). (3) Y ist das seelische Motiv für X und zeigt die Absichten oder Zwecke an, denen X dient. Stephan weist nach, dass Freud den Ausdruck »Erfassen von Sinn« am weitaus häufigsten im Sinn von (2) verwendet.

14 Auch die Übersetzungsthese ist in diesem Kontext strikt genommen inkohärent. Wenn X in Y übersetzt werden kann, dann müssen sowohl X als auch Y Zeichen sein, die bereits Sinn aufweisen. Freud unterstellt jedoch im Rahmen der psychologistischen Bedeutungstheorie eine Übersetzung von X in Y, wobei X der Sinn von Y oder gar die Ursache von Y ist. Das ist schlicht eine Konfusion.

Anmerkungen zu Kapitel 2

15 Vorläufer dieser Kritik sind zum Beispiel die Überlegungen des späten Sándor Ferenczi sowie Arbeiten von Donald Winnicott und Michael Balint, in denen erste Varianten der Objektbeziehungstheorie entwickelt wurden.

16 Genau genommen gibt es unter diesem gemeinsamen positionellen Dach unterschiedliche Varianten, beispielsweise die »relationale«, die »interpersonale« und die »intersubjektive Psychoanalyse«. Die relationale Psychoanalyse legt Wert darauf, dass die drei Pole des Selbst, des Anderen und der Interaktion zwischen Selbst und Anderem stets in eine relationale Struktur eingebettet werden müssen. Die interpersonale Psychoanalyse geht davon aus, dass die Persönlichkeit des Menschen in den Mustern seiner zwischenmenschlichen Beziehungen besteht. Die intersubjektive Psychoanalyse verstand sich ursprünglich als eine Art Feld- oder Systemtheorie, der zufolge mentale Phänomene nicht Produkte intrapsychischer Mechanismen sind, sondern erst in der Interaktion zwischen mehreren Subjekten entstehen.

17 Viele AutorInnen weisen auf die zahlreichen Vorläufer und historischen Quellen der intersubjektiven Psychoanalyse hin – neben psychoanalytischen Ansätzen in der Mitte des 20. Jahrhunderts insbesondere auf die Bindungstheorie und die neuere Säuglingsforschung, aber auch auf die philosophische Kommunikationstheorie von Jürgen Habermas und die Anerkennungstheorie von Axel Honneth. Für Honneth ist zum Beispiel die Anerkennung der soziale Mechanismus, der zugleich zur Bildung des Selbst und zur Etablierung sozialer, sittlich-geprägter Gemeinschaften führt. Seelische Störungen sind für Honneth eine Folge unzureichender Anerkennung. Der »Kampf um Anerkennung« prägt daher die Entwicklung des mentalen Selbst ebenso wie das soziale Geschehen (vgl. Habermas, 1968; Honneth, 1999, 2010).

18 Dieser Kreislauf besteht darin, dass die meisten Tiere (einschließlich der Menschen) sich bewegen, um etwas angemessen beobachten zu können, und ihre Umwelt beobachten, um sich angemessen bewegen zu können.

19 »Selbstobjektfunktion« ist ein Terminus, der von Heinz Kohut geprägt wurde und gerade die Funktion einer angemessenen Spiegelung und Empathie von mentalen (insbesondere emotionalen) Zuständen anderer Personen bezeichnet (vgl. Kohut, 1979). Die Selbstobjektfunktion muss natürlich nicht nur von TherapeutInnen gegenüber PatientInnen, sondern auch von den Bezugspersonen gegenüber kleinen Kindern angemessen ausgeführt werden.

20 Wortführer dieser Debatte waren Karl Popper und Adolf Grünbaum (vgl. hierzu z.B. Popper, 1972a, S. 38 [Fn. 5]; 1972b, S. 34ff.; sowie Grünbaum, 1983, 1988, 1993). Lange vor Popper haben sich einige Mitglieder des Wiener Kreises, in dem der Szientismus vorherrschte, mit Freud beschäftigt. Freud selbst hatte interessanterweise im Jahre 1912 den Gründungsaufruf der Gesellschaft für positivistische Philosophie unterzeichnet, unter anderem neben David Hilbert, Albert Einstein und Ernst Mach. Die ersten vier Bände der berühmten Zeitschrift *Erkenntnis*, dem Sprachrohr des logischen Empirismus, enthalten (zwischen 1930 und 1934) einige Artikel, die sich in der einen oder anderen Weises mit Freuds Psychoanalyse beschäftigten, etwa Lewins (1930/31), Herzberg (1932/33) oder Carnap (1932/33).

21 Zu Habermas' Einschätzung der Psychoanalyse vgl. auch Vogel (2018 [2004], Abschnitt 2.3.2). Vogel hält die These, dass psychoanalytische Erkenntnis eine Selbstreflexion ist, für den Kern der Habermas'schen Rekonstruktion der Psychoanalyse und betrachtet die Selbstreflexion als Ausdruck eines umfassenden hermeneutischen Verstehens, das über die Mittel der Volkspsychologie hinausgeht.

22 Die Inkohärenz von verstümmelten, partiell oder überwiegend unverständlichen Sprachen wurde von Wittgenstein und Davidson nachgewiesen, die scharfe Unterscheidung von Verstehen und Verständigung wurde bereits in einigen der besten Arbeiten der klassischen Hermeneutik erreicht, vgl. etwa die Hermeneutik Claubergs (dazu Detel 2011 Abschnitt 2.1).

23 Vgl. zum Beispiel Lang (1995, 1997, 2000), ferner Rattner & Danzer (2008) und Steele (1979), auch Rattner & Danzer (2009), Bouchard (1995), Angehrn & Küchenhoff (2014), Buzzoni (2001), Zepf & Hartmann (2002), Terwee (1990), Storck (2012, 2012a), Münch (2011, besonders S. 261–307), Lang et al. (2016) sowie Kächele & Thomä (2009).

24 Anzuführen sind diesbezüglich unter anderem die Debatte um »Verstehen und Erklären um 1900« bei Rattner & Danzer (2009), die postmoderne negative Hermeneutik bei Storck (2012) und Angehrn & Küchenhoff (2014), die unklare Hermeneutik der Leiblichkeit bei Zepf & Hartmann (2002), der Widerspruch zwischen rationalistischen und postmodernen Zugriffen bei Münch (2011), die Diskussionen um Freud, Lacan, Heidegger und Gadamer bei Lang et al. (2014) und Dybel (2014) sowie um Apel, Gadamer, Habermas und Radnitzky bei Kächele & Thomä (2009).

Anmerkungen zu Kapitel 4

25 Zahlreiche Studien belegen die Wirksamkeit der kognitiven Therapie nach Ellis (2008) und Beck (1999). Schon bis 1984 gab es zur rational-emotiven Therapie 17 Studien mit 713 PatientInnen, zur kognitiven Therapie nach Beck 16 Studien mit 767 PatientInnen. Die Behandlungsdauer für diese Studien betrug maximal 12 Sitzungen (Ellis) bzw. 24 Wochen (Beck). Die Untersuchungen betrafen PatientInnen mit unterschiedlichen, doch überwiegend leichten und mittelschweren Problemen (geringe soziale Kompetenz, Depression, Agoraphobie, neurotische und Persönlichkeitsstörungen sowie Schmerzen). Die Wirksamkeit der Therapie nach Beck wurde bis 1984 vorwiegend bei Depressiven untersucht. Diese Befunde werden durch neuere Untersuchungen bestätigt (vgl. dazu etwa Hauzinger, 2003). Zugleich gibt es zunehmende Evidenz dafür, dass die verbreiteten kognitiv-behavioralen Verfahren weitgehend unwirksam sind und zum Beispiel die Angstzentren im limbischen System nicht ansprechen (Hinweis von Wolfgang Mertens).

26 Davidsons Ansatz wird auch in Schöpf (2013, Kap. 10) dargestellt, aber unangemessen kritisiert.

27 Vgl. dazu auch Cutler & Brakel (2014). Die einzige weitere neuere Arbeit dazu ist Bortolotti (2013), die jedoch nur behauptet, dass Irrationalität weder notwendig noch hinreichend für seelische Störungen ist. Claude Lévi-Strauss (1966) hat bekanntlich gegen die Unterstellung Cavells, dass dem magischen Denken eine gewisse Irrationalität zukommt, energisch protestiert. Zu einer kritischen Bewertung der Überlegungen Cavells vgl. auch Vogel 2018, Abschnitt 2.3.3.

28 Hobson unterscheidet in diesem Kontext unter anderem zwischen »primärer« und »sekundärer Intersubjektivität«: Schon Säuglinge streben eine soziale Situation an, in der sie geistige Erfahrungen mit anderen geistigen Wesen teilen. Erst diese hermeneutische Verbundenheit formt auch die eigenen geistigen Zustände der Säuglinge genauer. Das ist die *primäre Intersubjektivität*. In der Entwicklung von der Neunmonatsrevolution bis zum Alter von vier Jahren lernt das kleine Kind, dass es selbst bestimmte Erfahrungen von der Welt hat und dass andere Artgenossen andere Erfahrungen von der Welt haben. Es weiß das eigene mentale Selbst vom mentalen Selbst der anderen zu unterscheiden. Das ist die *sekundäre Intersubjektivität,* die zugleich die wesentliche Bedingung dafür ist, verschiedene Einstellungen gegenüber der Welt und anderen auszuhandeln, das heißt zu klären, ob man sie teilen kann oder sie zurückweisen muss.

29 Zu diesem Thema gibt es bereits umfängliche Literatur, obwohl die intensive Forschung zur verkörperten Kognition erst seit ca. zehn Jahren im Gange ist. Einen guten Überblick zu diesem Thema mit einer der umfangreichsten Literaturlisten bieten Wilson & Foglia (2016).

30 Vgl. dazu auch Blass & Carmeli (2007), die sich ebenfalls kritisch gegen allzu hohe Erwartungen an eine Zusammenarbeit von Psychoanalyse und Neuroscience wenden. Sie werfen den BefürworterInnen einer solchen Kooperation zu Recht vor, einen biologischen Reduktionismus zu vertreten, der die zentrale Rolle der Hermeneutik in der Psychoanalyse übersieht. Dieser Artikel initiierte eine ausgedehnte Debatte (vgl. hierzu z.B. Yovell et al., 2015; Canestri, 2015; Kessler, 2016; Sandberg, 2016; Busch, 2016 mit Vorbehalten gegenüber der Auffassung von Blass & Carmeli, 2007; sowie die Repliken Blass & Carmeli, 2015, 2016).

31 Mir persönlich und vielen KollegInnen, die seit Jahren in diesem Bereich arbeiten, ist keine einzige Falsifikation moderner psychologischer Klassifikationen durch die Neurowissenschaft bekannt.

Anmerkungen zu Kapitel 5

32 Diese allgemeine Bestimmung macht deutlich, dass die Standardtheorie des Geistes, von der die vorliegende Studie ausgeht, eine Variante ist, die gewöhnlich *Eigenschaftsdualismus* genannt wird: Ihr zufolge ist das Geistige durch geistige Eigenschaften gekennzeichnet, die gegenüber physischen Eigenschaften spezifisch sind. Diese Variante der modernen Geisttheorie ist weit verbreitet, doch ist sie nicht die einzige diskutierte Variante. Eine ernsthafte Alternative ist der *Beschreibungsdualismus,* dem zufolge wir gewisse Entitäten in unterschiedlichen Vokabularen beschreiben können (etwa in einem physikalischen und einem geist-theoretischen Vokabular, ohne dass diese unterschiedlichen Beschreibungen jedoch auf irgendwelche ontologischen Unterschiede verweisen (diese Position ist zum Beispiel vom frühen Dennett, vom frühen Davidson und von David Papineau – also von gewichtigen Autoren – vertreten worden). Doch lässt der Beschreibungsdualismus die Angemessenheit oder Unangemessenheit dieser verschiedenen Beschreibungen als Mysterium erscheinen. Vor allem aber ist diese Position unvereinbar mit dem Resultat jüngerer Forschungen der kognitiven Psychologie, dass semantische Netzwerke und phänomenales Bewusstsein tatsächlich existieren (vgl. hierzu – um nur zwei von vielen Belegen zu nennen – Metzinger, 2001, sowie die einschlägigen Kapitel aus Anderson, 2007). Für eine ausführlichere Diskussion dieser Frage vgl. Detel (2009).

33 Ein einfaches Beispiel ist die Oder-Syntax: Wenn p, q, r, s, t Repräsentationen sind, dann zum Beispiel auch (p oder q), ((p oder q) oder r), (r oder t), ((p oder q) oder (r oder t)), (((p oder q) oder (r oder t)) oder (p oder t)), ((((p oder q) oder (r oder t)) oder (p oder t)) oder ((p oder q) oder (r oder t))).

34 Der Gründungstext der Teleosemantik ist Millikan (1984). Zum Überblick vgl. Detel (2001, 2001a) und Detel & Samson (2002). Zum neuesten Stand der Dinge mit entsprechender Literatur vgl. Vogel (2018, Kap. 4).

Anmerkungen zu Kapitel 6

35 Launer (2014) bezeichnet allerdings den Sexualtrieb fälschlicherweise als »Instinkt«. Triebe werden vor allem in der angelsächsischen Literatur oft als »instincts« tituliert, weil James Strachey in seiner Übersetzung der Schriften Freuds ins Englische »Trieb« mit »instinct« übersetzte. Aber ein Trieb im Freud'schen Sinn ist gerade nicht artspezifisch festgelegt und hat kein fixes Objekt wie ein Instinkt. Vielmehr ist das Objekt nach Freud gerade das Variabelste am Trieb (diese Hinweise verdanke ich Wolfgang Mertens).

36 Die empirische Evidenz für diese Diagnose stammt zu einem kleinen Teil aus der Archäologie, zum größten Teil aber aus der skrupulösen Untersuchung der ca. 150 JSG, die es zurzeit noch gibt. Die skizzierte egalitäre soziale Struktur findet sich ausnahmslos in allen diesen noch existierenden JSG, und zwar unter den unterschiedlichsten klimatischen und geografischen Bedingungen (vgl. dazu vor allem die Arbeiten des gegenwärtig führenden Forschers zu diesem Topos, Christopher Boehm, etwa Boehm, 1999 und 2012).

37 Bereits nach der neolithischen Revolution seit ca. 12.000 v.u.Z. (Pflanzenanbau, Tierzähmung, Landwirtschaft, Städtebau) mit größeren Gemeinschaften war das alte egalitäre System nicht mehr anwendbar. Die Dominanzhierarchien kehrten zurück, aber zum Teil in Formen, die einen Teil des alten Egalitarismus bewahrten, nämlich in Gestalt von religiösen, judikalen, exekutiven und politischen Institutionen sowie von ökonomischen Einheiten (etwa Firmen), die zwar intern hierarchisch aufgebaut sind, aber zugleich auf sozialen Regelungen beruhen, die für alle gleichermaßen gelten. Die gegenwärtigen demokratischen Rechtsstaaten realisieren zum Beispiel derartige Strukturen und scheinen sich im kulturellen Wettbewerb erneut als überlegen zu erweisen.

38 In der Psychologie gibt es seit Langem eine detaillierte Motivationsforschung. Einen guten Überblick dazu bietet das Lehrbuch von J. Heckhausen & H. Heckhausen (2006). In dieser Forschungstradition werden basale Emotionen als rudimentäre Motivationssysteme angesehen (ebd., Abschnitt 3.4), doch geht der Motivationsbegriff meist über Emotionen hinaus. Leistungsmotivation (ebd., Kap. 6), Bindungsmotivation (ebd., Kap. 7) und Machtmotivation (ebd., Kap. 8) sind beispielsweise Schwerpunkte psychologischer Motivationsforschung. Generell wird davon ausgegangen, dass eine Motivation immer dann vorliegt, wenn zielgerichtet gehandelt wird. So werden explizite Motive als »sprachlich repräsentierte und bewusste Ziele, Werte und Selbstbilder« definiert, während implizite Motive als »überdauernde individuelle […] in der Kindheit gelernte emotional getönte Präferenzen« darstellen (ebd., S. 5). Für die Psychoanalyse und insbesondere die Theorie des Unbewussten sind sicherlich vor allem jene tief angelegten Emotionen relevant, die in der Psychologie offensichtlich auch für die impliziten Motive bereits vorauszusetzen sind (besser spricht man hier von Gefühlen, damit die Körpergefühle nicht ausgeschlossen werden müssen). Theoretisch gesehen muss eine Motivationstheorie auf einer Theorie der Werte oder Evaluationsformen beruhen. Da elementare Gefühle sicherlich die grundlegendsten Evaluationssysteme sind, werden wir uns im Folgenden auch auf sie konzentrieren. Viel näher an der funktionalen Analyse der Motivationssysteme, die im Folgenden diskutiert wird, ist Vogel (2018 [2004], Abschnitt 5.1.1).

39 Arnold Modell (2014) schlägt in diesem Kontext vor, zwei verschiedene Arten von Primärprozessen zu unterscheiden: Primärprozesse in Träumen, und Primärprozesse im Wachzustand. Primärprozesse in Träumen werden beherrscht durch Lustprinzip, Ignoranz der Realität und Wunschdenken, nicht aber durch irgendeine Art von Rationalität. Diese Primärprozesse hatte Freud im Auge (tatsächlich liefert Freud die ausführlichste Erläuterung des Primärprozesses in seiner Traumdeutung [1900a]). Primärprozesse im Wachzustand, von denen bei Freud nicht die Rede ist, bringen evolutionär und phylogenetisch ältere Kognitionen ins Spiel, die adaptiv und funktional erfolgreich sind. Sie berücksichtigen die Realität und werden vom rationalen Prinzip der Risikoverminderung beherrscht. Das ist ein interessanter Vorschlag, verweist aber die begrenzte Rationalität in den Bereich des Bewusstseins. Die begrenzte Rationalität ist jedoch ein unbewusster Mechanismus.

40 Vgl. Abschnitt 1.1: Neuronaler oder physiologischer Prozess = Quelle; phänomenales bewusstes Körpergefühl = Drang; Suche und Auffindung von Erfüllungsmitteln = Triebhandlung; Beseitigung des Körpergefühls und Ende der Suchreaktion = Triebabfuhr. Insofern werden hier freudianische Intuitionen in neuer Form bewahrt.

41 Es gibt in der neueren Forschung einige Vorläufer und Konkurrenten des Cortina-Liotti-Systems, etwa die Modelle von Lichtenberg (1989) und Langs (1995). In Lichtenberg, Lachmann & Fosshage (2011) kommen die Autoren aufgrund von Evidenz aus der Säuglingsforschung zu folgenden Motivationssystemen: a) Regulation physiologischer Bedürfnisse, b) Bindungssystem, c) Fürsorgesystem, d) sexuelles System, e) Erkundungssystem, f) Verteidigungssystem und g) Angliederungssystem (zur Gruppenbildung). Ähnlich gliedern auch Panksepp und Biven (2012): a) Erkundung, b) Furcht, c) Wut/Ärger, d) Lust/Sexualität, e) Fürsorge und f) Panik/Trauer. Theoriestrategisch betrachtet handelt es sich um Vorschläge derselben Art (wenn auch weniger komplex) wie das Cortina-Liotti-System und sind daher ebenfalls den oben skizzierten Einwänden ausgesetzt.

42 Auf den ersten Blick mag es naheliegen, die Modelle von motivationalen Systemen (Gefühlen) mit den Resultaten der bekannten neurowissenschaftlichen Affektlehre von Jaak Panksepp abzugleichen. Panksepp betrachtet Affekte allerdings nicht als mentale, sondern als neurologische Phänomene: »Affects are neurobiologically-ingrained potentials of the nervous system, [i. e.] […] large-scale neural ensembles that are critically important for creating emotional feelings« (Panksepp, 2005, Abstract). Das oben vorgeschlagene Motivationssystem zielt nicht auf Affekte in Panksepps Sinn, sondern auf »emotional feelings«, die von Affekten erzeugt werden. Aber natürlich präsentiert Panksepp auch die üblichen Korrelationen. Dazu postuliert er unter anderem folgendes Schema:

System	Evolutionäre Umwelt	Motivation	Stimulusbezogenes Verhalten	Neuroanatomie
Suchen, Erstreben	Anreize: Nahrung, Sexualität, Kontakt	Begehren, Hoffnung, Erwartung	Objektloses Suchen, Selbststimulation, Exploration	Transmitter Dopamin Lateraler HT (im Wachzustand präfrontal gehemmt) N. Accumbens –VTA
Wut	Imitation der Haut. Mangel. Frustration	Hass, Wut	Beißen Angreifen Kämpfen	Von medialer Amygdala zum BNST Von medialem HT zum PAG
Panik	Sozialer Verlust Schmerz-Temperatur – Regulation	Einsamkeit Trauer Trennungsstress	Distress Vocalisations Bindung	Opiate, Oxytocin Aufsteigend von PAG BNST, G. Cinguli, präoptische Region
Furcht	Schmerz, Gefahr der Zerstörung	Angst Alarmierung Schrecken	Flucht, Totstellreflex, Autonome Reflexe (Herz, Darm …)	Von anteriorer zentraler und lateraler Amygdala zum medialen HT, zum dorsalen PAG

Im Vergleich zum oben postulierten Motivationssystem (Gefühlssystem) fällt auf: Es geht Panksepp nur um basale Affekte, die transkulturell von Menschen (sowie von einigen Säugern) geteilt werden und bereits von Paul Ekman identifiziert wurden. Soziale Emotionen werden nicht erwähnt, geschweige denn altruistische Emotionen (ein Nachhall der Freud'schen Sicht, dass soziale Einstellungen nicht motivieren). Zum Teil gehen implizit soziale Parameter in das Modell ein (sozialer Verlust, Trennungsstress), im Widerspruch zur asozialen Ausrichtung des Schemas. Das Schema geht vom undifferenzierten alten Dreier-Schema »Reiz – Motivation – Reizreaktion« aus. Die kognitive (repräsentationale) Ebene wird übersehen. Die Unterscheidung zwischen Körpergefühlen und Emotionen wird nicht berücksichtigt. Die funktionale Ebene wird unterschlagen. Unter den Basisemotionen fehlen in diesem Schema Ekel, Überraschung, Freude, Dominanzstreben. Panksepps Konzeption des Affektsystems ist viel zu arm, undifferenziert und vage im Hinblick auf die Beziehung zwischen neuronalen Aktivitäten und Bewusstsein. Insgesamt ist Panksepps Ansatz daher für ein modernes Konzept der Motivationssysteme im Rahmen einer psychoanalytischen Metapsychologie von geringem Wert. Vgl. dazu auch die berechtigte Kritik von Barrat (2015).

43 Das zweite dieser Beispiele ist ersichtlich eine funktionalistisch und mechanistisch rekonstruierte Version der Freud'schen These vom unvermeidlichen Konflikt zwischen Triebwünschen und kulturellen Anforderungen.

Anmerkungen zu Kapitel 7

44 Tiere und kleine Menschen bestehen den Spiegeltest, wenn sie eine Markierung, die unbemerkt an ihrem Körper angebracht wurde, bei einem Blick in den Spiegel mit eigenen Körperteilen (Hände, Flügel o.ä.) betasten und somit sich selbst zuschreiben.

45 Auch Freud hat gelegentlich von unbewussten Wahrnehmungen und Denkvorgängen (also von unbewussten kognitiven Prozessen) gesprochen (ich verdanke diesen Hinweis Wolfgang Mertens).

46 In der psychoanalytischen Tradition werden oft drei Formen des Unbewussten unterschieden: a) das präreflexiv Unbewusste (unbewusste Organisationsprinzipien ohne bewusste Aufmerksamkeit; b) das dynamisch Unbewusste (ehemals bewusste Inhalte, die aus Angst oder Scham verdrängt wurden; und c) das unvalidiert Unbewusste (existenziell bedeutsame Bedürfnisse, die zu wenig empathische Resonanz seitens der Bezugspersonen gefunden haben) (vgl. z. B. Stolerow & Atwood, 1989). Das präreflexiv Unbewusste deckt die Teile 1 und 3 des hier neu vorgestellten Schemas ab. Das dynamische Unbewusste und das unvalidiert Unbewusste sind zwei Formen von Teil 4 des Schemas. Doch handelt es sich hier um eine sehr grobe und undifferenzierte Klassifikation.

47 Eine genauere Erläuterung und Begründung dieser These müsste ausführlich auf die neue Teleosemantik eingehen – ein Unternehmen, das den Rahmen dieses Buches sprengen würde (vgl. dazu Vogel, 2018).

Anmerkungen zu Kapitel 8

48 Wolfgang Mertens weist zu Recht darauf hin, dass das magische Denken und Handeln aus Ich-struktureller Perspektive als Rückfall in die psychische Äquivalenz betrachtet werden kann, wie sie nach Fonagy für das Alter zwischen 1½ und 4 Jahren typisch ist. In dieser Äquivalenz werden Gedanke und äußere Wirklichkeit identifiziert: Wort = Gedanke = Realität (persönliche Korrespondenz).

Anmerkungen zu Kapitel 9

49 Vgl. https://psychiatrie.charite.de/fuer_patienten/krankheitsbilder/posttraumatische_belastungsstoerungen_ptbs/ (15.12.2017). Dieser Text ist stark angelehnt an die ICD, also die internationale Diagnostik *International Statistical Classification of Diseases and Health Problems* zur PTBS: ICD-10-GM-2015, F43.1, einsehbar unter: http://www.icd-code.de/icd/code/F43.1.html (06.02.2018).

50 Dieser Fall wird erwähnt in Oevermanns und Lebers paradigmatischer Analyse psychischer Störungen im Rahmen des Projekts einer objektiven Hermeneutik (vgl. Leber & Oevermann, 1994).

51 Weiß erklärt dazu: Schwere Traumata führen oft dazu, dass bloßes Verstehen in der Therapie nicht genug ist. Der Therapeut bzw. die Therapeutin wird in eine Sackgasse gebracht, in der die inneren Objektrelationen (Beziehungen zu anderen Personen) der PatientInnen in der TherapeutIn-PatientIn-Beziehung wieder in Szene gesetzt werden. Dann erfolgt ein psychisches Zurückweichen (eine psychische Flucht), eine Unzugänglichkeit der PatientInnen, die jede Aussicht auf psychischen Fortschritt verhindert. Eine solche Situation ist eine besondere therapeutisch-technische Herausforderung. Die psychische Flucht der PatientInnen soll oft ein Zufluchtsort vor verheerenden Ängsten erreichen, die aus frühen traumatischen Erlebnissen resultieren. Diese Zufluchtsorte werden in den Fantasien der PatientInnen entweder räumlich als sicherer Hafen oder verborgene Höhle oder personell als Mitgliedschaft in einer pathologischen Organisation oder intellektuell als Verpflichtung gegenüber einer hoch bewerteten Ideologie repräsentiert. Ein besonderes Merkmal dieser Fluchtfantasien ist ihre Komplexität und relative Zeitlosigkeit. Der Zufluchtsort wird oft sukzessiv in ein Gefängnis transformiert, aus dem es kein Entkommen gibt. Die PatientInnen können in der Therapie kaum erreicht werden. Und nicht selten wird die Therapie selbst von den PatientInnen als ein Zufluchtsort organisiert, was zu der paradoxen Situation führt, dass die Therapie genau denjenigen Status der PatientInnen, den sie aufzuheben trachtet, fortsetzt und stabilisiert. Der imaginierte Turm ist eine komplexe Verteidigungsorganisation, die aus einer katastrophalen Lebensgeschichte hervorgegangen ist. Innerhalb des Turms sind P's Verfolger zu ihren besten Freunden geworden, die ihr gegen den Preis von Gehorchen und Leiden Sicherheit gegenüber weiterer Verfolgung und sozialer Aussetzung anboten. Zugleich repräsentiert der Turm ein machtvolles Über-Ich, das der Patientin Ordnung und Befreiung von Schuld um den Preis des Leidens anbot. P konnte mit der Turm-Imagination ihre eigene Destruktivität und Schuld auf die Männer im Turm projizieren. Dadurch entwickelte sie eine suchtartige Abhängigkeit von idealisierten destruktiven Personen, die wie eine mafia-artige Gang operieren. Mit dieser seelischen Ausstattung kam sie in die Analyse. Diese Erklärung konzentriert sich offenbar allein auf die Entstehung der Turmfantasie. An anderer Stelle beschreibt Weiß den Hintergrund dieser Diagnose – die Theorie der pathologischen Organisationen – entlang denselben Linien, aber etwas ausführlicher (vgl. Leuzinger-Bohleber & Weiß, 2014, Abschnitt 6.4) und stellt dabei die funktionale Struktur der Erklärung deutlicher heraus: Die psychische Flucht sei ein Abwehrmechanismus gegenüber schweren Ängsten, »die das seelische Gleichgewicht gefährden«. Der Abwehrmechanismus halte das seelische Gleichgewicht aufrecht (ebd., S. 176). Die von Weiß beschriebene »Theorie der pathologischen Organisation« (von Rosenfeld und Steiner) scheint weitere Reformulierungen der ursprünglichen *Beschreibung* zu bieten (z. B. dass die pathologische Organisation einen schwachen, bedürftigen und einen omnipotenten, destruktiven Teil des Selbst zusammenbringt), doch das Erklärungspotenzial der Theorie scheint nicht über die skizzierte einfache Fluchtanalogie hinauszukommen.

Das Festhalten von P an ihrem lebensnotwendigen Ersatzmechanismus pejorativ als suchtartige Abhängigkeit zu beschreiben, ist ebenso spekulativ wie deplaziert.

52 Weiß erklärt dazu: P versuchte zu Beginn der Therapie, ihn in ihre Neurose hineinzuziehen und auf diese Weise genau den Zustand zu stabilisieren, den T eigentlich therapeutisch auflösen wollte. Zur Erklärung dieser Sackgasse greift Weiß auf die Enactment-Theorie zurück (vgl. dazu genauer Leuzinger-Bohleber & Weiß, 2014, Abschnitt 6.2). Das Enactment innerhalb einer Analyse besteht darin, dass die PatientInnen ihren AnalytikerInnen – oft zunächst unvermerkt – in ihre seelische Störung hineinziehen und verwickeln. So versuchen zum Beispiel manchmal PatientInnen mit einer sadomasochistischen Störung klammheimlich eine sadomasochistische Beziehung zum Analytiker bzw. zur Analytikerin zu inszenieren, sodass die Therapie dann dazu beiträgt, diese Störung, die sie eigentlich wegarbeiten soll, zu stabilisieren. Diese Theorie stellt allerdings eher eine neue Beschreibung als eine echte Erklärung dar.

53 In Hinsicht auf die Stadien 2 bis 4 verzichtet Weiß weitgehend auf Erklärungen und beschränkt sich überwiegend auf ein reines nacherzählendes Narrativ. Weiß skizziert nur zu einem einzigen Faktum im dritten Stadium der Therapie eine Erklärung, nämlich dazu, dass P nun ab und an ihre Kontrolle verlor und Gefühlsausbrüche manifestierte: Damit wurde, so Weiß, etwas Gutes in P von Ferne sichtbar. Sie geriet dadurch aber in Konfusion und inneres Chaos. Denn sie war überzeugt, dass nur das Böse real sein kann und dass sie selbst von Grund auf böse sei; daher gab ihr nur das Böse persönliche Identität. Die Anerkennung von etwas Gutem in ihr führte daher zu Konfusion, Paranoia, unerträglichen Schuldgefühlen und mentaler Dissolution.

54 Weiß deutet in seiner Vignette gelegentlich Empathie an (»touching«); öfters betont er seine Hilflosigkeit angesichts der anfänglichen Strategie von P, die er sich nicht so recht erklären kann, oder auch angesichts des erheblichen Risikos im dritten Stadium. Die einzige generelle Strategie, die von Weiß artikuliert wird, ist: den eisernen Schutzpanzer von P aufzulösen und ihre spontanen Gefühle freizusetzen. Dabei wird die funktionale Leistung des Ersatzmechanismus zu wenig beachtet, und dadurch muss der Therapeut buchstäblich mit dem Leben seiner Patientin spielen. Weiß reflektiert auch nicht methodologisch auf die Form seiner Erklärungen. Vielmehr tendiert er implizit dazu, eine Verlaufsbeschreibung der Form *Zuerst A, dann B, dann C* ohne weiteres in der Form A *führte zu B, und B führt zu C* zu reformulieren und somit implizit kausal auszulegen, ohne dass damit gegenüber dem Verlaufsnarrativ irgendein explanatorischer Gewinn erzielt würde.

Anmerkungen zu Kapitel 10

55 Die Normalen (großgeschrieben) Bedingungen sind – im Sinne der Teleosemantik – nicht gewöhnliche oder verbreitete Bedingungen für die Operation eines seelischen Mechanismus, sondern jene Bedingungen, für die er selektiert wurde und sich bewährt hat (oft biologische oder sozial-archaische Bedingungen).

56 Dieser Mechanismus ist sicher nicht der einzige, der aus einem frustrierten Bindungsbedürfnis entstehen kann. Es können sich bei Kindern zum Beispiel auch psychosexuelle Fantasien entwickeln – sowohl von autoerotischer als auch von objektbezogener Natur. Perverse, sadistische oder masochistische Fantasien kompensieren in diesem Fall das frustrierte Bindungsbedürfnis mit psychosexueller und aggressiver Erregung. Der in 4.1 schematisierte Mechanismus M* hätte dann die Form: Maßlose Enttäuschung → V: Perverse, aggressive psychosexuelle Fantasien, zum Beispiel die Fantasie, kleine willige wehrlose Mädchen zu quälen und dabei zu onanieren. Später können dann im Erwachsenenalter Prostituierte als (aufgrund von Bezahlung) willige Frauen die konturähnlichen Auslösereize darstellen, um zu einem vergleichbaren symptomatischen Verhalten zu führen, etwa die Prostituierten an einen Baum zu fesseln und vor ihnen zu onanieren. Das Schema bleibt dasselbe – allerdings könnte die Therapie hinter der aggressiven Komponente dieses Verhaltens auch noch die mörderische Wut des Patienten auf seine Mutter aufdecken, die zunächst unbewusst bleibt. Dies gilt tatsächlich ebenso für den Fall der Erregung negativer Aufmerksamkeit (Hinweis von Wolfgang Mertens, bezogen auf einen konkreten Fall in seiner psychoanalytischen Praxis).

57 Parallel zu Lorenzer hat auch Hermann Argelander eine psychoanalytische Theorie des »szenischen Verstehens« entwickelt. Vgl. dazu Reinke (2013 – ein informativer Vergleich zwischen den Ansätzen von Lorenzer und Argelander), ferner Vogel (2018).

58 Vogel (2018, Abschnitt 5.2.1.1) beschreibt auf ingeniöse Weise viele der therapeutischen Manöver, die zu einer Bewusstmachung symptomatischer funktionaler Mechanismen beitragen können. Zu diesem wichtigen Aspekt kann der vorliegende Essay aus Platzgründen kaum etwas sagen. Allerdings sieht Vogel ein Ziel dieser Bewusstmachung im szenischen Verstehen, durch das Situationen, die den Normalen Bedingungen ähneln, unter denen das symptomatische irrationale Verhalten entstand, durch den PatientInnen wiederhergestellt und damit auch nacherlebt werden sollen. Diese Bedingungen sind aber zumindest im Fall von Neurosen gerade jene unerträglichen Bedingungen, unter denen die Traumatisierung eintrat und zu deren Vermeidung das symptomatische Verhalten ausgelöst wurde. Das szenische Verstehen mutet also den PatientInnen zu, unerträgliche Situationen nachzuerleben und zugleich auf ihre bisherige Lösung, diese Situation zu vermeiden, zu verzichten. Das ist mehr als problematisch und überdies überflüssig.

59 Vor dem Hintergrund dieser Diagnose wird es verständlich, dass Matthias Vogel das Erfassen von Funktionen als eine Form des Verstehens betrachtet (vgl. dazu Vogel, 2018, Abschnitt 5.2.1.2).

60 Die Funktionalität von V ist – im teleosemantischen Sinne – nicht echt, und zwar in dem Sinne, dass sie nicht evolutionär oder historisch bewährt ist. Stattdessen handelt es sich um eine abgeleitete Funktionalität (wie die Teleosemantik formuliert), die über Lernprozesse im Rahmen der Ontogenese entsteht (vgl. Vogel, 2018). Bei Vogel sieht es allerdings so aus, als hätte das irrationale Verhalten Eigenfunktionen, während es an anderen Stellen eher so formuliert wird, dass symptomatisches Verhalten dysfunktional ist (vgl. ebd., S. 152ff.). Meines Erachtens ist damit implizit gemeint, dass das symptomatische Verhalten die speziellen Funktionen verliert, aber die generelle Funktionalität bewahrt.

61 Eine rationale Erklärung der Regentänze, die vom Stamm der Hopi aufgeführt werden, wäre etwa, dass die Stammesmitglieder wünschen, dass es (zum Erzielen einer guten Ernte) nachhaltig regnet, und zudem der Meinung sind, dass das Aufführen von Regentänzen die Götter dazu bringt, es regnen zu lassen. Daher führen die Stammesmitglieder – angesichts ihrer eigenen Meinungen und Wünsche rationalerweise – Regentänze auf. EthnologInnen haben entdeckt, dass die Regentänze des Stammes die Folge haben, dass das Solidaritätsgefühl unter den Stammesmitgliedern gestärkt wird und dass das Solidaritätsgefühl eine notwendige Bedingung für die Erhaltung und das Überleben des Stammes ist. Und darum führen sie Regentänze auf. Diese ethnologische Erklärung ist eindeutig funktional, und der zugrundeliegende Mechanismus ist den RegentänzerInnen im Gegensatz zu ihren rationalen Gründen nicht bewusst.

62 Der Zoologe Alex Kacelnik (2006, S. 87–106) unterscheidet zum Beispiel drei Formen von Zweckrationalität: a) wenn Handlungen oder auch Meinungen aufgrund von angemessenen

Gründen zustande kommen (PP-*Rationalität,* Standardbegriff in Philosophie und Psychologie), b) wenn Verhalten den Nutzen maximiert (E-*Rationalität,* Standardbegriff in der Ökonomie), und c) wenn Verhalten die evolutionär bestimmte Fitness maximiert (B-*Rationalität,* Standardbegriff in der Biologie, auch behavioristische Rationalität genannt). Diese drei Formen von Zweckrationalität haben nach Kacelnik eine analoge Struktur, obgleich sie sich durch unterschiedliche Wertmaßstäbe unterscheiden (angemessene Begründbarkeit, Maximierung von Nutzen, Maximierung von Fitness). Auch Ruth Millikan weist darauf hin, dass der evolutionäre Vorteil, der mit der behavioristischen Zweckrationalität verbunden ist, direkt mit dem elementaren Zweck, der mit der Zweckrationalität korreliert ist, verknüpft ist (vgl. Millikan, 2005, S. 202). Und aus entscheidungs- und spieltheoretischer Sicht wird von evolutionärer Zweckrationalität gesprochen. So betrachtet zum Beispiel der Ökonomie-Nobelpreisträger Herbert Simon Evolution als rationale Anpassung (vgl. Simon, 1997). Nach Simon kommt die evolutionäre Zweckrationalität dem entscheidungstheoretischen Verhaltensmodell der Zweckrationalität vor allem insofern nahe, als in beiden Fällen Kurzsichtigkeit und lokale Optimierung, das heißt Verheißung kurzfristiger Vorteile und adaptives Ersteigen von lokalen Gipfeln der Fitness, lokale Maxima als Anpassung in eng begrenzter Problemlage sowie eine Suche nach möglichst vielen Möglichkeiten im Spiel sind. Einflussreiche evolutionäre Universalisten wie Brian Skyrms entwickeln daher generelle Modelle von zweckrationalen evolutionären Prozessen, deren Spezialfälle einerseits adaptive Verhaltensweisen nicht-rationaler Akteure und andererseits die Handlungs- und Mittelwahl rationaler Akteure darstellen. Dies gilt auch für jene Spiele (Prozesse), deren Nash-Gleichgewicht ein faires und gerechtes Teilen erstrebter Güter ist (vgl. Skyrms, 2000; ferner Okasha & Binmore, 2012; Detel, 2014, Abschnitt 4.6).

63 Diese Dysfunktionalität ist der Kern dessen, was Stolorow und Atwood (1989) einst das »unvalidierte Unbewusste« nannten.

Timo Storck (Hg.)

Zur Negation der psychoanalytischen Hermeneutik

2012 · 397 Seiten · Broschur
ISBN 978-3-8379-2137-3

Was bedeutet »Verstehen« in der Psychoanalyse?

In der Psychoanalyse geht es darum, Bedeutungen zu verstehen: die Bedeutung einer Assoziation, eines Traums, einer Fehlleistung oder eines Symptoms. Über die Frage, was dabei Verstehen genau bedeutet, haben sich wiederholt erkenntnistheoretische Kontroversen ergeben.

Oft wird dabei in unterschiedlichster Weise das Vorhaben einer psychoanalytischen Hermeneutik abgelehnt, unter anderem mit dem Hinweis darauf, dass das dynamische Unbewusste nicht vollständig verstanden werden kann. Möglicherweise zeigen solche Negationen der Hermeneutik, dass in der psychoanalytischen Erkenntnishaltung und Methodologie auch das Negative an sich von Bedeutung ist.

Die Beiträge des vorliegenden Sammelbandes widmen sich dem Stellenwert der Negation und der Hermeneutik in der Psychoanalyse. Die Autorinnen und Autoren vertreten dabei verschiedene erkenntnistheoretische Positionen.

Mit Beiträgen von Emil Angehrn, Wolfram Bergande, Rachel Blass, Michael B. Buchholz, Bruce Fink, Charles Hanly, Joachim Küchenhoff, Elfriede Löchel, Bernd Nissen, Ellen Reinke, Gerhard Schneider, Peter Schneider, Timo Storck, Svenja Taubner und Rolf-Peter Warsitz

Johann August Schülein

Die Logik der Psychoanalyse
Eine erkenntnistheoretische Studie

2016 · 327 Seiten · Broschur
ISBN 978-3-8379-2557-9

Die Psychoanalyse erscheint auf den ersten Blick als eine bunte Sammlung von Variationen eines im Kern unscharfen Paradigmas. Sie kann keine einheitliche denotative Theorie entwickeln, sondern muss mit einem konnotativen Symbolsystem und weitgehend analogen Begriffen arbeiten. Hierbei handelt es sich nicht um ein Defizit, sondern vielmehr um ein Strukturmerkmal, das durch den Gegenstand der Psychoanalyse bedingt ist.

Schülein beschäftigt sich mit der Logik psychoanalytischer Theorien. Statt eine weitere wissenschaftstheoretische Standortbestimmung der Psychoanalyse vorzunehmen, erklärt er, warum diese keine einheitliche Theorie ist, sondern ein vieldeutiges Paradigma, das von verschiedenen Schulen unterschiedlich interpretiert und verwendet wird.

Walltorstr. 10 · 35390 Gießen · Tel. 0641-969978-18 · Fax 0641-969978-19
bestellung@psychosozial-verlag.de · www.psychosozial-verlag.de

Wolfgang Detel
Eine schulenübergreifende Systematik moderner Psychoanalyse

Das Anliegen der Buchreihe Bibliothek der Psychoanalyse besteht darin, ein Forum der Auseinandersetzung zu schaffen, das der Psychoanalyse als Grundlagenwissenschaft, als Human- und Kulturwissenschaft sowie als klinische Theorie und Praxis neue Impulse verleiht. Die verschiedenen Strömungen innerhalb der Psychoanalyse sollen zu Wort kommen, und der kritische Dialog mit den Nachbarwissenschaften soll intensiviert werden. Bislang haben sich folgende Themenschwerpunkte herauskristallisiert: Die Wiederentdeckung lange vergriffener Klassiker der Psychoanalyse – wie beispielsweise der Werke von Otto Fenichel, Karl Abraham, Siegfried Bernfeld, W. R. D. Fairbairn, Sándor Ferenczi und Otto Rank – soll die gemeinsamen Wurzeln der von Zersplitterung bedrohten psychoanalytischen Bewegung stärken. Einen weiteren Baustein psychoanalytischer Identität bildet die Beschäftigung mit dem Werk und der Person Sigmund Freuds und den Diskussionen und Konflikten in der Frühgeschichte der psychoanalytischen Bewegung.

Im Zuge ihrer Etablierung als medizinisch-psychologisches Heilverfahren hat die Psychoanalyse ihre geisteswissenschaftlichen, kulturanalytischen und politischen Bezüge vernachlässigt. Indem der Dialog mit den Nachbarwissenschaften wiederaufgenommen wird, soll das kultur- und gesellschaftskritische Erbe der Psychoanalyse wiederbelebt und weiterentwickelt werden.

Die Psychoanalyse steht in Konkurrenz zu benachbarten Psychotherapieverfahren und der biologisch-naturwissenschaftlichen Psychiatrie. Als das ambitionierteste unter den psychotherapeutischen Verfahren sollte sich die Psychoanalyse der Überprüfung ihrer Verfahrensweisen und ihrer Therapie-Erfolge durch die empirischen Wissenschaften stellen, aber auch eigene Kriterien und Verfahren zur Erfolgskontrolle entwickeln. In diesen Zusammenhang gehört auch die Wiederaufnahme der Diskussion über den besonderen wissenschaftstheoretischen Status der Psychoanalyse.

Hundert Jahre nach ihrer Schöpfung durch Sigmund Freud sieht sich die Psychoanalyse vor neue Herausforderungen gestellt, die sie nur bewältigen kann, wenn sie sich auf ihr kritisches Potenzial besinnt.

Bibliothek der Psychoanalyse
Herausgegeben von Hans-Jürgen Wirth